聊将锦瑟记流年
——黄仲则诗传

安意如·著

别后相思空一水，
重来回首已三生。

人民文学出版社

图书在版编目（CIP）数据

聊将锦瑟记流年：黄仲则诗传 / 安意如著. —北京：人民文学出版社，2018
ISBN 978-7-02-014268-2

Ⅰ. ①聊… Ⅱ. ①安… Ⅲ. ①黄景仁（1749—1783）—评传 Ⅳ. ①K825.6

中国版本图书馆CIP数据核字（2018）第093636号

责任编辑　王一珂　宋　强
装帧设计　崔欣晔
责任印制　徐　冉

出版发行　人民文学出版社
社　　址　北京市朝内大街166号
邮政编码　100705
网　　址　http://www.rw-cn.com

印　　刷　三河市延风印装有限公司
经　　销　全国新华书店等

字　　数　268千字
开　　本　880毫米×1230毫米　1/32
印　　张　10.375　插页1
印　　数　1—20000
版　　次　2018年9月北京第1版
印　　次　2018年9月第1次印刷

书　　号　978-7-02-014268-2
定　　价　38.00元

如有印装质量问题，请与本社图书销售中心调换。电话：010-65233595

目录

【代序·别后相思空一水】　〇〇一

【卷一　生如织锦】

【少年意气】　〇〇三

【秋夜情浓】　〇一〇

【凌云之志】　〇一八

【素心皎皎】　〇二七

【风露中宵】　〇三四

【锦瑟流年】　〇四一

【悲秋之气】　〇五五

【武林旧事】　〇六三

【观潮豪情】　〇七〇

【百无一用】　〇八〇

【钓台慕贤】　〇八七

【余情残心】　〇九七

【寒夜悲歌】 一〇三

【恩师亡故】 一一一

【浪游之始】 一二二

【卷二 锦灰自珍】

【欲游湘楚】 一三一

【潇湘路远】 一三三

【青衫落拓】 一四〇

【清梦难寻】 一四八

【吾心悠悠】 一五九

【倦鸟归林】 一六七

【别亲之悲】 一七六

【谈经说剑】 一八三

【以仙为师】 一九〇

【狂生做伴】 一九五

二〇四

【卷三 锦字成灰】

【倦眼繁华】 二五七
【于愿不足】 二六五
【歧路亡羊】 二七二
【来鸿去燕】 二八二
【流光欲转】 二八九
【心事钩沉】 二九八
【冰火相煎】 三〇五
【前事旧影】 三一二

【旧恨心痕】 二四六
【怃本无端】 二三八
【名噪一时】 二三一
【悲欣交集】 二二三
【俱不得意】 二一三

【聊将锦瑟记流年】

【飞花尘泥】 三二二

【不系之舟】 三三〇

【空念绮怀】 三四三

【雪泥鸿爪】 三五五

【千山暮雪】 三六五

【浮萍落花】 三七四

【如履薄冰】 三八三

【锦字成灰】 三九三

【跋·重来回首已三生】 四〇二

【代序】

【别后相思空一水】

新年时,在尼泊尔纳加阔特(Nagarkot)看雪山。晨色微熹,日出瞬间,雪山恍若被点燃,山火轰烈。此刻观望雪山日出,如把赏余烬,内心明灭,刹那清明。不过片刻,日色便冷寂下去,绵邈雪山恢复本色。

冷风扑面,这个当下,想起黄仲则的诗:"别后相思空一水,重来回首已三生。"

有无限惆怅温柔。

他这一生,生如织锦,锦字却终成灰。

一生一灭之间,一世廓然。留给后人的,不过是锦灰自珍罢了。

观览黄仲则的一生,殁时不过三十有五。二十余年间,得诗两千余首。虽然存世的诗稿几经删减,只得一千余首,数量亦不在少数。他一生时乖命蹇,惟以诗文著称,留名后世。

缀字成文,说他是以心血织就锦绣文字,并不为过。

我对黄仲则的兴趣由来已久,少时读诗,爱煞他那句"似此星辰非昨夜,为谁风露立中宵",只觉得情意幽婉,言不尽意,不是我当时的阅历语言能够表达。少年情怀,一朝被触动,生根萌芽,终成情结,只待他年因缘成熟来了然。

是那时方信,清代诗词中亦有不可多得的上品、珍品,不再心存轻慢。所以有了读《饮水词》的契机,所以写了纳兰容若,有了《当时只道是寻常》。

在过往的书中写了太多出众的、名重一时的历史人物。与他们比,黄仲则实在算不上为众所知。尽管在民国时期,有很多名士文人都爱重他的诗,屡屡撰文谈及其诗其人。有关黄仲则的年谱、评传、各种选本陆续出版,数量之多,超过清朝其他诗人。

由于清诗的传播远不如唐诗来得广泛,是以自20世纪以来,学术界总体上对黄仲则的关注并不是很多,加之1949年之后,很长一段时间内,名流陨落,风流云散,文学研究之中对黄仲则虽有提及,也是寥寥。以至于现代的,特别是年轻的读者知道他的不多。

我写他的过程,一如密宗里所言的伏藏师在挖掘伏藏。要将埋藏在时光中的经典呈现出来,拂去沙砾尘埃,使其放大光明。

此番因是要系统地去写他,我特地去读了郁达夫的《采石矶》,这是郁达夫1922年所作的一篇小说。据郭沫若说,郁达夫的小说虽以黄仲则为主人公,其实是"夫子自道"(《郁达夫诗词钞》序)。

据说是郁先生不忿别人对他的诋毁,愤而作文反驳之,内因不甚了了。许是意气之作,小说塑造的黄仲则形象个性褊狭,敏感多疑,与人争执多为意气之争,流露出一股小文人的酸腐气,虽欲刻画诗人之痴,却不得痴绝之真妙,不够磊落,不见洒然、高迈。

我必须承认仲则性格中有敏感多情、多思多虑的一面,非如此,他也成不了好诗人,但仲则的心性中,断然不止这一层面而已。他的豪迈洒脱,虽为境遇生计所逼,抑郁悲怆,不能酣畅,进而转为悲凉沉郁,却也有普世情怀,深广境界,绝非郁氏小说中所塑造的那种片面形象——此说有诗文可一一佐证。

有清一代,名家诗论频出。王士禛倡"神韵说",沈德潜倡"格调说",袁枚倡"性灵说",翁方纲倡"肌理说"——这是针对唐以后的诗词而言。明人以时代文学流脉划分唐诗为"初、盛、中、晚"大体无误。但,以后代的文学理论来归类唐朝诗人却总不能淋漓尽意。

唐诗得天时地利人和,恰如春之绚丽缤纷,总体看来是形神气象皆备的。将盛唐看作中国古典诗歌顶峰的信念，形成于9世纪，发展于宋代。唐之后，宋人性格趋于内敛、自省，虽也有夏之秾艳生动，终究是如盛夏入山，曲径通幽。

宋诗以文为诗，长于议论，诗以理取胜。面对盛唐诗歌的巅峰，他们别张垒壁、另辟蹊径，有意避开"盛唐气象"，诗脉接续中晚唐。

其间更有黄庭坚的"江西诗派"，以才学为诗，诗法讲求炼字、用典，所谓"夺胎换骨"、"点铁成金"，对后世影响极为深远，那便是在老杜的基础上，往"学人诗"的路子去了。

这里要提到"禅"。禅对于中国诗学的影响并不亚于它的宗教价值。禅对唐宋时士大夫的深层心态的构建作用不容忽视，在忧时伤世之外呈现出空灵淡泊的精神风貌。

北宋徽宗时，吕本中作《江西诗社宗派图》，所列者二十五人，多为倾仰习修禅学之士，有云"诗到江西别有禅"。吕本中即借用禅宗格局来阐述这个诗派流脉。元代的方回遥尊杜甫，与黄庭坚、陈师道、陈与义为江西诗派的一祖三宗。江西诗派对后世的影响极大，以至于后来人形成了尊唐、崇宋的分流。

江西诗派的传承，有类禅宗的"传灯"。有人向黄庭坚求教诗法，黄庭坚曰："如狮子吼，百兽吞声。"又答："识取关捩。"儒佛相融亦是宋诗的特色之一，黄庭坚自有诗云："戎州夏畦少蔬供，感君来饭在家僧。"——以"在家僧"自况，清静自适，体现了他对禅宗的体认。

需要提及的是，仲则是黄庭坚的后嗣。虽然际遇潦倒，但他的诗文成就，绝对无损于先祖的声名。

后世作诗之人，宗唐崇宋者皆有，大体而言，唐诗与宋诗的气质之别犹如李白和杜甫，无分高下优劣，惟杜甫诗是有章法可循的，李白诗以气运词，兴到笔到，词随气涌，是不可学的。

百代之下，自不乏有才气超绝之人，譬如苏轼，诗文词赋皆擅，才气纵横，兼容百家自成一派，不可断言归纳，可排除在以上论断之外。我将李白、苏轼，乃至清代黄仲则、龚自珍的诗理解为才子诗。

当我从黄仲则的诗中感知到这不世出的才气，你可知我的惊喜！

这是一场蓄谋已久的邂逅，他的诗，豪情高迈有似太白，苍凉沉郁直宗子美，绮丽艳美神通义山……这种种特质，汪洋华美，不是东施效颦，不是生硬杂糅，它们完美地呈现在一个清代失意文人的身上。此时，距唐宋之盛已有千年之远。

别后相思空一水。隔世之人，既无缘相见相识，惟有以文字寄意抒情，聊表衷情。

我深信，心性中的灵性具有穿透力。仲则的诗文就像一块晶莹的灵石，吸纳、映射七色光芒，色相纷呈，令人有无限遐想、追思。虽然这色相终归于文字之空灵流转，与世无争。

佛言，色即是空，空即是色，正是此理。人言"以禅喻诗，莫此亲切"。在此书中，我也意欲借禅的妙义来诠释诗意之美，点破才子之痴。

"尺锦才情还割截，死灰心事尚消磨。"——和王勃一样，仲则亦是早逝才子的代表，笼罩在仲则诗文中的感伤主义是其鲜明的特质。君子穷途、贤人失志是从《离骚》就已开始延续的古老主题，一种复杂多变、不可尽言的感情。

因仲则出身寒微寻常，成年之后际遇亦不算上佳，他的受磋磨，便有了更广泛的代表性。他自幼苦读，应试仕途却不得力。他曾为人幕僚，却不能适应官场。他曾漫游吴越湖湘，其后又赴京师，欲得燕赵、幽并之古气，诗意气象上有拓升，却在京师进一步陷于困顿，生计愈加艰难，被债主所逼，抱病出京，卒于解州，时年三十五岁。

生活在乾隆盛世，却屡发盛世之哀音，是标新立异，有意不同俗流吗？决然不是。

仲则落拓平生，贫病以终，可看作许多有才无运之人的代表，就此对传统士人之思想流变略作查考，亦可探知人之命运的必然和无常。

想起他的《杂感》，当中名句几乎无人不知，奈何诗红人不红，口耳相传成俗语，却少有人知是出自他笔下。

仙佛茫茫两未成，只知独夜不平鸣。
风蓬飘尽悲歌气，泥絮沾来薄幸名。
十有九人堪白眼，百无一用是书生。
莫因诗卷愁成谶，春鸟秋虫自作声。

——《杂感》

感激近些年来心境近趋于老,方能稍明人世悲辛,悲歌慷慨。杜工部有诗云:"尔曹身与名俱灭,不废江河万古流。"——我不觉得黄仲则是被埋没的,只是他的诗,有价值被更多人知晓。

这是我写他的因由。

2013年1月6日于尼泊尔

【卷一】
【生如织锦】

【少年意气】

[壹]

那年,黄仲则还是十八岁、意气风发的少年,尚未察觉日后苦楚端倪。

他九岁时,在学使面前吟出"江头一夜雨,楼上五更寒",诗才初显,语惊四座,颇有盛唐、两宋才子一鸣惊人的风范。

十六岁第一次应郡县试,得头名。次年,又补博士弟子员。这等崭露头角、显露才华的方式让人不由得对他寄予厚望。

这个开端就像美艳而充满诱惑的罂粟花,摧损着他的生命。

像世间任何一位平凡而又不平凡的少年一样,他渴望着立身于世,渴望着建功立业,所以写下了这首《少年行》:

男儿作健向沙场,自爱登台不望乡。
太白高高天五尺,宝刀明月共辉光。

彼时正是乾隆三十一年。乾隆二十年至二十四年间,清廷平定准噶尔、天山南路大小和卓叛乱,其势力范围尽归大清版图,重新命名为"新疆",胜利的激昂之气鼓舞着生逢其时的大清子民。

乾隆二十年,清军在格登山大破准噶尔部,叛军首领达瓦齐败窜南疆,终被乌什回部擒获,交押清廷。清廷在格登山立碑,由乾隆亲自记撰,是为"格登碑"。

用兵多年,一朝安定边陲,剿灭心腹大患,在当时的统治者看来,着实是可喜可贺的事情,连带着当时大多数人,也踌躇满志,意欲报效国家。这般心思,直如唐人所言:"宁为百夫长,胜作一书生。"

杨炯的《从军行》这样写道:"烽火照西京,心中自不平。牙璋辞凤阙,铁骑绕龙城。雪暗凋旗画,风多杂鼓声。宁为百夫长,胜作一书生。"

我年少时读诗,总偏爱些激扬意气,觉得兴致勃勃,所以对这首诗记忆犹新。杨炯是初唐人,少年时即以神童举,应试及第,初时什途顺遂,后被族人所累,屡见迁谪,卒于盈川县令任上。与诗中所言一样,"宁为百夫长"。其吏治以严酷著称,不知是否有"崇武"这层心思作祟。

仲则亦言:"男儿作健向沙场,自爱登台不望乡。"自有一番投笔从戎的慷慨意气。他可知,激扬如唐人,后来也纷纷在战场上灰了心。

"回乐峰前沙似雪,受降城外月如霜。不知何处吹芦管,征人一夜尽望乡。"这是中唐诗人李益的诗作,说的是侥幸生还之人的悲凉惆怅。若是战败了呢?只怕是,可怜无定河边骨,犹是春闺梦里人。

醉卧沙场君莫笑,古来征战几人回——诚是疏狂人醉后伤心语。生死已不堪,亦不能计较。唯有以身作剑盾,抵挡这战乱风尘,保全更多人的安宁,即使不是一世,只是一时。

边塞苦寒,熬白了少年头;战争杀戮,多少人有去无回。这边红颜还在思量,昨夜闲潭梦落花,可怜春半不还家,那边俊彦才郎已成枯骨,关山隔阻,魂魄不曾入梦来。

这是普通将士的普遍遭遇,即便不以物喜,不以己悲,胸襟豁达如范仲淹,也在征戍之时思及战祸绵延之苦,悲从中来,作《渔家傲》:"塞下秋来风景异,衡阳雁去无留意。四面边声连角起。千嶂里,长烟落日孤城闭。浊酒一杯家万里,燕然未勒归无计。羌管悠悠霜满地。人不寐,将军白发征夫泪。"

唐人多边塞诗,宋人以诗意入词境,范公这首《渔家傲》当为宋代边塞词的压卷之作。

公元1038年，党项族李元昊称帝，西夏立国，举兵犯境。面对突然燃起的狼烟，北宋君臣仓促应对，范仲淹被委任为陕西经略安抚招讨副使兼延州知州，以文臣身份协领军事。位高权重不是什么好事，已过不惑之年的范仲淹，苦守边塞，殚精竭虑。

多年的宦海沉浮，已使他意志坚毅；但强敌环伺的现实处境，却让他在更深人静的时候耿耿难眠。

孤城夜闭，群山静寂。文人内心的纤细一旦被塞外的雁鸣、军营的号角惊起，心有微澜，就不能不喷薄于纸上。

风尘染鬓，连雁儿也不肯替人捎带消息，怕是不忍相看，要匆匆别去。家山远在万里之遥，窗外霜雪明耀，羌笛之声幽幽飘起。此情此景，虽不是四面楚歌，也足以让人起了念亲、思归之心——大抵无论古今、胡汉，这点愁绪，总是一致的。

东汉时，窦固、窦宪叔侄二人大破匈奴，北匈奴政权瓦解。窦宪穷追北匈奴单于，登燕然山，刻石记功而还。这前人的功业，激励了多少代壮士之心，而今边关未靖，军功未建，是断断提不得一个"归"字的。

范仲淹身为统帅，人前人后，连迟疑之态也不宜有，以免动摇军心。

可是，夜深人静、四下无人的时候，饮一杯浊酒，望长河落日；卸下白日里将领的身份，恢复内心的温柔、沉痛，总想着家国天下、事有万千，这人世间没有长久稳固的安宁。大宋立国以来，太平时日总是短浅。

【少年意气】

残唐五代时，后晋石敬瑭割幽云十六州予契丹，辽人尽得关隘要塞，终酿成北宋心腹之患。前朝太祖太宗时候，与辽之战事久有胶着，真宗时，大军伐辽，侥幸得胜之后立"澶渊之盟"，边境方得少许安宁。现如今西夏崛起，虎视眈眈，自不肯善罢甘休。

莫说是征夫久戍无功思归，便是将军，又何尝不想"长歌当哭，远望当归"？由范仲淹一阕《渔家傲》，翻转过来想黄仲则的《少年行》，虽然豪情堪赏，但真觉得是黄口小儿作轻薄语，不谙人世寒苦。他不曾在狼烟里流离失所，亦不曾体验尸骨如山的绝望和荒凉。

投笔从戎不是人人能够成功的，即便给了你建功立业、驰骋沙场的机会，怕也是一将功成万骨枯。一时的功成名就，保不住一世太平。

［贰］

"未收天子河湟地，不拟回头望故乡。"唐人令狐楚的《少年行》想来是激励了仲则。然而，他作此诗时，可曾思及古往今来名将权臣下场的凄凉？哪怕你有扶保社稷的再造之功，直捣黄龙的忠勇，一旦功高震主，为君所忌，难免落得个狡兔死、走狗烹的下场，想善终都难。若说韩信、岳飞的事远了，年羹尧的下场难道不是触目惊心的前车之鉴吗！

意志坚决如岳少保，尚有"欲将心事付瑶琴，知音少，弦断有谁听"的感伤时刻;豪情万状如辛稼轩,到老来,回望征途,这位曾试以只手补天裂的豪杰,亦免不了迟暮之叹:"把吴钩看了,栏杆拍遍,无人会,登临意……倩何人唤取,红巾翠袖,揾英雄泪?"——字字泣血,斑斑入目,读来不是不悲戚的。

这些都是一世英杰,曾经功名遂愿的人,到头来,亦不过是,头颅与心事灰飞烟灭。将军百战身名裂,向河梁,回头万里,故人长绝。这一番雄心销尽的悲怆,又岂是可共人言的?

仲则诗中所言太白,或为地处秦岭中段的太白山,是秦岭主峰;或指终南山。不论所指确为何山,均是唐人喜游之地。"关陕风景之大者,终南、太华也。"

太白山、终南山,近帝都长安,古谣云:"武功太白,去天三百。"言其高也。又有谚云:"韦曲、杜鄠,去天尺五。"韦曲、杜鄠地近长安,为汉皇城三辅地,处于天子近旁,是豪门贵族聚居之所。韦、杜两族世居于此,唐代的世家大族,子弟多为官宦,势力影响深远。

仲则在诗中谣谚合用,不算隐晦地表达了自己建功立业、为王佐之臣的志向。太白山于秦岭诸山之中,最为秀杰,冬夏积雪,望之皓然,此亦可看出黄仲则自比人杰,心气之高。

仲则此诗中豪侠之气直比李白。和李白一样,他也是一个意图在诗文中塑造自己不凡形象的诗人。只是,作《少年行》时的他未曾明白,才高洒脱自负如李青莲,来日亦有《行路难》之嗟叹:"欲渡黄河冰塞川,将登太行雪满山。"无奈何,"停杯投箸不能食,拔剑四顾心茫然。"

我是深赏这首《少年行》中所流露的豪气的，只是人世多歧，歧路亡羊，纵观他之后的人生轨迹，我倒宁愿他这一生合了《少年行》乐府旧题本意，就如李白诗所描述的那种生活："五陵年少金市东，银鞍白马度春风。落花踏尽游何处，笑人胡姬酒肆中。"

似这般任侠义气，纵情一生也就罢了。

先唐人喜作《少年行》，慷慨、风流、意气、洒脱。一面是五陵年少走马章台，行乐莫歇，一面有感于人生苦短，时不我待，要早早奋起，建功立业，方不负了有用之身。有盛世的底子托住，明艳春光，纵使潦草都是花团锦簇。这样的良辰好景、急管繁弦，在整个中华的文明进程中都是可遇不可求的。

到了仲则这里，虽是一样的"盛世"，虽然少年还是一样剑气箫心，毕竟世道狭了，时代少了开阔包容的气象。彼时大道如青天，贵贱各安，进退从容，此时寒士却要来力争上游了，丝丝缕缕透着辛苦和勉强。

对仲则这首诗，我只能报以意味深长的沉默……

他的心思，许是从一开始就错了。

【秋夜情浓】

[壹]

蟋蟀啼阶叶飘井,秋月还来照人影。
锦衾罗帷愁夜长,翠带瘦断双鸳鸯。
幽兰裛露露珠白,零落花香葬花骨。
秋深夜冷谁相怜,知君此时眠未眠?

——《秋夜曲》

这首《秋夜曲》，甫一诵读，就觉有一股清凉、幽艳之意袭来，直如在读李长吉的诗，或是纳兰的词。这诗的诗眼化用的是李贺《苏小小墓》中的诗句及典故——"幽兰露，如啼眼"，连内在阴凉的调性也颇似。而整首诗语言之流丽，诗中主角形象的塑造，诗境营造，又颇有纳兰的情味。

仲则初学作诗，多有拟作，博采众长，虽多因袭乐府旧题或前人旧意，细品之，已见出不凡的才气和灵气，以气贯穿，不类陈言俗语，不是强凑苦吟。

艳语俊骨悄然萌动，暗自茁壮，是他日后诗文的风骨，此时，尚不见后来的哀凉凄壮。

若说《少年行》是他意兴风发的自诩，《秋夜曲》则逼近了少年内心深处的另一个角落，温柔缱绻，欲说还休。若说《少年行》是一柄昂然欲鸣的金刀，《秋夜曲》就是一枚锋芒不露的银针，挑开了他的另一层心思，也缓缓地刺入了无数同病相怜的人心中……

诗的起句便像电影的长镜头：蟋蟀在阶下啼叫，叫声又细又急。秋叶飘落了，可是思念还在生长。是更深露重、不冷自寒的晚上，皓月如霜镜，照着夜深未眠的人。秋月并非无情，它也懂与人做伴，只可惜，此时形单影只，月华照影，亦不过是徒增伤感罢了。

离别让人心伤，是锦衾罗帷也温暖不了、抵挡不住的寒凉。我因和你分离而消瘦，心波凌乱，思绪迭飞。

独行独立复独坐，这相思意儿怎生打发？我多么怀念你说你爱我，我幸福得不能成眠的日子。

夜长愁人，我看见幽兰上沾满了露水，犹如情人的眼泪。

苏小小的一生短暂如露，朝颜夕碎，如同经历了一个惹人心醉、令人心碎的梦。可是，有缘耽溺其中何尝不是另一种恩惠呢？怕只怕，漫长寂寥麻木地度过一生，不解相思，不会相思。

在沉凉如水的夜里，有祭火一般的热情在心中涌动。即使是在选择放弃的时候，我也没有停止喜欢你。

我思念着你，只愿你也思念着我，纵然不见，也要各安天涯。

《秋夜曲》属乐府杂曲歌辞，多写闺阁怨女的相思之情。"秋夜怀人"是古老的主题。像中国古代诗歌传统中的角色一样，这首诗的主角，可以理解为女子，亦可看作是男子。

故事眉目不清，情节不复重现——可以确认的是，仲则的一生之中，必然经历过一段刻骨铭心的感情。这份失落的感情凝聚为他诗文中一个若隐若现、徘徊不去的意象，也是除了感时伤世之外，他表达得最为丰富完满的部分。

读着他的诗集，我忍不住欣慰地想，这段悲伤的经历，对他个人而言诚然是不幸，对于后代读者而言，却是值得庆幸的事，非如此，哪有这许多惹人思量的警心妙句、流传至今的诗篇？这个论断，我也给过纳兰，虽然稍显刻薄，却也是实话。

除却广为人知的《绮怀》和为人称道的《感旧》，他的词集《竹眠词》中的一组小令《如梦令·晓遇》亦格外细腻地呈现了爱恋之中的他们相处的细节。由此可知，这刻骨的相思所为何来：

【秋夜情浓】

细雪乍晴时候,细水曲池冰皱。忽地笑相逢,折得玉梅盈手。肯否,肯否?赠与一枝消酒。

闻说玉郎消瘦,底事清晨独走?报道未曾眠,独立闲阶等久。寒否,寒否?刚是昨宵三九。

一阵雀声噪过,满院沉沉人卧。此去是书斋,只在春波楼左。且坐,且坐,我共卿卿两个。

一抹蓬松香鬓,绣带绾春深浅。忽地转星眸,因甚红潮晕脸?不见,不见,日上珠帘一线。

仲则的词极为清丽。哀婉缠绵悲苦处不弱于纳兰,而豪逸旷达处胜之。此组小令如娇花摇曳,回首前尘,真应了"如梦"二字。

雪后初晴,池水波皱。她悄悄出门,在清晨折梅而返,与早起的他不期然相遇,含情一笑中。他问:"可否借我一枝消酒?"她反问:"听说你最近消瘦了,为什么还早起独自行走?"他说:"一夜没睡,在阶前伫立了很久。"她问:"冷不冷?昨天晚上已是三九。"

谈话惊动了庭间觅食的雀儿,雀儿振翅纷飞,片刻间,院落又归于沉寂。此时闲庭寂寂,众人未起,两人相约去书房。他默默地注视她,见她晨妆慵懒,面带娇憨,真叫人欢喜。不经意间,彼此对视,她满脸羞红,像娇花带露初绽,慌忙闪避说道:"快看啊,太阳已经升起来了。"

这四首小令如同四幕精巧连续的画面,他的深情,她的羞涩,在他笔下纤毫毕现,难以忘怀。

[贰]

再来说一说诗中提到的苏小小。欲言苏小小,不能不提李贺的《苏小小墓》:"幽兰露,如啼眼,无物结同心,烟花不堪剪。草如茵,松如盖,风为裳,水为佩。油壁车,夕相待。冷翠烛,劳光彩。西陵下,风吹雨。"

这首名传已久的诗,极精妙处其实就在前六个字,"幽兰露,如啼眼",活画出一个凄怨佳人的形象。李贺诗中的苏小小,已化作幽魂艳鬼的形象。或者更遥远一点,可以追溯到《离骚》里山鬼(女神)式的形象。

"无物结同心,烟花不堪剪"语出南朝民歌:"妾乘油壁车,郎跨青骢马。何处结同心,西陵松柏下。"

传说中的南齐名妓苏小小,自幼父母双亡,由母亲的侍婢照拂长大,长大后诗琴皆擅,人品风流,成为自谋生计的一代名妓。她不慕荣华,只愿寻一知心人,托付终身……

不用我多渲染铺陈,相信大家已经对这种故事的后续情节了然于胸。一般抱着美好愿望的纯洁少女,最终都被调戏播弄得欲哭无泪,魂断香消。命运这位大爷有时确实太不懂得怜香惜玉。

苏小姐命途多舛,先被多情公子所负,后又被豪强所欺,气郁染病早夭,与前来报恩的书生缘吝一线,有情人阴阳隔绝,惹人唏嘘无限。

传说中苏小姐的生平里,曾资助过一位落魄书生,资助他上京赴考,鼓励他实现抱负。这一点想必深深打动了功名不遂、为谗所累的李贺。他是何其需要这样的理解和支持啊!

在感情丰富、性格激愤的李长吉眼中,世间难寻苏小小这等才貌双全、重情重义的女子。他虽无缘得遇佳人,却愿为她赞颂,在诗中与她结为知己,尽一场悲欢聚散。她的执着和失落,打动着同样执着、失落的他。

漫步西湖,江南烟雨,迷蒙了谁期盼的眼眸?西泠桥畔,站着一位丁香般结着愁怨的姑娘,等待着不会归来的情郎。在世人眼中,她的仙姿是梦中才得一见的盛景,她的容颜黯淡了二月的白梅、三月的桃花,只有她自己知道,容颜依旧,心意凋零。

小楼上的缠绵春事早已不堪追忆,心事蔓延成碧草青苔,却无法覆上离人决绝的马蹄。

松如盖,草如茵,春衫素履不复见。最好的时光,其实是相信爱情,期待爱情来临的时光,悠长慢缓仿佛没有尽头,虽然偶尔会落寞,却有明媚不倦的想象。

你策马而来的身影是个美丽的错误。春风拂过我的眼眉,我心柔波荡漾,又如何能够料想,来日结局的悲凉。

世间情事总是悲哀居多,悲哀的不是两心相知相许,不能相守,而是痴心错付,梦断黄粱。

风为裳,水为佩,油壁香车难再逢。我以为,学会了遗忘,殊不知,强行遗忘是另一种形式的铭记。

冰冷的雨丝打湿了梦境,你从我炽热的生命里淡去,却潜伏在我的伤口,我将掩着这旧伤口,徘徊余生,直至终老。

她曾占尽西湖春光,亦曾收获一地心伤。

山水为邻,诗琴为友,芳魂幽幽的苏小小,因着柔媚江南的烘托,因着绝胜湖山的映衬,终于纯成了诗,艳成了曲,美成了画,小小的她,成为后世文人心口小小的朱砂痣。

苏小小的故事简略而迷人,有纯情,有放荡,有背弃,有坚贞。她活得不像任何俗世规范里的人,她活出了她自己——少女与神女的融合,她有着被男人辜负的纯情少女的缠绵无辜,亦有着让男人欲罢不能的神女的高傲迷离。

有太多人的生命存在一次就湮灭无痕,而她却一次次婉转绽放于文人笔下,起死回生,成为永恒的传奇,恰如一年一度的东君盛宴,绚烂纯粹。

一次次的魂梦相予,她失去的仅仅是一个负心人,得到的却是许多知己故交。隔世有知音,是值得宽慰的事。即便是素不相识的相知相惜,也胜过同床共枕的敷衍辜负。

中国文化的传承不绝如缕,假如再大胆一点往前推演,苏小小的精神气质可看作《诗经》里的"汉水游女"或《楚辞》里的"山鬼"——变迁需要留心体会,就好像在《离骚》里,月神的名字叫望舒,一个不那么清寒的名字,而到了后代,它变得越来越清冷,像一面镜子,不动声色地照见人世悲欢聚散。

同是对月,李白是"暂伴月将影,行乐须及春"。他天性明朗昂扬,即使偶尔有悲愁,也能迅速地消散,转入与天地共舞、同醉的大自在中。他的生命是华丽恣意的,一个人独舞也要倾倒天下。

而另一种人,他们连承接欢喜时也是孤单的。苏小小也罢,李长吉也罢,纳兰容若也罢,黄仲则也罢,他们的生命中,总有一层底色叫寂寞,炽热也惊凉。纳兰说:"瘦断玉腰沾粉叶,人生那不相思绝。"仲则说:"幽兰裛露露珠白,零落花香葬花骨。"这些词句都被评家所赞赏,可惜太凄艳、太绝对,结合身世读来总是心惊。

仲则在乾隆三十二年(1767)十九岁时作了一首《秋风怨》,诗云:

> 枯草摇天黄,白杨醉霜紫。
> 骢马嘶不归,秋风葬罗绮。

这首诗也似李长吉小诗的风格,也是咏了苏小小似的美人薄命。事如秋风不可追,旧情已绝难再续,读来又添一重伤感。

我总是忍不住摇头,想劝这多情的少年,年少莫作幽苦语,只恐福慧双折损。可惜有些人,劝也劝不醒。

【凌云之志】

王翰《饮马长城窟》诗中有云:"长安少年无远图,一生惟羡执金吾。骐骥前殿拜天子,走马西击长城胡。"

对清廷统一天山南北的战争,早年的仲则颇多赞颂。除了《少年行》之外,仲则还作了一首《拟饮马长城窟》称颂其事。他当时的心气和愿景,我在开篇时已经做过剖析,这里就不再赘述了。

这首《拟饮马长城窟》和下一篇中会提到的《杂咏》组诗,是在差不多的时期写成的,约在乾隆三十一年,仲则十八岁时。因而我觉得是可以合看的,如此大略可梳理出他少年时的志愿和伴随着思索产生的复杂情绪,探知他性格思想的某些根源。

据仲则的挚友洪亮吉(字稚存)所撰的《黄君行状》记载:"亮吉携母孺人所授汉乐府锓本(刻本)……君见而嗜之,约共效其体,日数篇。"仲则甫一试笔,已让亮吉叹服,惊为天人。他后来写《江北诗话》,以仲则为例阐述诗的奥妙:"诗定不关学,沧浪之言,吾信矣。"诗是不可学的,靠天资而成,严羽的话我信了。

仲则与稚存为同乡,稚存幼时,其母蒋氏携其兄弟二人,寄寓仲则外祖父家,两家隔溪而居,自幼相识。两人正式订交是在乾隆三十一年,是年,两人同就童子试,于江阴逆旅中重逢之后,结为终生挚友。

仲则落落难群,个性狷介,不善与人交往,唯独与稚存的友情持续了一生。每当仲则忧难时,稚存总是毫不犹豫施以援手。这当中既有总角之交的亲热,也有自幼同窗的感情,更因对仲则才华的折服。

在稚存处看到的汉乐府刻本,激发了仲则的诗人天性。他便如拨云见日、大梦初醒,终于找到与自己志趣相契的事。与洪亮吉相约,效仿乐府笔法,每日数篇。这一部分诗作,是当时所作拟作的一部分,诗中所叙之事,未必是作者实有的经历,仅仅是借古人事,抒情言志。

洪亮吉在《玉尘集》中记道:青少年时期的仲则"读书击剑,有古侠士风"。那么,我们就先来看看这首《拟饮马长城窟》,看一看这位少年书生,如何在书斋中以笔为剑,点墨成兵,指点他心中的江山——

秦城苍苍汉月白，秋风饮马城边窟。
骷髅出土绣碧花，犹道秦时筑城卒。
秦皇筑城非不仁，汉武开边亦可人。
遮断玉关朝遣戍，长驱青海夜生尘。
祁连封后焉支失，绝漠愁胡眼流血。
残星点点散牛羊，霜天萧萧动觱篥。
闻道官家重首功，轻车仍拜未央宫。
从此北庭常保塞，几曾南向敢关弓？
射生旧日云中守，列帐传呼赐牛酒。
三时禾黍种连云，四月桃花开马首。
城郭安西净扫除，蒲桃天马贡长途。
太平不用封侯相，卫霍于今只读书。

这诗的前四句不过是化用前人旧句，铺陈其意罢了，言秦汉人边役之苦，要害在此句："秦皇筑城非不仁，汉武开边亦可人。"这一句定下全诗的基调，须知，此时的黄仲则是赞颂"合理"战争和"必要"的征战的，连那沾染了碧苔的枯骨，在他眼中亦不过是历史的风尘旧迹罢了。

我想，此时乐府里的悲怨，古辞里的凄怆，并未影响他兴致勃勃的展望。他看见的是旌旗猎猎遮断玉关，车马萧萧长驱青海。他可不见征夫孤单的身影、思妇盈盈的泪眼。他看见的是名将功成安邦定国的辉煌，看不到战败一方溃败逃散的恓惶。

从不同角度看待历史会得出不同结论，解读有时并非那么绝对。秦皇筑长城，命蒙恬守边，使匈奴退却七百余里，胡人不敢南下放牧，勇士不敢张弓射箭报仇。汉武帝遣良将开边，驱逐外患至大漠深处，极大地稳固和拓展了疆界。这些都是后来名垂青史、史笔称颂的事情，然而，在当时却不见得是立竿见影的好事，穷兵黩武，国家疲敝，对外兴兵耗损了大量财力、民力，加速了秦的灭亡和汉的衰败。

贾谊在《过秦论》中精辟地阐述道："秦王足已而不问，遂过而不变。二世受之，因而不改，暴虐以重祸。子婴孤立无亲，危弱无辅。三主之惑，终身不悟，亡不亦宜乎？"汉代的开国者目睹了暴政的危害，是从秦的暴戾统治中挣扎挣脱，求生成功的人，所以汉初几代的统治者汲取教训，奉行"无为而治"的治国方略，与民休养生息。不折腾，就是心疼老百姓了。

相比于帝王的治世之功，我更惊叹于中国老百姓承受灾难的能力和复原能力，不管经过多漫长惨烈的战乱，只要给他们三五十年的喘息时间，民生很快就能得到恢复。从汉高祖刘邦时的"自天子不能具醇驷，而将相或乘牛车"，到汉武帝时的"太仓之粟陈陈相因，充溢露积于外，至腐烂不可食"，经过三四代人的经营，国力已稳步回升，效果是显著的。

最关键是武帝时军马有了六十万匹，这与开国时只有军马三千匹，天子的车驾连四匹纯色的白马都凑不齐，王侯将相只能乘牛车出行上朝的寒酸劲不可同日而语。

有了强盛的国力和丰富的战备资源才可对匈奴展开反攻,夺回祁连山下的河西走廊。对西域地区有全面的控制力,才有了"丝绸之路"的开通和繁盛。仲则诗云:"祁连封后焉支失,绝漠愁胡眼流血。"可以从匈奴人悲歌长叹"失我祁连山,使我六畜不蕃息;失我焉支山,使我嫁妇无颜色"得到验证。

"残星点点散牛羊,霜天萧萧动觱篥。"觱篥是北方游牧民族的乐器,名称可能是由突厥语或匈奴语直接音译过来。其形质朴,竖吹,其声高亢凄厉。唐张祜有一首很艳美的诗或可抵消一下这种乐器带来的苍凉:

一管妙清商,纤红玉指长。
雪藤新换束,霞锦旋抽囊。
并揭声犹远,深含曲未央。
坐中知密顾,微笑是周郎。

——《觱篥》

这可看作觱篥留在我记忆里最初的印象。大唐的悠扬雍容,化解了这种乐器与生俱来的悲意,竟可成为婉转含情之物,但当我身在新疆的草原上,我所能想到的不是玉堂绮宴,公子美人含情顾盼。

即使是春浓花茂的时候,我心底依然有挥之不去的哀愁,需要竭力回忆、仔细辨认,才能寻见那些过往。

【凌云之志】

我总是不自觉想起这些过往的战事,马蹄踏过的,仿佛不是这片土地,而是我的心头,胡笳惊起的,不是胜利的自豪,而是千年不散的乡愁。

天空明净深蓝,草野一碧万顷,河水奔流不息,群山巍峨高壮,这一切的一切,时而温柔,时而峻烈,浩荡起伏成一曲悠扬古老的长歌,令人闻歌欲泪,思之欲归。

对自由奔放、心性热烈的民族而言,马上就是他们的家园和天下,荣誉感是他们生存的信念。他们奔走如风,到处征战,他们的存在曾经对中原有着致命的威胁,可那是他们与生俱来的生存方式啊!血液里的骄傲!一旦被驯服,被汉化,这个民族的特性也就随之消除了。就像狼与狗,狼永远做不到狗的忠诚温顺,狗也永远不能了解狼的自豪和骄傲。

溃败不是不悲的,即使是能征好战的游牧民族。失去了水草丰美的河西走廊,匈奴被迫远徙漠北,东汉时内部分化,分为南北二部,南匈奴与汉人融合,北匈奴,诗中所言的"北庭"远遁大漠,则又是另一番风云故事了。

"汉武雄图载史篇,长城万里遍烽烟。何如一曲琵琶好,鸣镝无声五十年。"疆土不可能一成不变,你争我夺,恩怨如何数算?

何况战争,哪有什么必要的战争呢?有的只是可以避免,却不能避免的战争。战争总是起于欲望,在彼是义,在此是不义,左右不过各执一词罢了。

战端一旦开启,其后战祸绵延,或大或小、或长或短、或胜或负,受苦受创最深的,始终是黎民百姓。

"君不见青海头,古来白骨无人收。"纵然胜了,亦只不过是一时,留下孤城嶙峋,白骨成堆,人世间生离死别、无穷憾恨却是长久。早知百年后胡汉皆枯骨,厮杀争斗又有何益?

站在胜利者的角度,黄仲则赞颂道:"闻道官家重首功,轻车仍拜未央宫。从此北庭常保塞,几曾南向敢关弓?"战胜之后,汉代设西域都护府,唐代设安西都护府。与前代做法相似,清廷平定准噶尔部和回部之乱后亦设立伊犁将军管理新疆地区的军政事务,驻惠远城。

定边将军兆惠在平定回部叛乱时立下大功,回朝之后的饮宴上,吟出"但使龙城飞将在,不教胡马度阴山"的诗句,乾隆帝震怒,训斥道:谁是胡马!我大清就是从关外入主中原!幸亏这不是你作的诗句,不然饶不了你!此时正是清朝加强思想禁锢、大兴文字狱的时候,即使是有大功在身的兆惠亦只能战战兢兢伏地请罪。

乾隆是精明的,他知道兆惠此言一旦流传可能造成的影响。满清以异族入主中原虽已逾百年,民间"华夷之辨"的争端依然甚嚣尘上。他需要维护统治地位的合法性,防止汉人的民族情绪被煽动起来。虽然清朝的统治者选择接纳了汉文化,但在他心里,并不曾真正信任汉人。

我不合时宜地想起这个插曲,是因为仲则诗中借古颂今,饱含激情对盛世武功进行赞誉:"射生旧日云中守,列帐传呼赐牛酒。三时禾黍种连云,四月桃花开马首。城郭安西净扫除,蒲桃天马贡长途。"好一片边境安宁、万国来朝的胜景!

这几句可以作为边塞诗单看,用典之娴熟,造境之开阔绚烂,笔力不弱于唐人,这是我至为欣赏仲则诗才的地方。只是读着不免为书生的单纯可惜,自以为生逢盛世,安享太平,殊不知,在统治者心里,始终作怪的是"非我族类,其心必异"。

幻想是读书人的精神食粮。要是没有这点支撑,不想着反清复明,共襄义举,不知道清初那些明末遗民怎么打发日子。

现在是"盛世"了,早已忘却前朝。黄仲则正幻想着为明君所用。书生在纸上一往情深,略带惆怅地谈论道:"太平不用封侯相,卫霍于今只读书。"这是在称美统治者的功业,感慨太平时日缺少了建功立业的机会。

他可曾知晓?即使是功勋彪炳如卫青、霍去病,亦不过是帝王手中的棋子、心中的犬马,即便是为他生儿育女的枕边人卫子夫,一旦失宠见嫉,也免不了自杀了却残生。这份恩荣,不要也罢!

他可曾知晓?乾隆年间的文字狱是最频繁的。乾隆当了六十年皇帝,诗文之狱一百三十多起,平均下来一年两件,涉案者有官、有吏、有平民。有文辞专美者,亦有文理不通者,思想清理的剑锋所及,殃及者无数,下场如何只待圣心裁夺,但看龙颜是否震怒。

我不知道仲则这番热情洋溢颂圣之心,会被如何看待,幸好他没有因言获罪。

他可曾知晓?为统治者高呼胜利歌功颂德是愚蠢的,过分宣扬民族主义更是狭隘的,要持以冷静之心。

他可曾知晓？外患岂是一劳永逸可以灭绝的？明朝打退了强盛一时的蒙古，却免不了被女真所灭。清中后期闭关锁国，也没能封得住西方列强的坚船利炮。

【素心皎皎】

　　敌人是杀不尽的,新的对手总会出现,内忧外患此起彼伏,层出不穷,才是历史发展的真相,谁也无法改变这铁血的规律。
　　我不是不喜欢志气高昂的诗篇,只是更赞同从民众的角度去看待历史,所以更爱重陈琳、王翰等人所作的《饮马长城窟》——那些征伐、胜负,对一个普通人来说,又有什么关系呢?最好没有关系。
　　中国古典诗词有一个相当典型的现象,就是不惮意境和主题的不断重复及加深,从诗词歌赋到戏曲小说,几乎没有绝对无迹可寻、从天而降的。如果恰好你是熟悉古典诗词的人,你会很自然地从一个典故，联想到它的历史背景，以此加深对诗意的理解，亦能从中看出作者的功力深浅。

谙熟经典、熟悉创作规律，是必要的，就像《红楼梦》里香菱学诗时，黛玉教她的那样。

黛玉道："什么难事，也值得去学？不过是起承转合。当中承转，是两副对子：平声的对仄声；虚的对实的，实的对虚的。若是果有了奇句，连平仄虚实不对都使得的。"

香菱笑道："怪道我常弄本旧诗偷空儿看一两首，又有对的极工的，又有不对的；又听见说，'一三五不论，二四六分明'。看古人的诗上，亦有顺的，亦有二四六上错了的，所以天天疑惑。如今听你一说，原来这些规矩竟是没事的，只要词句新奇为上。"黛玉道："正是这个道理。词句究竟还是末事，第一是立意要紧。若意趣真了，连词句不用修饰，自是好的。这叫作'不为辞害意'。"

香菱道："我只爱陆放翁的'重帘不卷留香久，古砚微凹聚墨多'，说的真切有趣！"黛玉道："断不可看这样的诗。你们因不知诗，所以见了这浅近的就爱。一入了这个格局，再学不出来的。你只听我说：你若真心要学，我这里有《王摩诘全集》，你且把他的五言律一百首细心揣摩透熟了，然后再读一二百首老杜的七言律，次之再李青莲的七言绝句读一二百首。肚子里先有了这三个人做了底子，然后再把陶渊明、应、刘、谢、阮、庾、鲍等人的一看。你又是这样一个极聪明伶俐的人，不用一年工夫，不愁不是诗翁了！"

曹公借黛玉之口论道的，是延续至清代，作诗的基本法则。虽是闺阁女儿戏言，却也十分地切中要害了！书中，香菱潜心学诗，精于揣摩，时隔不久果有所成，虽然意境与黛玉、宝钗等人的诗作不可相提并论，但对初学者而言，已是难能可贵。可惜曹公安排她命途多舛——此时的悠闲，不过是日后更叫人生怜的插曲罢了！

除了谙熟格律技巧，掌握丰富的词汇积累，充满灵气地自由组合字句，对前人诗意的领会、提炼、再创作，也是中国古代诗人学习诗歌的重要技巧之一，由此产生了中国古典诗词中不得不说的一类——拟作。

对古诗、乐府、民歌的拟作，强势出现于陆机、谢灵运、鲍照、李白等人的诗作中，让人难以将其忽视。从这个意义上来看，诗歌就成为一种和过去的辉煌、沧桑不断重逢的过程。

拟作不能简单视为模仿和抄袭，它更应该被看作诗歌技巧的学习。前代成就需要重新理解和创造；尊重传统，才能创新。一个好的诗人、词人，总能用旧典翻出新意，将它娴熟地放置于自身造就的语言环境中，成为作品浑然天成的一部分——这种重生、延续，成为中国文化，尤其是中国古典诗歌传承的重要传统。

几乎没有一个优秀的诗人，不是通过这种严苛的训练脱颖而出，直至形成自我风格的。区别只在于，最终令人记取的诗人，他们的才气和识见最终会消弭掉学习、造作的痕迹，不会让人觉得生硬——仲则是这类"诗歌之子"的典型代表。

拟作古题乐府有几种情况：一是仍能保持原题寓意和艺术风格；二是舍弃原题寓意，以旧题写新意。前篇提到仲则的《拟饮马长城窟》，便是对前人所作的《饮马长城窟》的拟作。他曾作了十七首《杂咏》，我挑出四首来，从中可以看出无论寓意如何，他都在学习、延续乐府自然古朴的风貌。

> 生年三五时，瑶华比光彩。
> 万事非所忧，此景若常在。
> 既见故者非，旋见新者改。
> 未觉少壮过，只增前日悔。
> 所悔行乐迟，精役形乃殆。
> 不知何事劳，但若有所待。
> 贱躯一何眇，前后各千载。
>
> ——《杂咏》（其三）

> 朝行燕市中，夕宿夷门道。
> 酒徒既寂寥，信陵亦荒草。
> 壮士重一言，千金失其宝。
> 万里拥头颅，朝在暮不保。
> 当其悲来时，天地亦为老。
> 感此抱区区，双鬓如蓬葆。
> 眷言怀古人，忧心惄如捣。
>
> ——《杂咏》（其五）

【素心皎皎】

皎皎明月光,延缘上空林。
幽堂悄然白,仿佛来素心。
素心日以隔,萧景日以逼。
薄帏生虚寒,梦醒如在侧。
揽衣起彷徨,横涕下霑席。
寸心常不移,可以照颜色。

——《杂咏》(其七)

贫女中夜织,扃户绝四邻。
荧荧一灯影,自落空草根。
伊轧面虚壁,中织自悲辛。
颜色不自达,谁知此女贫。
贵贱异缯锦,各出桑蚕身。
同生而异造,赋命安可论。
惟当自努力,弗使机生尘。

——《杂咏》(其十七)

　　第一首感慨人生苦短,岁月惊忧。第二首追怀古风,赞颂古代侠义之士重诺轻生的高风亮节。第三首写月夜思人,欲求知己的惆怅。第四首用兴寄之法,借贫女夜织抒发文士怀才不遇的感伤。

　　他此时的诗作,若放在唐人中,也许算不得一流,比白居易、张祜等,那还是有差距的;但若想到只是习诗短短月余,便有如此笔力,就不得不惊叹他天赋过人了。

这几首拟作借题抒怀,意旨回归传统,涵盖了生死之忧、侠义之叹、怀人之苦、贫贱之哀,述说的都是古典诗歌里再寻常不过的主题。这种题材容易落笔却也格外考验作诗者的笔力。以他当时只有十八岁的年纪来说,这样的感慨或许有"为赋新词强说愁"之嫌;但是,毫不夸张地说,仲则这几首拟作,化用典故不见其痕,幽婉悲壮,放在唐人的作品里亦是毫不逊色,全然看不出道学之气——超越时代的桎梏,是富有才气的显现。

这四首杂咏看似意旨杂陈,却可看出仲则的一些思想轨迹。他仰慕高士、敬慕贤良,本性是一个任侠好义、积极进取的人,洪亮吉说他"读书击剑,有古侠士风"不算虚言恭维。

君子固穷,不堕青云之志。他青年后心意渐趋萧瑟,我深信是际遇的影响。试想一下,如果自幼丧父、丧兄,如果家境寻常到无可凭依,必须靠自身的努力进取;如果科举不利,难遂初志;如果颠沛流离,屡遭困厄;如果一生所爱,终成过幻……我们是否还有底气心志坚持到死,毫不怀疑、动摇?

"道之所在,虽千万人逆之,吾往矣!"这样的慷慨豪情,我相信是有的,但,做到委实太难了!

太多人是普通人,他们的际遇也是普通的,所倚仗的,不过是一点性灵和内心深处的一点自信,他们很难在经历重重磨折、打压后,最终成贤成圣。所以我怜惜他,理解他——实则不止是他,还有无数像他一样的人。

【素心皎皎】

与《少年行》和《拟饮马长城窟》的激昂不同,《杂咏》组诗中,日后笼罩在黄仲则诗文中的感伤主义开始显现,他一生未能摆脱这种感时伤世的悲愁,但这份沉重,亦成为支撑他诗文的筋骨。

他的家世、际遇实在寻常,做不了名士,心有孤愤,却更被生计牵累,连狂生亦做得不自在。他这几首诗作,既是拟古乐府,也确实让我读出了《古诗十九首》的凄怆。

汉魏时代寒门士子的身世之悲,内心之痛苦矛盾,并未随着某个盛世的到来、时光的绵延流转而消弭。

声言及时行乐,实则又有何乐可言?无论在什么样的时代,总会存在这样一个庞大而压抑的群体,他们是历史涌动中难以治愈的痼疾,一体同悲。

隋大业三年确立的科举制度,打破了门阀贵族的限制,让出身庶族、平民的读书人有了实现理想抱负的途径和契机,促进了社会阶层的流动,这不能不说是社会制度的极大进步。与此同时,思想道统的限制也加强了,这是难以两全的事。

越往社会的上层走,乱七八糟的事越多。越往社会的下层走,道德的约束越多。

总有些科举失利、才命相负的人辗转沉浮于世。我所欣赏的是,那些经历了巨大的成功或失败之后依然保持清醒的人,那些择善固执、坚持操守的人。

凌云壮志或可消解,风骨气节不可折堕,这可视作士这个阶层安身立命的根本。如果不能急流勇退,起码也要问心无愧。

【风露中宵】

桂堂寂寂漏声迟,一种秋怀两地知。
羡尔女牛逢隔岁,为谁风露立多时?
心如莲子常含苦,愁似春蚕未断丝。
判逐幽兰共颓化,此生无分了相思。

——《秋夕》

像黄钟大吕中突然响起了一阵丝竹清悦,他的深情就这样破空而来。

这首诗,如果隐去作者名,不用心分辨,我会觉得像李商隐的《无题》。毋庸讳言,黄仲则诗集中关于恋情的诗作,十足十地承继了李商隐扑朔迷离的情味。

有一点非常奇妙,我想是仲则诗作的特色吧!他的诗,我总能读出似曾相识的感觉,却又总能品出别具一格的情味,不会厌烦、腻味,这是难得的。

作为清代人,乃至于近代人(现代人的陈词滥调不提也罢),面对着古典诗歌,仰视着前人构建的文学高度,难以回避的尴尬是,主题的重复,技巧的僵化,语境的丧失,诗意的减损,深度的匮乏……越来越多出现的是充满匠气的作品,现代的创作者热衷于炫技,徒具形式,自命深刻,实则缺乏直抵人心的灵性。

令人愉悦的是,在仲则的笔下,这些令人纠结、败兴的问题都不存在。他的诗文、字句之间弥漫着熟悉的气息,游走着一个个似曾相识的形象。可以看出传承的影响,却不曾局限他的创造力,即便基调是悲怆的、低落的,诗歌本身的活力亦不负所望。

写秋夜怀人,甚至点明时间是秋夕(七夕),这类题材的诗作在古典诗词中实在是不胜枚举。

仲则这首七律的意境似足了李义山的名作《无题》:"昨夜星辰昨夜风,画楼西畔桂堂东。身无彩凤双飞翼,心有灵犀一点通。隔座送钩春酒暖,分曹射覆蜡灯红。嗟余听鼓应官去,走马兰台类转蓬。"

几乎可以将这首《秋夕》,看作是《无题》的延续,情境、意旨,连背景环境都相似,诗中的主角也是在华堂喧宴的间隙,偷偷思念不能相见的情人。宴会上觥筹交错,与人应酬;心中辗转,外表却要波澜不惊。耳中听着丝竹管弦,眼望着歌姬轻歌曼舞,心中想的是难以亲近、不能谋面的情人。

这一番相思刻骨,辗转难安,不是亲历,谁能了知？纵然亲历,又岂能奢望一言道尽？一旦情深,便连诉说的欲望也泯灭了。

李义山的"无题诗"中弥漫着一种温雅的伤心,你能看见的似乎是一个人在抚琴,一弦一柱轻轻抚过自己的心事,这种忧伤是成人式的、收敛的情态。而仲则在这个桂子飘香的秋夜,所呈现的幽怨却是少年式的,开放、明确,唯恐言之不尽,语不及情。

与李义山"无题诗"以言情为表象,内具政治寄托不同的是,黄仲则描写恋情的诗,意在追忆昔年逝去的一段感情,并无太隐晦的政治寄托。

年轻时总容易为情所累,为情所困,"心如莲子常含苦,愁似春蚕未断丝",他此时深心眷恋的女子,碍于种种情由,不能与他在一起,致使他在七夕这样情人团聚的夜晚,独立终宵,风露染衣,发出了"判逐幽兰共颓化,此生无分了相思"的喟叹——这是多么偏执的诉说,却饱含了感人的悲哀。

要多深的幽憾,才能让人在无意识间穿透岁月织成的华美盔甲,触碰到命中情爱的惨淡荒芜？

那时还是少年的他,即使霎时间对将来的结局真相有所感知,亦不能全心相信,真正领悟。所谓"此生无分了相思",看似心灰意冷，然这自怜自伤的背后，仍是热切不息的期盼。

这首诗名为《秋夕》，即已点明是在七夕之夜所作。七夕乞巧是从汉代就兴起的古俗，当此日，人们祭拜织女、牛郎双星。女子乞巧，儿童求慧，世间男女祈愿感情顺遂。这一天，是年轻男女们盛大热闹的情日。

孟元老的《东京梦华录》载北宋汴梁的七夕节俗，云："至初六日、七日晚，贵家多结彩楼于庭，谓之'乞巧楼'。铺陈磨喝乐、花瓜、酒炙、笔砚、针线，或儿童裁诗，女郎呈巧，焚香列拜，谓之'乞巧'……"

与孟元老之文相应，宋赵师侠有《鹊桥仙》一阕，细撰此日风情习俗："明河风细，鹊桥云淡，秋入庭梧先坠。摩罗荷叶伞儿轻，总排列，双双对对。花瓜应节，蛛丝卜巧，望月穿针楼外。不知谁见女牛忙，谩多少，人间欢会。"

一边是"金风玉露一相逢，便胜却人间无数"，一边是"盈盈一水间，脉脉不得语"，世间事总是悲喜交织，难分难断。从汉乐府开始，人们大多习惯以牛女双星比喻相爱不得相守的男女，语意不离怜悯。如杜牧的《七夕》即叹道："云阶月地一相过，未抵经年离恨多。"

偶尔亦有作反语者，如李义山的《七夕》诗云："鸾扇斜分凤幄开，星桥横过鹊飞回。争将世上无期别，换得年年一度来。"

"七夕"是李义山擅用的题材，最为人传颂的是七律《马嵬》中的一句："此日六军同驻马，当时七夕笑牵牛。"以其用事属对之工整，尤为人称道。其中物是人非之感，尤为叫人唏嘘。

李义山以"七夕"为题材的诗作中，我最爱这首《七夕》，尤赏那句"争将世上无期别，换得年年一度来"，脱离了前人旧意——是这般广大的悲心。

诗人的思维由传说发散开去，想到的是人世间比织女、牵牛的际遇更值得同情和祝福的情人们。

一期一会，虽然漫长难熬，亦算是心有指望，总好过永无相见之期的绝望别离。唯有情深不见底，才能说得如此决绝甘愿，一年一度，相见总胜过不见，仲则诗"羡尔女牛逢隔岁"亦同此意。

七夕之夜，遥拜双星，思念情人。"相思"是如此俗常的意旨，只因仲则巧妙地运用了一个"立"字，意境便破空而出，隽然脱俗。

我想诗文之精妙迷人莫过于此，运用之妙，存乎一心。没有什么绝对是前人没有说过的话，用过的词，引过的典，跋涉在相同的道路上，看着差不多的风景，只看这看风景的人，如何生发出微妙的心绪，营造出不一样的文字情境。

仲则作诗擅用"立"字，按照时序来算，如果我没有弄错的话，此处是他的诗集中第一次出现这样的炼字。从"羡尔女牛逢隔岁，为谁风露立多时"，到后面的"不见故人闻旧曲，水西楼下立多时"（《湖上杂感》其一）、"悄立市桥人不识，一星如月看多时"（《癸巳除夕偶成》）和"似此星辰非昨夜，为谁风露立中宵"（《绮怀》十五），都是读来让人心神荡漾、难以忘怀的句子。这样的画面在他的诗作中屡见不鲜，斯人之深衷渊怀、飘零孤独的形象也历历如在眼前了。

"风露""立""多时""中宵"，这些词组合在一起，意境全出，叫人回味再三。良宵独立听更漏,偏又在本应与众同乐的时候,以乐境写哀——少年之心有所属,难共人言的曲婉心意便不言而喻了。

我在清冷秋夜对月徘徊,你在冷暖人间渐行渐远。尽管事情早已过去多年,那创痛却像晨露一样新鲜。

我读他的诗,总觉得在看一部电影,从《秋夜曲》到《秋夕》,再到日后的《感旧》和《绮怀》,仲则不会意识到,他是一位成功编剧,通过一个个诗意的画面,精心陈述着感情的发展、生命的演变,推进着自己的人生剧情,当内心日渐清晰的时候,结局,也日趋分明。

据许隽超《黄仲则年谱考略》(后文略称"许谱")考证,此诗系乾隆三十三年所作,黄仲则时年二十岁。诗为怀念女子之作,但不知确指何人。

近代学人林昌彝先生所著的《射鹰楼诗话》卷五,指此女为仲则借读宜兴姑母家时,姑母的婢女,为仲则所恋,可备一说;也有说是他的表妹,若如此,倒和容若不谋而合。

另有一说是,他少年时深恋的女子是一位歌姬,或者叫"船娘"。无论此女的身份如何,两人难成眷属,终成事实。

这桩难谐的情事,令他久久不能释怀。

有时候阻碍人的,是感情之中内心的摇摆犹疑,有时候,却是现实中真实难以撼动的障碍。

如水的静夜,迷离的夜晚,我独立中宵,不能入眠,心底的你,是如此可望而不可即。

红尘千念,一念一劫。

思念是一种难以直言、不能细述的感受,它潜伏在我心里,翻云覆雨。它是如此不可捉摸,当我费力描述,当我试图说出的时候,它已悄悄变了行藏,又一次消弭于无形。

我走过迢迢山水去看你,我隔着重重时光来爱你。我们一起走过的日子,那些深藏在心中的爱意和秘密……那约定的相守早已散失,不知是否还有人,在时光深处痴痴地、痴痴地等……

桂花年年开放,心迹岁岁不同。

我还不曾年轻,就已经苍老。

是不是错过了什么?是什么在愚弄着我们?

——不得而知。

【锦瑟流年】

［壹］

我在写小说《日月》时曾忍不住引用了黄仲则的《感旧》,而今有机会将四首放在一起评赏,实在是再尽兴不过的事情。

从此音尘各悄然,春山如黛草如烟。
泪添吴苑三更雨,恨惹邮亭一夜眠。
讵有青鸟缄别句,聊将锦瑟记流年。

他时脱便微之过,百转千回只自怜。

——《感旧》(其四)

当初选这一首,因它最契合书中情境和主角彼时的心境。故事中,两人离散,再见难期。

蓬山万重,故人已远,你我之间音讯断绝,不会再有青鸟来传递消息。

此际我在离开你的地方,眼望着春山如黛、绿草如烟,沉重似铁而又空虚如雾的寂寞会突然降临。寂静之中,我会懂得什么叫默然承受。

吴苑夜雨,邮亭醉眠,我会学着习惯分离的处境,心中有忧伤也不欲惊扰你。锦瑟无端,年华暗转,我会接纳生命中再也没有你的事实。

我爱你,比我以为和你以为的——都要爱你。终至无声无息,无言无语。

往事历历在目,事事明了于心,我知道这是执,这是痴,我知道总有一番考验来打破我的执痴。

大道青楼望不遮,年时系马醉流霞。
风前带是同心结,杯底人如解语花。
下杜城边南北路,上阑外门去来车。
匆匆觉得扬州梦,检点闲愁在鬓华。

——《感旧》(其一)

唤起窗前尚宿酲,啼鹃催去又声声。
丹青旧誓相如札,禅榻经时杜牧情。
别后相思空一水,重来回首已三生。
云阶月地依然在,细逐空香百遍行。

——《感旧》(其二)

遮莫临行念我频,竹枝留涴泪痕新。
多缘刺史无坚约,岂视萧郎作路人。
望里彩云疑冉冉,愁边春水故粼粼。
珊瑚百尺珠千斛,难换罗敷未嫁身。

——《感旧》(其三)

诗名曰《感旧》。读第一首诗的时候,会很自然地生出一种感觉,以为他重新回到一个地方,回忆在那里曾经发生的事。

"许谱"里言之凿凿,证此诗作于乾隆三十三年(时仲则二十岁),并谓此诗"似述三十一年冬扬州冶游事",那么有可能是他与友人闵季心(抑或是洪亮吉?)联袂同游扬州时所作。事实上,仲则与友人同游扬州,并不是为了追溯旧情去的,感旧,只因触景生情,喷薄而出。

当我走了很远的路去看你,知道不能再见你的身影和笑靥。我对你初心不变,而世事终于让我们各奔东西。

"匆匆觉得扬州梦,检点闲愁在鬓华。"确然用了杜牧事为典,却不必急于落实仲则所叙的旧年情事是否发生在扬州。相较于仲则情事的无案可查,不妨先来说说著名的杜公子,他的风流韵事早已口耳相传,尽人皆知。

杜牧出身世家,其祖父为著《通典》的杜佑。杜牧仕途顺畅,曾于一年之中两度折桂,传为长安佳话,人又生得姿容俊美,风度翩翩,委实是得天独厚。

我在前面提过,唐时的世道人心不同后来的萧瑟拘谨,即便是普通的市井少年也热衷于恣肆放浪的人生,何况是这样春风得意的五陵子弟?入的又是红尘第一等的花柳繁华地、温柔富贵乡,当年的国际化大都市——扬州,自然免不了一番放诞。

唐文宗大和七年(833)四月,杜牧应淮南节度使牛僧孺之邀,由宣州(今安徽宣城)赴扬州,在其幕府任推官,监察御史里行,后转掌书记。他在公务之余,出入青楼,纵情冶游,风致颇张,一时同僚之间亦有议论。

身为上司和世交长辈的牛僧孺,既深知其文人贵公子的秉性,不便深劝,又担心他的安全,遂命军士跟从保护。

待到杜牧在他手下任满,转供职长安时,牛僧孺将其唤来,交给他一箧平安帖,内中俱是军士所记杜牧某日至某处的行踪,不胜枚举。杜牧一见之下,心生感愧,遂有"十年一觉扬州梦,赢得青楼薄幸名"之语,并终生对牛僧孺感念不忘。

我是感慨于彼时士人之间的廊朗,如清风朗月。杜牧之自愧薄行，贵胄子弟仍不乏士人自省之德，而牛僧孺的宽厚亦值得叹赏。

"杜郎俊赏，算而今，重到须惊。纵豆蔻词工，青楼梦好，难赋深情。二十四桥仍在，波心荡、冷月无声。念桥边红药，年年知为谁生？"——杜牧之当年自不会知，他与扬州的缘分，将化作这城池温柔缱绻的底蕴之一，一如二十四桥明月，波心微漾，惹人缅怀畅想。

三生杜牧，十里扬州，时过境迁，情韵不减。

他在扬州时的风流韵事亦不再是惹人指摘的污点，终成为诗文中一抹明媚亮色，一段频频被人引用的前事旧典——这是否印证了那句话：传奇中的人，都不曾意识到自己会成为传奇？

仲则有"匆匆觉得扬州梦，检点闲愁在鬓华"之语，巧合的是，他的先祖黄庭坚亦有"春风十里珠帘卷，仿佛三生杜牧之"（《广陵春草》）之句，但我依然觉得仲则的句更好，好在有代入感。他所感慨的，不是别人的事，是自己不能舍弃的过往。

"大道青楼望不遮，年时系马醉流霞。风前带是同心结，杯底人如解语花。"这城池的大街小巷，依旧高楼入云，车马喧阗管弦沸，无人知晓一段往事沉没在此。

眼望着满城繁华，繁华如海，它使人深感孤独和渺小。

往昔在这城中度过的时光如潮水般奔袭而至。分别之后，我被命运驱策，奔走尘世，与你无缘再聚。此时故地重游，借酒消愁，想起你温柔解语的模样，想起曾经的誓约，不由心碎成尘。

就算再刻骨铭心又如何？你我是平凡到不能在这人世留下名姓的人。我们的事，不精彩，不跌宕，没有浩瀚盛大的记录，不会留于青史，更无人传颂。它的质地和轻重只有彼此心知。

此时，我不无悲哀地确认，它会消隐在茫茫人世中，或许，也会渐渐消失在你的生命中……

同是遣怀，回忆年轻时的旧事，出身世宦之家，风流潇洒的杜牧之，反而自谦"落魄江湖载酒行，楚腰纤细掌中轻"，其实他何曾落魄过，连寻欢作乐逛青楼都有军士暗中护送。而出身寒门，生性敏感，从不曾尽情放纵的仲则，却写出"大道青楼望不遮，年时系马醉流霞"这样华丽放荡的句子，细思来，未尝不是一种讽刺。

青楼本指华丽精致的雅舍，有时亦指豪门显贵府第。史载："（南朝）齐武帝兴光楼上施青漆，世人谓之青楼。"曹植的《美女篇》中这样写道："借问女安居？乃在城南端。青楼临大路，高门结重关。"意在赞美女子出身高贵。

齐梁后，青楼亦指娼家。但"娼家"并不直接等同于妓女，有时亦指表演歌舞杂技的歌姬。所以，还不能据此断言，黄仲则所恋的女子就是娼妓。

"年时系马醉流霞"一句所流露的风情意态，更让我想起韦庄的《菩萨蛮》："如今却忆江南乐，当时年少春衫薄。骑马倚斜桥，满楼红袖招。翠屏金屈曲，醉入花丛宿。此度见花枝，白头誓不归。"

这首词是韦庄晚年追忆早年在江南生活时所作。我相信，词中所描述的"骑马倚斜桥，满楼红袖招。翠屏金屈曲，醉入花丛宿"这样的情境，鲜衣怒马、纵情冶游的经历，令古今无数翩翩或不翩翩的男人心向往之。

不必掩饰否认吧！每个男人都藏着一颗放荡不安、游遍花丛的心，正如每个女人都希望自己受人爱宠，万众瞩目一般，这是无可厚非的事。区别只在于，有人流连于这种状态不可自拔，终堕于轻浮，有些人则成功地抑制了自己的欲望和冲动，成为端正静直的人。

春衫少年，纵马陌上，他的马蹄惊起芳心，他翩翩的身影，引人注目。他留神看去，那半掩的窗扃后，藏着一张张明媚动人的脸、一双双欲说还休的眼睛……

陌上人如玉，公子世无双，难怪招引得无数女子垂青。韦庄到老来依旧念念不忘，津津乐道于年轻时的风流，并誓言："此度见花枝，白头誓不归。"——意即如果让现在的我选择，我宁愿当初留恋芳丛，白首不回，可见他是自得的。虽然此言亦有人到老来，洞悉人生苦短、功名无用的深层体验，但他对这段经历的留恋和回味，是无须质疑的。

我们先要明白一个道理，青楼也罢，妓女也罢，都是古代社会合理的组成部分。青楼的存在，甚至稳固了士大夫这个阶层忠孝节义的意识形态，使得他们可以合理放逸生命中的激情，使得他们可以更全面地呈现人性的丰富和浪漫。

青楼之中，不乏个性鲜明、才识过人、才貌双全的女子，正经谈论，容色倒在其次了。

当我们有幸拥读这么多传世的诗篇，就不得不由衷感慨，如果省略掉"青楼"这个命题，中国的古典文学举目望去全是政论、策议，该是多么乏味、无聊，不近人情。

流霞,是仙酒名。关于流霞有个美妙不过的传说。王充《论衡·道虚》记载:"河东项曼都好道学仙,委家亡去,三年而返。家问其状,曼都曰:'有仙数人,将我上天,离月数里而止,居月之旁,其寒凄怆。口饥欲食,仙人辄饮我以流霞一杯,每饮一杯,数月不饥。'"所谓餐风饮露,不过如此。仙人风姿令凡俗追慕,后人遂以流霞为美酒名。

李商隐有"寻芳不觉醉流霞,倚树沉眠日已斜"(《花下醉》)的名句,只不过李义山是真的去赏花,而仲则意在指自己当年的一段旧事风流令人沉醉。

所有的别离都是如出一辙的伤感。你是否会有同样的感受?来到一个地方,回到一个地方,别人眼中司空见惯的风景、平淡无奇的人事,却带给你不能自拔的感伤、不能抑制的震动。

记得那首歌吗?"我来到你的城市,走过你来时的路,想象着没我的日子,你是怎样的孤独。我多么想和你见一面,看看你最近改变,不再去说从前,只是寒暄,对你说一句,只是说一句,好久不见。"——这种现代式情绪表述,此时精确地在黄仲则的诗中得到印证,古今有别,情绪实则是一脉相承的。

"下杜城""上阑门"皆为长安地名,因杜牧是长安人,黄仲则在此化身杜牧之,全用杜牧事,连用典亦用长安地名,将自己成功掩藏,直到最后婉转流露心声:"匆匆觉得扬州梦,检点闲愁在鬓华。"往事令我平添愁思,心意苍老。

这最后的结语,格外惹人唏嘘。同样的扬州梦,一段风月事,杜牧之的笔意结在"薄幸名",说穿了,仍是自赏;而仲则的感慨,非关风月,不是艳情,检点愁思,始终是沉痛的自悔。

是你太美好,好到我不舍遗忘,不只是美好的事不舍忘记,对于你,我连痛苦都不忍丢弃。是往事太珍重,所以我要固执地留下回忆当凭据,哪怕只是徒劳。

［贰］

当我从酒醉的昏沉中醒来,听见窗前杜鹃的啼鸣,想起与你的旧事,忍不住恍惚,分不清是不是做了一场大梦。梦中有你,梦醒又与谁共？曾经那样鲜明的誓约啊,以为就像丹青一样永不褪色,如今竟然斑驳残损。

离别之后,经年之后,再想起与你之间的经历,有些随风,有些入梦。我不勇敢,不是司马相如,带着卓文君私奔,我也不似杜牧之潇洒,可以将深重的感情描述得云淡风轻,风月无痕。

"丹青旧誓相如札,禅榻经时杜牧情。"两句分别用了司马相如和杜牧的事作典。司马相如《报卓文君书》这样写道:"五味虽甘,宁先稻黍。五色有烂,而不掩韦布。惟此绿衣,将执子之釜。锦水有鸳,汉宫有木。诵子嘉吟,而回予故步。当不令负丹青,感白头也。"

这封家书有一段前事。司马相如功成名就之后,欲纳茂陵女为妾,卓文君闻之,作《白头吟》,先陈述旧情,写得情致动人,后有"闻君有两意,故来相决绝"之语。司马见她态度坚决,绝无妥协的余地,遂打消了纳妾的心思,回复卓文君一封家书,即上面所引的《报卓文君书》。

这封家书,翻译成白话即是:"我不会因为尝到美味而忘记了稻黍,也不会让炫目的华服掩盖了粗衣布服。这个女子,不过是让她为你操厨。"(也可译作:这把绿绮琴,是你我感情的媒证,是你我灵犀相通的明证,你的眉山目水,仍是征服我感情的利器。)读到"锦水有鸳,汉宫有木"的佳句,唤起多年的旧情。放心吧,我已回转心意,不会辜负你的深情,让你徒生"白头"之叹。

生命充满了咬噬性的小烦恼,就算是传世佳话,内中也有不为人知的磋磨。好在司马相如和卓文君都是懂得退让、见好就收的人。若不然,这段佳话就得落一个一拍两散的尴尬下场。

仲则在此引用司马相如的典故,是说,当年的他,亦曾誓言,不让心爱的人有白头之叹,结果却事与愿违。后一句转用杜牧事,杜牧的《题禅院》诗云:"觥船一棹百分空,十岁青春不负公。今日鬓丝禅榻畔,茶烟轻飏落花风。"

于不动声色中,回望半生,当年一饮千钟,豪情纵逸,观火树银花,恋笙歌夜夜,而今鬓染霜华,在禅院参禅饮茶,"禅茶一味"所蕴含的出世智慧,并未能消解心头的孤闷。千头万绪化作唇边一丝苦笑,一声未逸出的轻叹。

看似心沉如水,悠闲适意,只可惜,表面闲适终不能抵过内心深处的失意——惜此生,留心时务、论政谈兵,经邦济世的抱负到底无从施展,回首青春,只剩满眼浮华。

杜牧的心思暂且放下不谈,仲则用此典,意在表明自己亦有虚度年华、功名无成之叹。他并不知晓,日后的他会面临的失意和憾恨,远比今日所意会的要深。

隐身在别人的故事里,倾诉着自己的心事。我最爱他这诗的后四句:"别后相思空一水,重来回首已三生。云阶月地依然在,细逐空香百遍行。"

仲则的七律对仗工整,用典精熟,尤为评家叹赏。能做到信手拈来,恰到好处,尚且属于技巧层面的功力,最好的是他表述情感的分寸,深情而不滞重,华美而不空洞,留给观者体味的余地。

这四句悄然放弃对往事细节的描述,转入对意境和情绪的营造,大气而空灵。别后思忆如水不绝,分别只有短短数年,故地重游却叫人陡生三生过尽之感。

我徘徊在当年与你幽会的地方,光阴如劫匪,洗劫了相爱过的证据,我双手捕风,胸口成空,只有,你的芬芳还留在回忆深处。

容若的《饮水词》里有一阕《虞美人》,词曰:"银床淅沥青梧老,屧粉秋蛩扫。采香行处蹙连钱,拾得翠翘何恨不能言。回廊一寸相思地,落月成孤倚。背灯和月就花阴,已是十年踪迹十年心。"

当年读这阕《虞美人》,曾深深为容若伤怀,而今因这诗句的情境想起,倒觉得容若尚比仲则幸运几分,同是徘徊故地、追忆旧情的男子,容若的生活里,还保有许多她生活过的痕迹,而仲则爱过的女子,如烟云般消散,他的生命里,除了回忆,再也寻不见任何凭据了。

旧欢如梦,烟消云散。这一腔幽恨何以言说?

[叁]

想起一句话:"我行过许多地方的桥,看过许多次数的云,喝过许多种类的酒,却只爱过一个正当最好年龄的人。"(沈从文《湘行散记》)

《感旧》(四首)写得哀婉缠绵,虽无情节上的必然联系,内在却有情绪上的深切延续。如果以起承转合来论,第一首是起;第二首是承,是意旨和情绪的延伸;第三首就是转,尤其是诗的前半段,转入女子的角度来描述其事。

"遮莫临行念我频,竹枝留涴泪痕新。多缘刺史无坚约,岂视萧郎作路人。"女子说,你不要再念着我了,我为你流的眼泪,不会比娥皇、女英为舜所流的少,其实一刻也没有忘记你,我也为我们的离别而伤心,是你来晚了,又岂是因为我贪新忘旧视你为路人呢?我们之间的事,如果不是你我心意不坚,那便只能怪造化弄人。曾经的白首之约,只当是我辜负了吧!

当年杜牧游湖州,见一容色姣好的少女,见即心动,与少女父母约定聘娶。十余年后,杜牧再至湖州,少女已嫁人生子,杜牧惆怅作诗云:"自是寻春去校迟,不须惆怅怨芳时。狂风落尽深红色,绿叶成荫子满枝。"——"多缘刺史无坚约"即指其事。

"岂视萧郎作路人"说的却是唐元和年间崔郊事。《唐诗纪事》卷五六载:"郊寓居汉上,有婢端丽,善音律,既贫,鬻婢于连帅,给钱四十一万。宠盼弥深,郊思慕不已,其婢因寒食来从事家,值郊立于柳阴,马上涟泣,誓若山河。郊赠之以诗曰:'公子王孙逐后尘,绿珠垂泪滴罗巾,侯门一入深如海,从此萧郎是路人。'"

相信喜欢古典诗词的朋友,对这两个典故早已耳熟能详。仲则将这两个典故用在此处,以女子的口吻道破离殇,更见出人生的无可奈何。

古代女子的婚聘由不得自己做主,为奴为婢为姬的,更是身不由己。纵然曾经两情相悦,以身相许,一旦变故到来……辜负的只能说一句无缘,错过的只能深藏心底,难不成个个都要做梁祝、韩凭夫妇?

难以割舍也必须割舍,原谅我们都不是那么勇敢的人,生死相许又如何?退一步天高海阔。

这诗中的憾恨触痛了我,我颤抖的指尖仿佛能触碰到他的心。那里有一根刺,看得到,拔不出。那少年说:"望里彩云疑冉冉,愁边春水故粼粼。珊瑚百尺珠千斛,难换罗敷未嫁身。"

他忧伤的样子,如在眼前。此际我看云想你,看水思你。纵我有石崇王恺之富,也无济于事,换不回你的未嫁之身。何况,我还仅仅是一个百无一用的书生。

十九岁的仲则,恋人已嫁,自己奉母命娶妻。旧事沧桑,前事难期。沉浮中方知道情深缘浅,年少时的激越终化作眼波底处的深意万千。这世上的贫贱之哀,卑贱之愤,又岂是没有亲身体验的人可以理解和相信的?

终于说到了《感旧》(其四),可以将这一首看作整个组诗的结笔之作,起承转合中的"合"。

读到这里,心中的难过并没有消减半分,反而愈加浓烈。

"从此音尘各悄然,春山如黛草如烟。泪添吴苑三更雨,恨惹邮亭一夜眠。讵有青鸟缄别句,聊将锦瑟记流年。他时脱便微之过,百转千回只自怜。"这首诗,不只是情诗而已,更可看作仲则一生状态的自证。后来的很多年,他抑郁徘徊在别的事件里,透露出的,也是差不多的情绪。

自怜、无奈、感伤,是缠绕、绵延他一生的情绪命脉。

执着有执着之痛,执着有执着之美。这四首《感旧》,真是一气呵成,哀婉欲绝。每每深情见底,偏偏还能深不见底,再进一层,叫人每读一次都有新的感触和共鸣,真是不能不叹服他笔底的功力。

即使不明内情的人,只是随意读过,亦会发现每一首都有感人心怀的好句,不着痕迹地留在心底。

我以为,绝望之后,我会释然;我以为,告别之后,我会放下;我以为,不爱你了,我就会从此自由。孰知,纵然是音尘隔绝,不复相见,我依然不能将你忘却。

磨灭了前事,沉淀了旧痛。你在我的生命中,从来不是轻描淡写的一笔。人都说,浮生易过,谁知当我睁开眼,还停留在原地。

来不及挽回,来不及告别,遗恨扎入灵魂深处。

古人云:"太上忘情,太下不及情,情之所钟,正在吾辈。"要如何才能做到不冥顽?我遍阅经史子集,却不曾找到令人信服的答案。

有一种真相如雾隐千山。我知,我终将在旧事中证得些什么。

纵然,现在的我还不得而知。

【悲秋之气】

不是逢摇落,谁知宋玉愁。
及关方浩叹,出峡又扁舟。
驿路成倾盖,霜天各敞裘。
萧萧词客鬓,几度异乡秋。

——《遇王大邦誉》

君问十年事,凄然欲断魂。
一无如我意,尽可对君言。

刖屦足犹在，鞭多舌幸存。
相期著书好，归去掩蓬门。

——《遇伍三》

终日相对或兀兀，别去乃积千万言。
谁知此地复携手，仍无一语如从前。
世人但解别离苦，今日相逢泪如雨。
风尘满面霜满头，教人那得有一语！

——《遇故人》

每每在《两当轩集》中读到这样的诗，我都要深吸一口气，为仲则一叹，却又不只为他，叹的是这古往今来，不可胜数的失意落寞之人。

这一类人，兴叹九原，属怀千载。闭门读书，只觉得胸中浩然之气长存，要做天地间的奇男子，建功名以不朽；开门望去，顿觉衣食无着，生计乱心。这世间处处促狭，竟不给人松快的余地。

仲则这三首诗便给我这种鲜明的感觉。第一首《遇王大邦誉》约作于乾隆三十一年至三十三年间的某个秋天，后两首《遇伍三》和《遇故人》大致作于乾隆三十三年到三十四年间。三首诗都是他在异乡遇到故旧，与人相逢之后的感怀之作。

按照年龄来算的话，乾隆三十一年，仲则将将十八岁，迟至乾隆三十四年，他也不过才二十一岁。就算古人早熟，就算他年少不识

【悲秋之气】

愁滋味,只是引经据典,鹦鹉学舌,我依然不免为他的诗才惊动。

诗文之工整且不说,这位兄台才二十岁出头啊,竟然能将人世的忧患苦困写得如此深刻,而且还不是假装,一吟一咏皆是发自肺腑。每每想到这里,我都气馁得想弃笔不写了。

好吧,以他三十五岁英年早逝的状况来看,我们可以将他的二十岁左右视作是他的中年。这几首诗所表露的忧患落魄之感,确实是人到中年才能有的感受。

仲则写道:"不是逢摇落,谁知宋玉愁。"这个悲,不是寻常的悲。屈原谢世,他的弟子宋玉悲秋,仿《离骚》而作《九辩》:"悲哉!秋之为气也。萧瑟兮,草木摇落而变衰。憭栗兮若在远行,登山临水兮送将归。泬寥兮天高而气清;寂寥兮收潦而水清,憯凄增欷兮薄寒之中人。怆怳懭悢兮去故而就新;坎廪兮贫士失职而志不平。廓落兮羁旅而无友生;惆怅兮而私自怜。"(令人悲伤啊!秋天的气息!萧瑟啊!草木摇落气象衰沉。凄凉啊!心境仿佛是要远行,登山临水徒增伤感。空旷啊!天高气清。寥落啊!积潦消退秋水明澈。忧伤叹息啊!薄寒袭人。失意怅惘啊!背井离乡。坎坷啊!穷士落魄失官去职。孤独啊!流落在外没有朋友!惆怅啊!形单影只自我怜悯。)

许是因为古人对生命的感知更为细节和具体,昼夜轮转,花开花谢,四时变换都不曾等闲视之,对一切的离别和重逢都不似如今这般朝发夕至,云淡风轻。而留下传世文字的这些人,又是历代文人中的翘楚,所以我们从中感受到的悲伤也是美好的、精致的、优雅的。

后人称颂宋玉的辞赋影响深远,措辞高妙,为此列举种种例子,从司马相如说到庾信、李白、杜甫,乃至其后的宋词、元曲……不可否认,宋玉开创了一个全新的文学命题——悲秋。

可以不甚严谨地推究:自他之后,以诗人为主体,物象的描绘趋于细腻工致,抒情与写景结合得更为自然贴切,文学转向内在、细致、私人化的情绪表达——这是一种美妙深刻的体验。"悲秋"成为中国传统文学的母题之一,延续了千年,直至今日和以后——这个评价不是不高吧。

传为宋玉所作,流传下来的辞赋有多篇,真伪相杂,不可尽信。王逸《楚辞章句》定《九辩》是宋玉所作,是可信而无异议的。我必须坦白交代,《九辩》在年少时的我看来,亦只觉得和《离骚》一样牢骚满腹,实在叫人难以卒读。耐着性子读完,却不明白有些事为何值得抱怨。对其间的情绪和态度难以欣赏,至于文章的价值和成就,我并不曾全心认同。

幸好现在读来,体味已有所不同。必须要人到中年,有所阅历之后,才能对人世忧患给予人的磨折考验有所体悟。

我想,除了这些年,年纪和阅历的增长,阅读的深入,亦令我悄悄修正着自己当初的判断。

宋玉是不是美男子不知道,可以确认的是,他不是佞臣,也不是一个虚有其表的登徒浪子。关于宋玉的生平,所载不详,众说纷纭,据《史记·屈原贾生列传》载:"屈原既死之后,楚有宋玉、唐勒、景差之徒者,皆好辞而以赋见称。然皆祖屈原之从容辞令,终莫敢直谏……"这一段生平记述极简略,鉴于太史公著史的权威性,我更愿意相信他的记载。

诚如太史公所言,宋玉以辞赋见长,身为文臣,不敢直谏君上——这毕竟也不是什么大错。他固然不是直臣,但即便如是,以一介小小的文学侍从之身,指望他在政事上左右国政多少,实属强人所难。

何况宋玉侍楚王,未必见得多被重用,多半是仕途颇不得志,更不用说他出身寒微,人微言轻。即便如屈原般出身贵族,一生秉道直行,到头来照旧行到了汨罗江里。

宋玉作《九辩》抒怀楚之意,追想楚国昔日的辉煌,感念国势衰微,由此念及个人际遇的坎坷,三者之间主次是不可颠倒的,如果不能理解这一层,就如当初的我一般,失之毫厘,谬以千里。

"楚,天下之强国也。西有黔中、巫郡;东有夏州、海阳;南有洞庭、苍梧;北有陉塞、郇阳;地方五千余里,带甲百万,车千乘,骑万匹,粟支十年。此霸王之资也。"昔日的楚国,强盛之态,天下莫能当之。今日的楚国,不复当年的繁盛,如秋之萧瑟。今昔对比之强烈让人悲从中来、无可奈何,而个人命运的流离也加强了悲怆的感受。

"岁忽忽而遒尽兮,老冉冉而愈弛。"宋玉在辞赋中一再抒发时不我待、人之将老却一事无成的忧患之感,他之所以赢得后世士大夫的普遍认同,是因为他的心理根源是忧国忧民,自发地融身世、国事于一身,位卑未敢忘忧国。

三十岁左右时,宋玉被逐出都城,穷困潦倒、流离失所,"塞充倔而无端兮,泊莽莽而无垠。无衣裘以御冬兮,恐溘死而不得见乎阳春。"(充满委屈没有头绪啊,流浪在莽莽原野荒郊。没有皮袄来抵御寒冬啊,恐怕死去春天再也见不到。)

即使是在这样的情境下,作为一个逐臣,宋玉所持有的信仰依然是:"与其无义而有名兮,宁处穷而守高。食不偷而为饱兮,衣不苟而为温。窃慕诗人之遗风兮,愿托志乎素餐。"(与其没有道义获取名誉啊,宁愿遭受穷困保持清高。取食不苟且求得饱腹就行啊,穿衣不苟且求得暖身就好。私下追慕诗人的遗风啊,以无功不食禄寄托怀抱。)

清初的唐甄说过一句名言:"自秦以来,凡为帝王者,皆贼也!"相当愤世嫉俗,相当醒目。如果真是名不正言不顺的蟊贼也好处理,偏偏是打着"受命于天"旗号的帝王,一个个轮番上阵,粉墨登场。儒家虽有"仁政"的美善理想,并且孜孜不倦地传承千载,然终钝化成帝王的驭下之术。

中国历代的政治制度对权力的制约力太弱,空泛而松疏,是不争的事实。皇权总要将官僚体系变成实现自我意志的工具,不断强化自己的直接权力。即使是出现盛世贤君的时代,暴力的本质依然难以消退。稍不留神,混不吝的暴君就横空出世了。

礼法是一个需要大家共同遵守的道德法则,对群体的道德感和自律性要求甚高。大多数时候,君主与臣下能够维持表面的和气和尊重,君臣共治,官僚士大夫阶层尚可以维持基本的尊严,一旦点儿背遇上罔顾礼法、独断专行的暴君,最彻底最无力的抗争也无非就是天灵盖对狼牙棒了。

宋玉精神上的困顿在于,他一方面渴望着致君王为尧舜,成为帝王师,实现自己的政治理想,另一方面对君主抱有宗教式的感情。

在事与愿违的现实面前,他除了将希望寄托于君王的醒悟和贤明,找不到别的方式和出路,这和他的前辈屈原是一脉相承的。后世文人之所以不断重复阐释宋玉式的悲郁,是因为他们陷入几乎同样无解的困境。所受的教育,经史子集中的道理不能给出治本的答案,这是时代的局限性,不能怪责任何人。

与死后的巨大声名相比,宋玉的死是典型的"中国文人式的悲剧"——大约在六十七岁的时候,他于楚国灭亡的兵荒马乱中死去,悄无声息,如被秋风扫落的叶片。

杜甫在咏怀宋玉时说:"摇落深知宋玉悲,风流儒雅亦吾师。怅望千秋一洒泪,萧条异代不同时。江山故宅空文藻,云雨荒台岂梦思。最是楚宫俱泯灭,舟人指点到今疑。"

有人说得好,谬托知己的好处,是令生者不寂寞。杜甫追悼宋玉正有此意,而仲则的很多诗意亦起源于杜甫的诗。他生活的际遇和传达的情意,说穿了,和杜甫亦没有不同。

解释了这个"悲"字,这三首诗的诗意就一目了然了。久别重逢,尽是他乡之客,陌路相逢,同病相怜。

杜甫在《天末怀李白》中说:"文章憎命达,魑魅喜人过。"自古以来,贤人失志,贫士失职,就是说不清、诉不完的话题。

士风之变,从先秦的初立,到两汉的昂扬,再到魏晋的狷介,从唐宋的舒展,转到明清的焦愤,具体呈现到仲则身上就是无可奈何了。所谓相期著书好,归去掩蓬门,不过是心有不甘的自我安慰罢了,难免还有再作冯妇的期待。

"刖屡足犹在,鞭多舌幸存。"从技巧上来说,这个同类对用得极好,在用典方面,仲则亦曾下过一番功夫,此处借用战国时张仪为相之前曾遭鞭打折辱的典故来激励自己,虽是抒发怀才不遇之愤,更多是肯定自己的才能。

仲则一生飘零失意,他的才华表现在诗文上,没有机会具体展现在政治事务上。我知他不能相信和领会,即便让他得到了张仪、苏秦那样的成就,合纵连横,谋通六国,他还是很难如愿以偿。

旧的烦恼剥落了,依然会有新的烦恼,只要欲望还存在,烦恼就不会消减。世面上八面玲珑的人,私下里亦难免失意之处。

毕竟,对普通的小知识分子而言,"任运自在,随缘自适"这八个字,不是那么容易做到的。

【武林旧事】

云蒸海气欲浮城,雨过江天旷望清。
踏浪人归歌缓缓,回帆风定鼓声声。
潮头前后英灵在,浙水东西王气平。
回首西湖真一掬,几番花月送人行。

——《吴山写望》

风起水参差,舟轻去转迟。
一湖新雨后,万树欲烟时。

有客倚兰桡,何人唱竹枝?

莲娃归去尽,极浦剩相思。

——《雨后湖泛》

落笔写这篇的时候,刚从杭州学茶回来。每年春秋二季都会到杭州小住一段时间,已成了习惯。明前龙井,金秋桂花,若再搭上四时皆宜、晴雨雪夜各有其妍的西子湖,大抵是许多人,于这散淡浮生不能、亦不愿舍去的趣好了。

明明是这样熟悉,落笔时还是踟蹰——说些什么好呢?杭州,千百年来都和"江南"这个词你侬我侬,不分彼此地联系在一起,说杭州不说江南,写的人自己先不好意思。然而,说杭州若必言及江南,又有什么意思?

好吧,拐弯抹角说了这么多,我是想说明一件事,若非此番黄仲则两首写杭州的诗横亘在前,我实难提起勇气写杭州,实在是——心有余而力不足。诗词歌赋……无论以何种方式呈现,杭州留下的印象和内涵已经足够全面、足够彻底,千载之下,被人评谈不息。

白居易、苏轼、柳永,这些文采绝世的风流人儿,他们的作品随便拎出一个来,都足以让我自惭形秽地闭嘴,掷笔消失。别怪我气馁,我仔细地想了想,想了又想,千百年来,这座城从内到外,从上到下,有哪一个角度、哪一个层面是没有被人细细考量,仔细掂量过的?就算是旷世才子、绝代佳人,被这般火眼金睛打量了千年,也实难端详出什么新意来了。

上文所引的两首诗，我并无意将其刻意推崇到怎样的高度。平心而论，这就是黄仲则中等水平的即兴之作，之所以提及，是因为黄仲则一生浪游四方，足迹遍及苏、浙、皖、湘等地，以后辗转来回多次，诗集中有众多带有游历性质的诗作，这两首可算是起始之作——了解这点前情提要，后文提到的很多诗作理解起来会更容易。

乾隆三十二年（时黄仲则十九岁），他应童子试时的座师潘恂升任浙江观察，仲则受邀游杭州。他游历杭州时所留下诗中，以《观潮行》和《后观潮行》最为令人称道，是他的名作，袁枚盛赞其才，这是后一篇要着重说的内容。

《两当轩集》中，有很多写杭州的诗，他日后经钱塘，过杭州，行迹日深，佳作不少，但仲则初至武林时，他的情怀寻常似游人，着眼点也没有特别的不同。《吴山写望》为应景之作，描写的景致全面而空泛。大抵是登临吴山，俯瞰江河，感怀历史所触发的感受。

吴山，在杭州府城内西南隅，旧名胥山，上有子胥祠，南临钱塘江，北俯视西湖。今日的杭城，就算登临吴山，亦很难感受到"云蒸海气欲浮城，雨过江天旷望清"之浩渺清廓的意境。怀古之幽情难觅，叫人印象深刻的，倒是徐渭的一副楹联："八百里湖山知是何年图画，十万家烟火尽归此处楼台。"颇有境界，值得回味。

我读这首诗的时候，还是忍不住联想，二百多年前，乾隆盛世时的杭州，是怎样繁盛的风情？那是一种深藏在记忆里不可言说的记忆，仿佛是岁月留下来的还未消散的年华，虽未曾亲历，却值得坚定相信和期待。

遥想康乾盛世时的杭州，犹如看《清明上河图》，走入北宋的汴梁，初见时，这都城花繁叶茂，细节引人入胜，归来时，落花沾襟，惆怅萦怀，深知这一切的所感，犹如杂花生树，不可尽言，心知不过只是一梦繁华而已。

繁华并不等同于浮华。繁华充满了耐人寻味的细节，气度雍容，而浮华粗野冲动，只懂得一拥而上。

那时的高楼广厦不会如今日的建筑垃圾这般见缝插针，挤对湖山，几近丧心病狂。纵然是陌上花开歌缓缓，车如流水马如龙，亦不会交通拥堵到令人发指、绝望的程度。

莺啼陌上人归去，花外疏钟送斜阳。杭州曾经胜景无数，叫人漫步徜徉，抚今追昔，既有历史陈迹之叹，又有人世悠悠、好景无限之慰。可惜如今却添了不少俗设。高楼接踵而至，人群川流不息，置身其中，却越发有了令人不安、孤零零的味道。难以言说的孤独，人人都在参与、制造，无法逃避。

我其实庆幸，杭州还是一个将节操保持得不错的地方——比起现如今中国的大多数城市，那些数得上来的风景名胜，除却地名是真的，其他都是假的这种惨不忍睹的现状，杭州在气质和形态上还略存几分中国士大夫清逸雅致的情韵。

说杭州又叫我想起它邻近的南京，一样惹人唏嘘的"金陵"。仲则诗中也颇多关于金陵的诗作。都是被许以"王气"的地方，奈何在此建都立国的朝代都命途多舛，国运短浅。胡兰成说，南京是没有古今的，这句话，我深以为然。他论及杭州时，用到"紫气红尘"四个字，我思量再三，觉得真是漂亮大气，与仲则诗中描摹的意境甚为投契。

唐末时临安人钱镠从军，追随石镜镇指挥使董昌，在清剿黄巢起义时表现出众，逐渐拥有自己的军事力量，后又招讨叛逆董昌，立下大功，被唐昭宗赐以金书铁券，以彰其功。《辍耕录》记载赐吴越王钱镠的铁券，形状宛如瓦，高尺余，阔三尺许，券词黄金镶嵌。誓词有所封的爵衔、官职及受封的功绩等，另刻有"卿恕九死，子孙三死，或犯常刑，有司不得加责"。这是极大的恩宠及笼络。

时移世易，唐亡后的五代时期，群雄并起，钱镠拥兵自重，割据两浙，称王，建立了吴越国。私盐贩子出身的钱镠是个头脑清醒颇有远见的人，在当时混战割据的情况下，他深知自己所辖的吴越国地域狭小（吴越国极盛时也不过有浙江全境和江苏以南的部分地区），不堪与人为敌，所以一直不贪功冒进，安守一隅。一边对北方强大的政权称臣修好，一边勤修内务，建杭州城，筑钱塘江堤坝，疏浚内湖（西湖、太湖、鉴湖）。这些政策的施行，特别是兴修水利方面的举措，使得吴越之地富庶甲于东南，当时人称他为"海龙王"。

在我眼中，钱镠算不得真正的王者，因他没有征伐四方、平定天下的欲望，至多算是一方诸侯。他的家国都在这弹丸之地，他与民为善，悉心经营吴越锦绣之地，留下了许多为人称道的善政，连他写给妻子的书信，"陌上花开，可缓缓归矣！"短短九个字，就足以情动后世，艳耀古今，令许多自命风流多情的文人羞惭欲死。

当黄仲则站在吴山上的时候，他说："回望西湖真一掬，几番花月送人行。"说实话,这真是一句很不怎么样的结语,就好像我们小学生时作文的结尾添上一句:"今天真是充实的一天啊!"这种类似的感觉。我十分地想知道在一番华丽的铺陈背后,他究竟想表达什么。在《雨后湖泛》中,我找到一个模糊的答案。

我想,就算能扛得住杭州历史的苍凉,没人抵御得了西湖的静媚。当黄仲则把情感从杭州的历史展望中收回来,将目光定格到西湖,尤其是雨后的西湖时,妖娆动人的西子湖施展她千年不衰的魅力,准确地击中一个十九岁少年的心。

这一首《雨后湖泛》写得楚楚动人、婀娜生姿,与《吴山写望》比,它显然呈现了作者更为真挚的感情和细腻的才华。如果说,《吴山写望》是一首随手写就的应景之作,不乏唱和应酬的嫌疑,那《雨后湖泛》就更像是他在独自一人的状态下,漫游西湖,精心描摹出的一幅小景。

他这首小诗写得实在是情致动人,用来做西湖雨景的题画诗简直一绝,导致我每每看到雨后的西湖,颠来倒去想到的都是"一湖新雨后,万树欲烟时"。

隔天我在湖上泛舟,西湖烟水朦胧,恰有"风起水参差,舟轻去转迟"的风致。阳光暖洋洋照在身上,是见得到的流光飞舞,半梦半醒之间想起两句诗:"有客倚兰枻,何人唱竹枝?"没由来牵动一点愁思,心中一动,想起是黄仲则的句子,不觉暗笑,把一个人的诗记得太牢也是不好,动不动就来缠人。

眼前春水汤汤,将人的情绪都漫住了。我想到仲则的"莲娃归去尽,极浦剩相思",再一个转念,想到王维的"竹喧归浣女,莲动下渔舟",那样轻灵曼妙的情境,在诗文里往来,直像是隔着人间岁月遥遥相应的两个镜头。突然觉得唐和清之间千年的距离并不远,它们同在一个古旧的时空里。倒是我这仅仅隔了两百多年的现代人,对此情此景生分得难以启齿,只剩下束手艳羡的份儿了。

唐宋元明清,情怀悯悯,一时间不约而至,叫人悲喜难辨,忍不住要一声叹息。如今不再是"随意春芳歇,王孙自可留"的时代了。若还有一星半点的相思剩下,亦不知要放到何处收藏供奉才好。

【观潮豪情】

[壹]

乾隆三十二年,仲则生命中发生三件重要的事:第一是他奉母命,娶赵氏女为妻,这算是形式上与之前的恋人,彻底断了前缘;在求学方面仲则运气可圈可点,名儒邵齐焘时在常州龙城书院讲学,仲则与洪亮吉拜入其门下学习;是年秋天,仲则首次应江宁乡试,试后至杭州。

仲则游杭州,不像寻常所以为的那样乘兴云游,诗酒风流。他

【观潮豪情】

家境艰难,几近贫寒,实难如富家子弟一般,不虑生计,随性而行。这一趟杭州之行,多得一位故人相邀。潘恂是前常州知府,是他应童子试的座师,对其颇为赏识,潘恂升任浙江观察,遂邀仲则往杭州一游。

若无此行,若无钱塘秋潮的触发,天地浩渺、江潮壮阔的刺激,仲则令人叹服的诗才,或许要再过一些时候才能酣畅显露。

客有不乐游广陵,卧看八月秋涛兴。
伟哉造物此巨观,海水直挟心飞腾。
缨溟万万凤未届,对此茫茫八埏陿。
才见银山动地来,已将赤岸浮天外。
砰岩槌岳万穴号,雌呿雄吟六节摇。
岂其乾坤果吁吸,乃与晦朔为盈消。
殷天怒为排山入,转眼西追日轮及。
一信将无渤澥空,再来或恐鸿蒙湿。
唱歌踏浪输吴侬,曾赍何物邀海童?
答言三千水犀弩,至今犹敢撄其锋。
我思此语等儿戏,员也英灵实南避。
只合回头撼越山,那因抉目仇吴地。
吴颠越蹶曾几时,前胥后种谁见知?
潮生潮落自终古,我欲停杯一问之。

——《观潮行》

海风卷尽江头叶,沙岸千人万人立。
怪底山川忽变容,又报天边海潮入。
鸥飞艇乱行云停,江亦作势如相迎。
鹅毛一白尚天际,倾耳已是风霆声。
江流不合几回折,欲折涛头如折铁。
一折平添百丈飞,浩浩长空舞晴雪。
星驰电激望已遥,江塘十里随低高。
此时万户同屏息,想见窗棂齐动摇。
潮头障天天亦暮,苍茫却望潮来处。
前阵才平罗刹矶,后来又没西兴树。
独客吊影行自愁,大地与身同一浮。
乘槎未许到星阙,采药何年傍祖洲。
赋罢观潮长太息,我尚输潮归即得。
回首重城鼓角哀,半空纯作鱼龙色。

——《后观潮行》

歌行本出于乐府,指事吟物,凡七言及长短句不用古题者,通谓之歌行。题名有作歌、行、吟、引、哀、怨、别、词、谣、弄、操者。这两首《观潮行》作于同一年,时间相隔极近,要写出差异本就不易。此时距离他与稚存于江阴逆旅中相遇,正式在诗文方面有所进益,不过年余,虽受了邵齐焘教引,但仲则的天赋、诗才无疑是令人惊叹的。

他的才气挟着青春和豪情逼面而来，如江潮浩荡。这两首长诗高妙在同一题材的创作，立意写法各异，雄逸豪宕，一气呵成。长诗行文至最后一句亦丝毫不见笔力坠堕。

《观潮行》借用传统辞赋的虚笔写法，当中多化用历史传说，间有兴亡之叹；《后观潮行》则纯用白描笔法，叙述潮起潮落全过程，归结到身世之慨。气势之磅礴，为历来观潮之作所未见。

这两首歌行，最得袁枚激赏。袁枚读了仲则的《观潮行》《后观潮行》后，写了一首《仿元遗山论诗》："常州星象聚文昌，洪顾孙杨各擅场。中有黄滔今李白，看潮七古冠钱塘。"誉其为"今李白"。这个论断，从提出之日起，并没有遭到当时人反对，也不曾有后世人否定，可见黄仲则这两首诗确实深入人心，实至名归。

观赏钱塘秋潮，早在汉、魏、六朝时就已蔚然成风，至唐宋时风俗更盛。南宋朝廷规定，这一天在钱塘江上校阅水师，以后相沿成习，八月十八逐渐成为观潮节。北宋诗人潘阆的《酒泉子》写道："长忆观潮，满郭人争江上望。来疑沧海尽成空，万面鼓声中。弄潮儿向涛头立，手把红旗旗不湿。别来几向梦中看，梦觉尚心寒。"

我没有亲身看过激流轰浪的钱塘秋潮，只能从文字中瞻其风采。南宋周密所撰的《武林旧事》中记载了一段，可以跟黄仲则的观潮诗互证："浙江之潮，天下之伟观也。自既望以至十八日为最盛。方其远出海门，仅如银线，既而渐近，则玉城雪岭，际天而来，大声如雷霆，震撼激射，吞天沃日，势极雄豪。杨诚斋诗云'海涌银为郭，江横玉系腰'者是也。每岁京尹出浙江亭教阅水军,艨艟数百,分列两岸,既而尽奔腾分合五阵之势,并有乘骑弄旗标枪舞刀于水面者,如履平地。倏尔黄烟四起,人物略不相睹,水爆轰震,声如崩山。烟消波静,则一舸无迹,仅有敌船为火所焚,随波而逝。吴儿善泅者数百,皆披发文身,手持十幅大彩旗,争先鼓勇,溯迎而上,出没于鲸波万仞中,腾身百变,而旗尾略不沾湿,以此夸能。而豪民贵宦,争赏银彩,江干上下十余里间,珠翠罗绮溢目,车马塞途,饮食百物皆倍穹常时,而僦赁看幕,虽席地不容闲也。禁中例观潮于天开图画,高台下瞰,如在指掌,都民遥瞻黄伞雉扇于九霄之上,真若萧台蓬岛也。"

周密的《武林旧事》和孟元老的《东京梦华录》都是很有风致的书,这两本书可以合看,读完这两本书,对两宋的风俗世情可以有很细致的了解。孟元老回忆北宋汴梁,周密回忆南宋临安,都是在瞻寻前朝风华,寄一寄无处抛洒的哀思。

几十年的岁月重叠成薄如蝉翼的书页,两宋风仪在战火中灰飞烟灭……

"其间逸闻轶事,皆可以备考稽。而湖山歌舞,靡丽纷华,著其盛,正著其所以衰。遗老故臣,恻恻兴亡之隐,实曲寄于言外,不仅作风俗记、都邑簿也。"——这或许是文人的无奈,当家国板荡、山河倾覆之时,一介文人除了秉守气节,能做的并不多,投笔从戎固然是美谈,然而并不是每个人的从戎都能起到预期的效果。

作为文人的幸运却在于,纵然外面的世界早已疮痍满目,人事全非,执笔时,依然能够妙笔生花,再觅旧时的繁华。

是徒劳,也是慰藉。一个国,一座城,如海市蜃楼般倾覆了,关于它的回忆却重生崛起,甚至因这痛而深入灵魂。其中的光华璀璨,恋恋深情,任凭时光流转,不容侵夺。

在回忆的幻境里,没有任何力量能强迫故人放弃、离开。

[贰]

我在杭州时,常常因想起这书里的细节婉转,而暗怀惆怅。想起书中所写的秋潮壮阔,想起人尝言"钱塘郭里看潮人,直到白头看不足",觉得这城市真是风华绝代,不可多得。除却"山外青山楼外楼"的柔媚静雅,还有"刑天舞干戚"的慷慨壮烈。

仲则此诗开篇就深得我心。他说"客有不乐游广陵,卧看八月秋涛兴",落寞行客,意态洒然,只此一句,已见太白遗风。说实话,我本人对状物的诗,一直不太有感,主要是被韩愈折磨过。李白是特例,故这般似太白的起笔,我倒是看得下去。

仲则将赋比兴的手法用得极好,这两篇歌行很见汉赋的雄奇伟健,其间现实与历史传说的穿插使用又比汉赋自然,不显累赘。相较而言,第二首又比第一首浅白、易懂。其实应该先读第二首,脑海中有了对江潮奔涌的具体印象之后,再读虚笔写就的第一首,会更有感觉。

仲则极言造化之能,江潮排山倒海而来,有吞天侵地的气势,殊不知他的诗句也有风驰雨骤,令人屏气凝神、应接不暇的气势。

所谓"一线潮""丁字潮""回头潮",各呈奇观,我信只有亲眼所见后才有切身体会。此刻,我所能感觉到的部分,其实更倾向于历史的部分。诗中兴寄深微,提及的伍子胥和文种,吴越争霸的恩怨,是不能绕过的话题。

那前事许多人知,不必花笔墨细述了。单说这越国野心暗藏、卧薪尝胆之际,吴国放松了警惕,沉湎于歌舞升平之中。

伍子胥以一个政治家的敏锐,意识到来日的忧患。奈何夫差不听劝谏,盛怒之下赐死老臣,投尸江中,以为鱼食。伍子胥死后英灵不灭,化为潮神,挟恨而来,怒潮千叠。——古诗中遂有"冤深陆机雾,愤积伍员潮"之典故。

相传农历八月十八,是潮神的生日,是日,潮峰最高。从来忠良枉死都是令人敬重怜悯的,王充《论衡·书虚篇》说当时钱塘浙江"皆立子胥之庙,盖欲慰其恨心,止其猛涛也",这传说弥漫着人间情味,浸染着尘世的善愿。

有一种说法是,伍子胥死前要求将自己的头悬于城门外,以观来日吴国之败。仲则这首诗里采用的是《续齐谐记》里所载的传说:"子胥死,戒其子投于江中,当朝暮乘潮以观吴之败,自是海门山潮头汹涌,高数百尺,越钱塘渔浦,方渐低小,朝暮再来,其声震怒,雷奔电激,闻百余里,时有见子胥乘素车白马,在潮头之中。"

不知为何,读到这一句,想着这一段传说,我竟眼眶微热,触目生泪。史书上记载的伍子胥,平板,偏执,不能动人,而想象中白马素车,在潮头若隐若现的伍子胥,才是能够触动我的形象。

王朝覆灭,姓氏已改写,他仍不肯回转心意,心念故国,忧愤难平。这种执着,可怜可叹,却不失为士大夫最值得叹赏的气节,更值得赞叹的是,似他这样的人,并不少见——"亦余心之所善兮,虽九死其犹未悔。"这是士之所以能称为"士"的原因吧!

此时的他,已经不是年轻时吴市吹箫的他。内心深处,伍子胥早已将这个在忧难时接纳他的地方,帮助他实现夙愿、报仇雪恨的国——吴国,视作自己的祖国。他开始是个直臣,只因不为楚国所容,最后还是个直臣,对吴国尽了自己的忠烈。

伍子胥回不去他的吴国,回不到那个成就霸业、威慑四方的年代。

他,逐年老去的他,只能眼睁睁看着刚愎自用的新一代的吴王,一步步堕入敌国的计谋之中。

当他的政治远见和耿耿忠心敌不过越国乡下女娇媚的眼泪和轻软的枕头风,当亡国的危险迫在眉睫,君王耽溺奢靡温柔,兀自不闻不问、不听不信,他还能说什么?即使不甘心,他也必须接受的事实是,这已经不是属于他的年代。

断得到结局,变不了结果。明明料得到,却挽回不了什么,这样的落差,对一个曾经只手变天、自负自信的人而言,是毁灭性的打击。如果要他面对手下败将的羞辱,他宁愿选择有尊严地死去。

吴越争霸风云一时,在后人看来亦不过短短数十载。南方人有句俗语:"螺蛳壳里做道场。"说的就是这种情况。

面对江潮,仲则叹道:"吴颠越蹶曾几时,前胥后种谁见知?潮生潮落自终古,我欲停杯一问之。"——相比江潮有信,一年一度来,人事之短浅难期,才是真正惹人唏嘘的。

伍子胥死后九年,越王勾践在大夫文种的筹谋下,终于夙愿得偿,灭了吴国。文种的下场不比伍子胥好多少,最终也伏剑自刎。

伍子胥与文种都是扶保社稷、有再造之功的功臣,虽然各为其主,各领风骚数十年,却殊途同归,为君所忌,含恨而终。他们的满腔郁恨,化作滔天巨浪,掀起钱塘怒潮。不知他二人泉下重逢,是会继续针锋相对呢,还是会相逢一笑泯恩仇?

乘潮而来,声势若惊雷的他们,是觉得仍可指挥千军万马,重振昔日的辉煌吗?这两个固执的男人,一生都在试图挽回些什么……却终于都失去了……

若果真英灵常在,我只想问一句,身死国灭,事已至此,还有什么看不开,还有什么放不下?

潮来潮往,霸业成空。生死之外,胜负清谈。须知,世事只会往它应该发生的方向发展,废兴万变,岂由得人一厢情愿?

有一段文字这样写道:"潮至每月二十四五渐减,二十六七渐生,至初三渐大。不差顷刻。惟八月十五独大常潮,远观数百里若素练横江,稍近见潮头高数丈,卷云拥雪,混混沌沌,声若雷鼓,犹不足形容之。每年是日,远近士女来观,舟人渔子溯涛触浪,谓之迎潮。"

这则记述或可帮助我们更好地理解《后观潮行》,可以想见,在这熙攘的人群中，会有仲则的身影。这稍显病弱、颇带惆怅的少年，目睹了造化之雄奇，心中有惊叹，有感慨，有惆怅……巨大的震撼过后，随之而来的是短暂的空虚和长久的思索。他不是乘兴而来、兴尽即忘的普通人，他有能力写下诗赋记录自己的感受。

他说："独客吊影行自愁，大地与身同一浮。乘槎未许到星阙，采药何年傍祖洲。赋罢观潮长太息，我尚输潮归即得。"独客吊影行自愁，又见屈原式的悲愁——能吟出"大地与身同一浮"，可见他是境界不俗的人。

他豪情似李白，总归又不似李白，是因为心中牵念太重，做不到真潇洒、真自在。"乘槎未许到星阙，采药何年傍祖洲。赋罢观潮长太息，我尚输潮归即得。"若是太白，此际断不会有归家之念，他会乘槎仙去，虚步蹑太清，驾鸿凌紫冥。

眼前这江潮奔涌，谁知哪一天就干涸？这群山耸峙，谁知哪一天就崩塌？什么都在变，沧海可化为桑田。造物之有情，在于给人一种无法参与其中的、变化的永恒。

心中有境界，胸中有江山，而少韬略的人，大多只能成为诗人、词客。

【百无一用】

仙佛茫茫两未成,只知独夜不平鸣。
风蓬飘尽悲歌气,泥絮沾来薄幸名。
十有九人堪白眼,百无一用是书生。
莫因诗卷愁成谶,春鸟秋虫自作声。

——《杂感》

不知为何,今日起笔时竟先想起了梁启超先生。

与大多奔忙在仕途上的士子相比,梁任公简直就是一个不可复制的传奇，令人终生仰望的神话。十七岁中举，二十三岁参与"公车上书"，力主"维新变法"，变法失败之后，流亡日本。从某种意义上说，二十六岁时的他，已然完成了传统士人一生追求"修齐治平"的理想。

任公中年之后，即转为治学，由政客而学人，成就斐然，无论从哪个方面论断，都不愧为中国近代首屈一指的人物。心态之潇洒，态度之磊落，亦非俗流可比。若细论任公一生经历，非万言不能结笔——可见书生不尽然无用。

大约年轻时经历过大风大浪的人，愈往后会愈对政治敬而远之，年轻时没经历过政治，或历世不深的人，心存了热望，不易淡泊，哪怕是终生踟蹰，也要追逐不懈——仲则无疑是后一种，亦是尘世间绝大多数的一种。

世事人心大抵如此，又岂能怪责于他呢？何况他出身寒门，投身科举，谋求仕途本就是这类人为数不多的出路之一，任公当年亦如此。只不过任公考运甚佳，机遇亦非仲则可比。

仲则十六岁得童生试头名之后，连续三年参加江宁乡试，却是屡战屡败，屡试不第。这对曾经以为功名前程触手可及的他而言，是何等重大的挫败！

《杂感》作于乾隆三十三年，算来是他首次秋试落第之后的诗作，时仲则二十岁。以他三十五岁而殁的短暂生涯而言，这首诗又可看作他半生蹉跎、迷离心绪的写照。

这首《杂感》当真算得黄仲则的名作了，即便是再不谙诗文的人,也能随口道出"百无一用是书生"这句话。

耳熟能详至此,却鲜有人知出处在此。连上一句"十有九人堪白眼"也少有人闻。不能不叫人叹一句,诗红人不红。其实,后一句是流俗,已成了众人自怜、怜人的口头语了,须将前后两句合在一处看,方才见得出仲则心气高昂。

既说是半生结语,不妨先看一段背景资料,再来谈诗。黄仲则二十七岁时作《两当轩集·自叙》,言:"景仁四岁而孤,鲜伯仲,家壁立,太夫人督之读。稍长,从塾师受制艺,心块然不知其可好。先是,应试无韵语,老生宿儒,鲜谈及五字学者,旧藏一二古今诗集,束置高阁,尘寸许积,窃取翻视,不甚解,偶以为可解,则栩栩自得曰:可好者在是矣。间一为之,人且笑姗,且以其好作幽苦语,益唾弃之,而好益甚也。"

这段简短的自述,交代了他的家世、从学之后的兴趣,乃至后来矢志做诗人的根源。仲则四岁时,父亲黄之琰抱病而亡。其后祖父、祖母、唯一的兄长都先后故亡。

死亡的阴影如此浓重,短短十余年间,家中至亲相继谢世。原本勉强支撑的家业,更为凋零。母亲屠氏一边辛苦维持家计,一边督促仲则进学。这就是他自述中所言"景仁四岁而孤,鲜伯仲,家壁立,太夫人督之读"的情况。

清朝的科举制度,对诗文的重视与唐宋已有本质区别,学者重训诂之学,皓首穷经于典籍,不求性情于诗赋。骈文本身虽是可圈可点,文辞华美宏大,用典周密考究,但一篇拖沓长文,终难及诗歌尺幅之内的灵动，更无奈大多数人被其文体要求限制，才气见识难以驾驭。所以总的来看，是俗作多过佳作。

乾隆有感士风之弊，曾下诏改革科举制度，减掉了论、表、判，增加了五言八韵诗。奈何五言八韵，仍不脱八股遗风，进一步向应试诗靠拢。

将诗限制在固定的形式内容之内，极大地限制了诗人的灵性发挥。上行下效，夫子塾师授学自然不重视诗学，即仲则所言"先是，应试无韵语，老生宿儒，鲜谈及五字学者"这种普遍情况。仲则自性偏好诗学，在此思想统治的大环境下，感到无言的苦闷和压抑。

据他回忆，黄家旧藏几本诗集，束之高阁，蒙尘积灰。仲则偷偷翻阅，乏人指导，难以详解。或有意会之处，自得其乐，喜不自胜，偶尔试手作诗，被人嘲笑，讥为幽苦。人愈唾弃，而他愈好之。

人弃我取，人厌我喜，这本身就是一种叛逆。

自负其才，醉心诗文，家境贫寒，却屡屡科举失利，时不我予，是以，他才有了《杂感》中的感慨："仙佛茫茫两未成，只知独夜不平鸣。"

我私心大爱"仙佛茫茫两未成"之语，入目即有相见相亲、难舍之意。于入世之中，飘然有出世之意。人活于世，大抵都有这种矛盾伤感，辗转茫然。

为仙飘逸，为佛慈悲，这是仲则在感慨自己既不能做到仙人般洒脱，又无法做到佛家的释然放下，所以在红尘中折转，心藏慷慨不平之气。这一句起得高昂，后面的慨叹也就顺然了。

大凡物不平则鸣,如明珠蒙尘,剑在匣中。仲则自负其才,却只能在暗夜作诗,借诗文抒发自己的志愿。

漂泊不定的生活、落魄的处境消磨了他的慷慨激昂。这些年功名不就,情事不谐,更使得他这个已无轻狂之想的人,有了薄幸之名。尘世兜转,不想辜负的人,最终还是辜负了。

和"薄幸名"一样,"沾泥絮"亦是有典故的。《东坡集》和《苕溪渔隐丛话》有载:苏轼在徐州时,道潜和尚参寥从杭州去探他,苏东坡是个妙人,他想试探参寥修行的境界,酒席之上,让歌姬向他去求诗。

参寥当即口占一绝:"多谢尊前窈窕娘,好将幽梦恼襄王。禅心已作沾泥絮,不逐东风上下狂。"这是说,自己的心已如沾泥的柳絮,不会随风癫狂了。能以沾泥的柳絮来比喻澄澈无染的道心,即色悟空,更见得出勘破色相之障。

据说,苏东坡得诗后大喜,说,我曾经看到柳絮落在泥中,觉得可以作诗,没想到先被他说出来了。惺惺相惜的喜悦之情溢于言表。

参寥,北宋著名诗僧,法名释道潜,能诗善文。陈师道称其为"释门之表,士林之秀,而诗苑之英也"。以宋时士大夫悦禅的风气,道潜和尚与苏轼、苏辙、秦观、曾巩、陈师道等人诗酒唱和,赏玩从游,实在是不足为奇。他们彼此之间情意甚笃,多有交往。

苏东坡有诗赠参寥:"道人胸中水镜清,万象起灭无逃形。多生绮语磨不尽,尚有宛转诗人情。"

如东坡诗所赞，参寥禅心清定，而作诗喜作绮语。苏轼称其为："枯形灰心而喜为感时玩物、不能忘情之语。"

忏尽情禅空色相，以艳体诗来比喻禅悟的境界，这是宋代诗僧的某种特色。

不同于寻常诗僧诗中流露的松烟气，有一类禅僧不避讳情语，在他们看来，情爱和禅悟是可以共通的，行到深处，都缠绵情深，难以舍弃，都是内证自知的事。

佛经有云，闻佛语，要像听情人的话。亲近的人说的深情话，历来是比较容易入耳的，想来，以情语来论禅，也是这个道理。

《杂感》是仲则二十年来，郁结所发之作，所以有"十有九人堪白眼，百无一用是书生"之语。

晋阮籍善为青白眼，见礼俗之士，以白眼对之。仲则借古人事作孤愤语，意即世上所遇之人，大多都只能白眼相迎，不能青眼有加。而自己不比阮籍名士风流，有狷介、漠视礼法的资本，确实是个无用的书生，比自己看不上的人还不如，实在是叫人失意、嗟叹，无可奈何！

我倒想起他先祖黄庭坚的一句诗来："朱弦已为佳人绝，青眼聊因美酒横。"一样的落寞，多了几许深情，少了些许落拓、愤世。

他说："莫因诗卷愁成谶，春鸟秋虫自作声。"这便又从孤愤转为释怀。这才是仲则诗的佳妙所在，一味孤愤，一直欢悦都不是他，他总喜欢从绝意里再翻出一层境界来，叫人登山临水，瞧着还有一点未尽之意。

他认为,不要因为所写诗作的苦乐会成为吉凶的预言而发愁。春鸟和秋虫都不妨依据各自的情况去鸣叫。言下之意,又怎能勉强秋虫去学春鸟的叫声呢?悲苦之音和欢愉之音都是因为各自境遇不同有感而发罢了。

"莫因诗卷愁成谶,春鸟秋虫自作声"这句,可以看作他的诗论。

早年仲则学诗时,被人讥为好作幽苦语(见前文所引《自叙》),他在此句下自注:"或戒以吟苦非福,谢之而已。"有人劝他不要常作愁苦之诗,长此以往,恐怕不是有福之兆,他不改初衷,只是敬谢好意罢了——可知其倔强。

他后来有"作诗辛苦谁传此,一卷空宵手自摩"、"汝辈何知吾自悔,枉抛心力作诗人"之叹,那是后话了,容后详叙。

【钓台慕贤】

[壹]

前文有述,仲则少年童子试时遇上两个特别赏识他的人,常州知府潘恂和武进县知县王祖肃。这两人官运不错,数年后潘恂升任浙江观察,王祖肃亦升任徽州府同知。与潘恂一样,王祖肃亦邀仲则往徽州游玩,所以仲则在乾隆三十三年秋天、三十四年夏天两次前往徽州。虽没有明显的资料,但有论者相信,这是他幕府生涯的起点。

乾隆三十三年十月,仲则在杭州逗留之后,沿钱塘江而上,赴徽州,途经浙江桐庐县时,感怀古迹,写了一首《过钓台》:

> 上者为青云,下者为朽壤。
> 立足一不坚,千古徒怅惘。
> 先生际中兴,空山寄偃仰。
> 乾坤自清宁,道不与消长。
> 钓台高峨峨,江水平如掌。
> 其下多估帆,鹜利日来往。
> 未知此中人,见亦作何想。
> 而我适过之,轻风吹五两。
> 弥望烟云深,高吟众山响。

这一首《过钓台》咏怀古迹,赞慕严子陵的高士之风,同意之作,李白和苏轼也有写过。

李白《古风》诗:"松柏本孤直,难为桃李颜。昭昭严子陵,垂钓沧波间。身将客星隐,心与浮云闲。长揖万乘君,还归富春山。清风洒六合,邈然不可攀。使我长太息,冥栖岩石间。"

苏轼《行香子》:"一叶舟轻,双桨鸿惊。水天清、影湛波平。鱼翻藻鉴,鹭点烟汀。过沙溪急,霜溪冷,月溪明。重重似画,曲曲如屏。算当年、虚老严陵。君臣一梦,今古空名。但远山长,云山乱,晓山青。"

这一诗一词，入目如画，可堪赏玩，分别从不同角度称颂了隐逸之士、隐逸之情。

李白的《古风》着笔于严子陵的高义潇洒。为王佐之臣，建不世之功，功成而身退，深藏姓与名，是李白为自己设计的人生方案。世是要入的，不但要入，还要深入，拯黎民之疾苦，解苍生于倒悬，才不负这龙凤之质，只是不可恋栈功名，不可有俗人之态。

诗仙在诗作中屡屡致意的谢安、严子陵都是这样的人。

严光，字子陵，本姓庄，据说是庄子后人，西汉末年人，少有高名，与汉光武帝刘秀同游就学。时天下动荡，王莽篡汉，建立新朝，刘秀起兵，严子陵仰观俯察天下势，携剑随君赴征程，积极辅佐其成事。

功成之后，天下安定，刘秀即位称帝，是为东汉开国之君。汉光武帝刘秀为一代明君，不忘旧时之谊多次延聘，严子陵固辞不就，宁愿隐姓埋名。据说刘秀为了怀念他，将自己的儿子取名为刘庄，庄光（庄子陵）为避讳，改姓为严。

有此因由，民间也开始演绎流传各种版本的传说。据说刘秀思贤念旧，使人绘严子陵形貌四处寻访。有人报称在齐地有一男子穿着羊裘在泽中垂钓，一般渔翁垂钓穿蓑衣，而这个人身着羊裘……刘秀怀疑是严光，立即遣使备车，连请了三次，并亲自致书："古大有为之君，必有不召之臣，朕何敢臣子陵哉？惟此鸿业若涉春冰，辟之疮痏须杖而行。若绮里不少高皇，奈何子陵少朕也。箕山颍水之风，非朕所敢望。"

这份招贤书,写得跟情书似的,刘秀不以君臣之分相逼,而以同窗之情相邀,言辞切切,盼会之心犹然在目,严子陵见无法推诿不去,始至京都洛阳。

司徒侯霸与严光亦为旧识,遣使奉书,严光不答,投札与之。侯霸得书,封奏之,汉武帝笑曰:"狂奴故态也!"车驾幸其馆,严光高卧不起。光武帝曰:"子陵,我竟不能下汝邪?"于是叹息而去。

大约两人感情实在很深,刘秀丝毫不怪罪严子陵的冷淡失仪,即便他拒绝了刘秀请他入朝为官的邀请,刘秀依然对其才学风仪念念不忘,召其入宫论道叙旧,同坐同卧,促膝长谈,兴尽即同榻而眠。严光入睡时将脚放在刘秀肚子上,次日上朝,有大臣奏报"昨夜客星犯帝座甚急",刘秀大笑,不以为意。

其实我是小民趣味,联系上面出处不详的招贤书和这一段轶事,以及日后刘秀对严子陵的念念不忘,琢磨着这两人的关系怎么看都有点"基情四射",不知普罗大众是否和我一样恶趣味?

在洛阳,刘秀欲授严子陵为谏议大夫,不从,归隐富春山垂钓耕读。建武十七年,刘秀再次征召他,仍不就,归还故里隐居,年八十而卒。

严子陵的故事在西晋皇甫谧的《高士传》里就有描写,文人对他拒绝征召的潇洒、皇帝前来探望依然高卧不起的桀骜,深为崇敬和向往。

古人束发读诗书,讲求的是修德修身。严子陵有热血,有抱负,有韬略,世乱时危时,他可以携剑随君赴征程,世道清宁时,却不肯堕入官场，身染红尘，只因他意不在此。若是寻常隐士也还罢了，毕竟安贫乐道，独善其身，偏他是曾建有不世之功的人，面对如此巨大的诱惑，兀自能够选择出世，这等旷达的胸襟岂是常人所及？

面对君王明主的拳拳盛意、知遇之恩，有几人能不诚惶诚恐，感激涕零？一般人恨不能即刻拜倒尘埃，粉身以报，高峻之士推辞几次也就从了——就连后来的诸葛孔明亦未能免俗，三顾之后就忙着鞠躬尽瘁死而后已了。严子陵却始终不动摇，这份坚持有极为难能可贵之处。

最好的情况是，知识分子和政治精英共同筹谋着民族和国家的将来。传统文人普遍存在着某种矛盾心态，人格轻微分裂，一边高吟着"归去来兮"，一边默默希望学成文武艺货与帝王家——真正洒脱能有几人？有一首不知名的诗对此讽刺得入骨三分："相逢尽道休官好，林下何曾少一人？"

唐初骆宾王到富春江七里濑严子陵钓台，写下了著名的《钓矶应诘文》。他在钓台看人垂钓，看鱼儿吞饵上钩，由此想到自己几经磨难，想到身陷政治斗争中可悲的个体。骆宾王写文章，喜欢用数字作对句，如"秦地重关一百二，汉家离宫三十六"，仲则作诗也擅用数字作对句，与他风格很像。

[贰]

转回头再看苏轼的《行香子》，词境直如这词牌名，着眼于君臣之谊,贤臣难得,明君更难得。立于富春江畔,钓台之上,怅怀古事,坡仙想起的是古往今来多少君臣之间的纠葛沧桑。

昔年范仲淹主持重修桐庐富春江畔严先生祠堂,撰文赞曰:"云山苍苍,江水泱泱。先生之风,山高水长。"

严子陵是个纯粹的人,他和春秋时晋文公的谋臣介子推一样,功成不居,表里如一,风骨堪为隐逸之士的表率。

苏轼是宦海播迁多年的人,有过风光也吃过不少的苦头,所以"过沙溪急,霜溪冷,月溪明",见"远山长,云山乱,晓山青",还是会感慨系之。

成败在人谋,天数渺难寻。还归到山水里,人不再受缚于礼法,莫说君臣之别,连朝代兴亡也可以化作过眼烟云。

寻回自己,做回自己,是比君臣一梦、今古虚名,更难得、更紧要的存在。

太多人只能善始,未能善终。严子陵是真洒脱,真舍得,真放下,不违初愿,不负初心,看透了世事,洞察了人心。试想一下,假如他当初一个没把持住,碍于情面,尘心一动入朝为官,也许确实会成就君臣之间的一段佳话,但更大的可能性是受困于官场,与人争斗倾轧,为自保而失却本心。

自古以来,君臣反目是常有的事。就算不反目,一旦受缚于名分,那隔阂也就自然产生了,断难做到彻底的潇洒自如。

与其来日"朝夕相对,形同陌路",倒不如今日心存旧谊,归于山林,悠游方外,与猿鹤相伴为友,以清风明月为知音,抚琴、长啸、徐行,山河入梦,岁月入怀。

对严子陵历来人们是赞的多,但亦有人咏说:"一着羊裘便有心,虚名留得到如今。当时若着蓑衣去,烟水茫茫何处寻?"这是讽刺他归隐不彻底,从另一种角度臧否历史人物,观点并存,本无可厚非,不过实有强人所难之嫌。

道家逍遥游的境界,对一个真实存在的人来说太难了!难道要他餐风饮露,功成之日即跨鹤仙去才算真无求?严子陵是人不是仙,纵然他不受凡俗之事牵扯,毕竟人世之情尚存,这正是他可爱、真实的地方。何况他一生高风亮节,言行一致,尤其表里如一是绝无可质疑的。

相传后世有一位上京赶考的秀才,经过严子陵的钓台,作了一首诗:"君为名利隐,我为名利来。羞见先生面,夜半过钓台。"未知此人考运如何,后来又如何,这自嘲自愧却又见得士人的自觉了。

李白的《古风》立意峻渺高远,苏轼的《行香子》行笔细腻清长,高人在前,相较之下,后学仲则所作的《过钓台》实在一般,笔力逊之,立意逊之,感慨的不过是人与人之间的高下之别,高人不为名利所拘,俗人但为利禄奔忙。

《两当轩集》中另有一首同题之作《过钓台》,作于乾隆三十八年——

桐君入我梦,趣我推篷起。
一鸟啼岩间,双台峙云里。
十载道旁情,惟有狂奴耳。

更酌十九泉,饱看桐江水。

时仲则汲严子陵祠堂东侧清泉泡茶,坐观江景。这泡茶的一脉清泉颇有来历,陆羽《茶经》中品天下水味,此泉居第十九。

后一篇比前作更生动,多了情趣。综而论之,仲则这随兴随笔之作,与李白和苏轼吟颂严子陵的名作不可同日而语,亦无法体现仲则真正的水平。《两当轩集》有更好的怀古诗,后慢慢会提到。

许是少时武侠小说看多了,我在读仲则的诗时,总有种不着边际的联想,觉得他就像出身寒微却骨骼清奇、天赋惊人的少年侠士,需要在江湖上打磨历练,历经辛苦,要遇得上等机缘才可一鸣惊人。此亦如黄公望作《富春山居图》跋时所言"庶使知其成就之难"。

《过钓台》单看不出众,要和《春夜闻钟》、《游白沙庵僧舍》联系起来看才有情味,这三首诗虽不是作于同一年,所作时地点也不同,但其内在的意境、情怀有宛转相续之处。

近郭无僧寺,钟声何处风?
短长乡梦外,断续雨丝中。
芳草远逾远,小楼空更空。
不堪沉听寂,天半又归鸿。

——《春夜闻钟》

偶展登临兴,攀萝到上方。

江流送今古,僧话杂兴亡。

潄罢水泉冷,听沉山磬凉。

归来林坞夕,高处尚斜阳。

——《游白沙庵僧舍》

从时间上看,《游白沙庵僧舍》作于乾隆三十二年秋,《过钓台》作于乾隆三十三年秋,《春夜闻钟》作于乾隆三十四年春,就水平而言,《春夜闻钟》和《游白沙庵僧舍》比《过钓台》要好。

对《春夜闻钟》,吴蔚光《两当轩集诗钞》赞曰:"仲则秋声也,如雾晓孤吹,如霜夜闻钟,其所独到,直逼古人。"《春夜闻钟》韵调绵邈,寥寥数语,横涂竖抹,点染出一片浓郁乡思,确实很见唐人之风。

我是将这三首诗当作游记来读,甚或是当微博来看,一面可以看出仲则游历的行迹,一面可以揣摩他登山临水时的心迹。读诗不必强求深意,而深意自现。

可以尝试着这样联系、理解:他行经富春江畔,在雨夜听见禅寺钟声,那钟声随风伴雨而来,淅淅沥沥打湿了乡梦,惹人辗转难眠。

他意欲排遣愁思,由此生出登临之兴,白日里访古探幽,攀萝登山,寻访寺僧,山下江流宛转浩汤,在僧舍清谈,闲话世事兴亡,不觉磬声响起,见天色渐晚,山僧要做晚课,于是辞别而去……

踽踽独行山里,时林鸟声稀,金乌欲坠。回首望去,天边高处尚有一抹余晖——是寂寞也不寂寞,心有宁静愉悦,心知每一次的相交相会都是一期一会,不可复制,可期不可待,所以既满足又意犹未尽。

斯人独行山野,身后云山欲眠——这样的情境总让我想起黄公望的《富春山居图》,相看两不厌,暗藏多少未尽之意。

恰好,黄仲则有一首《题画》诗这样写道:

淙淙独鸣涧,矫矫孤生松。
半夜未归鹤,一声何寺钟。
此时弹绿绮,明月正中峰。
仿佛逢僧处,春山第几重?

黄公望以画作诗,黄仲则以诗作画,隔世之人,诗境画意却有共通之妙。今之富春江畔全不似黄公望画中潇散简远的意境。昔年盛景,今访之多半面目全非,此时移世易,令人深觉惆怅,惋惜无奈。

【余情残心】

我认识一个朋友,他家境清寒,其人却是好学上进,现在卓有成就。听说我要写黄仲则时,就很高兴地对我说:"我也很喜欢他,我还私下里做了《两当轩集》的评注,只是现在太忙,恐怕不能做下去了。"言下不无惋惜之意。

隔了几天发来邮件给我看,我见他第一首选的就是《客中清明》,恍惚有所悟,心下不免凄然。有时候一个人心里的遗憾,并不会随着功成名就淡去,有些隐痛,比如亲人亡故,不及尽孝之苦,并不是那么容易释然。

仲则的诗,对那些还来不及有什么人生经历的年轻人来说,或许不如纳兰词令人一见倾心。但对人近中年、感怀世事的人而言,却是正正切中要害,一见即难忘怀。

> 新火依微出远村,天涯时节独开樽。
> 故乡陌上多车马,是处坟头有子孙。
> 柳带缄来沾别泪,石泉梦后怆吟魂。
> 此间我亦思家苦,绕郭青山似白门。
>
> ——《客中清明》

这首《客中清明》作于乾隆三十四年清明,时仲则漂泊在外,不能归祭,时至清明,结合自身经历,难免感触丛生,所以有这首昧清字简、哀怨自成的诗出现。

不知是古人对于生死的思考比今人透彻,还是不如今人透彻,他们对于生命的态度产生的思索、信念,以及又由此间生出的"礼"——种种类似宗教仪轨的仪式,总叫我们这些肤浅的现代人羡慕兼汗颜。

祭祀之事,有其区别——祭是对先人的礼敬,对亲情的延续,是传承历史的自觉;祀是郊望山川河泽的恩感,是生于天地、行于天下的平然礼意。

在思时之敬、慎终追远之心越发淡薄,丰饶礼俗被淡忘的今朝,很多人以另一种形式飘零在外。当城市侵吞了乡村,连故土和祖坟都不知从何寻觅，文学素养的丧失让我们言辞寡淡，不能如古人顺畅精深地表达出自己的哀思。

生活在城市里的人处境又何尝从容？读书时，总说要做未来的主人，到后来纷纷成了生活的奴隶。出逃乡村，流放于城市，其间的差别，不过是五十步笑百步罢了！

有些话，不是欲说还休，是压抑太多，丧失了表达能力，不知从何说起。一张口，只感觉到由心灵到嘴唇的麻木，只剩灵魂还不肯彻底死灭，尚存一念之哀，所以时不时会痛上一痛，悲从中来。

这首诗格外能够打动我的原因，大约是因为了解了仲则身世之后，产生了很强的代入感，格外能够体会他心境的缘故。

仲则的童年几乎笼罩在死亡的阴影之下。黄仲则生于江苏高淳，四岁时，父亲黄之琰抱病而亡。七岁随祖父归武进，八年之后，祖父黄大乐因病过世。翌年，祖母也去世了。再过三年，唯一的兄长黄庚龄也早逝了。原本一家三代人，清贫和美，如今只剩寡母带着仲则相依为命，苦苦支撑。

黄家家境的艰窘程度，大约比中年以后的杜甫好不了多少。在这种环境下仍不辍学业，仲则的母亲屠氏功不可没。

她这样的女性总让我想起历史上那些隐却了名姓、只剩代号的贤母。她们自觉地、默默地，用女性的坚忍承担起生活的重压。早期的诗歌里，很多描绘赞美女性劳作的诗歌。尤其是乱时，当男人征戍在外的时候，女性的作用就凸显了。纺织、种植，既维系家庭生产，又要支持国家建设，纳税纳粮、捐款捐物。

中国人讲不废耕读，男人们寒窗苦读，假如没有女人们不计回报的坚持和付出，大约多少都是要废一点的。

仲则自幼体弱多病，或许还患有肺结核这种在当时很难医治的顽疾。家业凋零，无权无势，必须依靠个人奋斗来出人头地。他的父亲在世时功名未就，光耀门楣的重任全在他一人身上。实事求是地说，纵然不为自己，他也要为母亲博一个安稳晚年，这已经不是功利心重，而是孝义了。偏他又是这样多愁多病身，天生的诗人气质，个性狷介，要在这世上安稳度日，更是难上难。

从十九岁首次应乡试失利之后，连续三年赴试他都没能考中。写这首诗时，这一年的乡试还没开始。仲则还不知道这一次的结果又是名落孙山——这只是第二次的失败，在此之后还有很多令人挫败的事情等着他去面对。

大约人在失意时，更容易感怀人事些，若是"春风得意马蹄疾，一日看尽长安花"的好辰光，纵是遇着清明，入眼的也是郊游踏青的繁华欢悦，似仲则这般屡遭亲人亡故的断肠人，漂泊在外，又赶上清明这样的节日，想起远在家乡的母亲，难免伤情多于欢愉。

仲则另有一首《春兴》：

夜来风雨梦难成，是处溪头听卖饧。
怪底桃花半零落，江村明日是清明。

风雨落花梦难成，读之可见他的落寞心思。

【余情残心】

清明时当仲春,这个节气的名字立意就在于提醒人,万物洁净,立心清明,更借清明之思提醒人生时短暂,当有所作为。

古时的清明节习俗丰富多彩,除了禁火吃冷食、扫墓祭祖,还有踏青郊游、放风筝、荡秋千、蹴鞠、打马球、插柳、射柳、蚕花会等等。这个节日之所以让人一言难尽,悲喜交集,是因为它既有祭扫新坟的心酸悲痛,又有春暖花开、万物生长的喜悦,多少缠绵悱恻的爱情故事就开始于陌上相逢的回眸一瞥中……

宋人有一首诗:"梨花风起正清明,游子寻春半出城。日暮笙歌收拾去,万株杨柳属流莺。"——这是生机勃勃欢愉的一派。另有:"无花无酒过清明,兴味萧然似野僧。昨日邻家乞新火,晓窗分与读书灯。"——这是萧瑟苦寒的一派。

而仲则此诗更近于唐人气调,试看宋之问的《途中寒食》:"马上逢寒食,途中属暮春。可怜江浦望,不见洛桥人。北极怀明主,南溟作逐臣。故园肠断处,日夜柳条新。"

都是羁旅之作,细读之,当可发现两首诗气脉相接、情怀共通之处。

仲则所言"柳带缄来沾别泪,石泉梦后怆吟魂",颇得日本茶道所推崇的"物哀"之伤、"余情"之美、"残心"之妙。

物哀,不仅仅是伤悼物的伤损,而是将关注的心放在对终将变迁的事物的怜惜上。余情,并非所剩无几的感情,而是持有绵绵不绝的情意。残心,不是无望枯寂的心,是接受不完美,心领神会,是即使物尽人空,幡然回望时依然持有的眷爱之心。

马上年华似掷梭,雨颠风驶奈愁何!
三分花事二分去,九十春光六十过。
几阵箫声山店远,一鞭柳色酒旗多。
压鞍诗思何能遣,半为怀人感逝波。

——《三月一日道中偶成》

比起《客中清明》,我更喜欢《三月一日道中偶成》。这首诗更像是前一首的延续和深入,感慨年华易逝,情绪上非常妥帖到位,亦很见得出仲则七律的功力。以数字成对是仲则的特色,前文有提到的"十有九人堪白眼,百无一用是书生",是其经典名句。

花事,春光,诗酒风流,生命中诸般美好、令人忧伤的事都是不可留的,观照到无常无所不在,死亡如影随形,悟到了这层而能积极地活着,就不是悲观,而是达观了。

《金刚经》有云:"过去心不可得,现在心不可得,未来心不可得。"——过去心,现在心,未来心,三位一体,三者合一才是时间。我们始终处在时间的洪流中,难以逃脱。

我们经常人为地截断时间,试图挽留、拥有更多。回忆过去,留恋现在,恐惧未来,都无法改变最终的结果。

"半为怀人感逝波",要多痛彻才能体悟到:世事怎可能不变?死亡怎可能不来呢?

【寒夜悲歌】

客苦吟,云阴阴。

客吟苦,天亦雨。

雨渐渐,风渐渐,

孤灯荧曳刮作丝,欲灭不灭饥鼯疑。

风大起,雨忽止,冻鼓无声破柝死。

深巷小儿呱呱啼,床头阿母知未知。

——《寒夜曲》

先生屋小如宛丘,岁晏苦听风声愁。
一宵风息得安寐,同云已阁低檐头。
晓来重衾足不热,却怪纸窗明太澈。
小童狂喜排闼来,报道空庭已堆雪。
撒盐飞絮犹纷纷,隔却一纸无声闻。
反披羊裘洞扉立,心目照曜寒无垠。
此时兴发睡魔去,今年见雪此初度。
倾囊只合市村醪,炙砚还应遣长句。
微哦忽忽思前游,丙戌岁暮吴陵舟。
压篷大雪苦无饮,至今典却相如裘。
回头此景如电掣,其间聚散复一瞥。
范阳公子诗中豪,白战何曾持寸铁。
此雪应让燕山多,击筑故人悲且歌。
寒夜谁来剡溪访,乘兴欲往将如何?
将如何,雪不止,随风飘扬低复起,散入千村万村里。
山僧执帚仰看天,昨夜厨空已无米。

——《晓雪》

其实,在《两当轩集》里,《寒夜曲》和《晓雪》是列于《春夜闻钟》和《三月一日道中偶成》之前的两首诗,作于乾隆三十三年。观其情境,当是作于秋试下第之后,于凄风苦雨寒雪降临之际,感慨贫者艰窘之作。

【寒夜悲歌】

　　从来华丽幽深好读,无论是李商隐还是纳兰容若,都是这个路数,低沉幽怨亦可,然底子要清贵可感,世人多耐不得贫寒之气。因仲则的诗调一贯低沉,经常倾诉贫寒之哀,我遂有意将解析的次序调换一下,以免一路读来都是凄怨哀沉的路数,影响大家对黄仲则的诗才和性格的判断。

　　《寒夜曲》风格似李贺,起句也似李贺——想起李贺我就忍不住叹息啊!他家本为李唐皇族宗室,到他父亲这一代,世家早沦为平民百姓,光辉不再。李贺一生愁苦坎坷,为父讳所累(其实更是为妒才者谗言所累),功名无成。

　　若单单功名无成也就罢了,做个隐士也挺好,像人家孟浩然也活得挺自在,偏偏这孩子多愁多思多病,一来二去,折腾得二十七岁就英年早逝,比黄仲则还少活几年,真是叫人扼腕。

　　细论起来,黄仲则与李贺的家世经历心迹确有相似之处:两人都是未及弱冠之龄而遭父丧,两人都有贤良的母亲操持家业,支持他们攻读诗书;两人都是家道中落,都曾立心于功名而不遂,两人都曾游历南北,羁旅京师,做过幕僚,依附官员,然而性格方面的问题使得他们不善于与人相处,在仕途上不可能有太多的发展。

　　更为神似的,是他们少年时的经历。李贺年少早慧,韩愈和皇甫湜慕名拜访同试其才,总角荷衣的李贺提笔写就《高轩过》,文辞之老到精湛令两位文坛巨子赞叹不已。此与黄仲则九岁时,在学使面前吟出"江头一夜雨,楼上五更寒"有异曲同工之妙。

　　不过,认真读过《高轩过》的人会发现,即使撇开诗的前半部分不论，后文有"庞眉书客感秋蓬，谁知死草生华风。我今垂翅附冥鸿，他日不羞蛇作龙"——其中诸如"秋蓬"、"死草"、"垂翅"、"蛇作龙"这些飘零失意、颓废不甘的意向，都不可能是一个年仅七岁的总角小儿所能表达的感受。

骆宾王七岁时能指着池塘里的鹅信口吟出"鹅、鹅、鹅，曲项向天歌。白毛浮绿水，红掌拨清波"，已经足够让人啧啧称奇了，或者黄仲则那样，九岁吟出一两句惊人之语也是可以接受的天才范畴。如果李贺七岁能说出"庞眉书客感秋蓬，谁知死草生华风。我今垂翅附冥鸿，他日不羞蛇作龙"，我只能说，他穿越了。

李贺不可能在七岁时预见到自己的将来。这首《高轩过》更像他青年时科举失利之后，被韩愈维护之后，所作的抒怀明志兼答谢致意的诗文。

今人动辄造神，古人亦有附会名人、编织光环的习惯，很多轶事就这么煞有介事地流传下来。

令人唏嘘的是，年少的盛名并没有给他们带来平顺的好运。终此一生以诗为业，亦未能让他们获得真正的满足和释然。

李贺和黄仲则，都师法李太白，李昌谷得其灵动，仲则得其豪逸。两人在思想内容上都有针砭时弊的倾向，并非因为有进步思想，而是因被贫寒所激、际遇所困，推己及人，写下了很多感人肺腑的诗文。

昌谷的诗在奇丽谲幻方面，很是同于韩愈，想来这是韩愈欣赏他的原因之一。与昌谷意取幽奥、辞取瑰奇相比，仲则的诗更为流畅易晓。且看《寒夜曲》和《晓雪》,文字平实,舍弃花巧,几乎不用注释,粗通文墨者即可诵读明白。

有人说,仲则的诗,是于乾隆盛世中,发盛世之哀音,揭露了下层寒士的处境,这话若以《两当轩集》为底本来看,大抵不错。《寒夜曲》《晓雪》,以及其他一些写贫士之悲的诗篇,都是类似的典型作品,真实地反映了所谓盛世光环笼罩下,下层文人辗转困顿的处境。但若据此要求,欣逢盛世,大家就要过上同一水准的生活,那又是痴人说梦了。

"平均主义"的美好愿景,历来多有提及,实际上,除了已经过去的原始社会和尚未到来的共产社会,都没真正实现过,一个我们没赶上,一个我们赶不上……对于效果,实在是不便揣测。

《寒夜曲》是于风雨交集之际,孤客耳闻目睹之景,由孩童夜啼想到为母的辛劳,由此及彼,思忆老母之情跃然纸上。仲则由寡母拉扯长大,与母亲感情极深,这也是他奋斗的动力之一。这份感情,后面在他的名作《别老母》中会提到。

《寒夜曲》和《晓雪》作于同年,却并非作于同一时期,然两者可以结合来看,由风雨及雪,是自然气候的转换,更是一重心理状态的深入。

岁暮大雪,本有丰年之兆,但贫者遇雪的窘迫,绝非唐诗里所言"欲将轻骑逐,大雪满弓刀"的飞扬快意,亦非宋词里"记玉关踏雪事清游,寒气脆貂裘"的清扬潇洒。

贫者遇雪,无米断炊,事关生计。此处仲则虽由自身突然转到山僧身上,亦不过是假借咏叹他人,换一种揭露自身境遇的方式——天下贫者何其多,际遇又何其相似!

如果这是一部电影,镜头或许可以从寒雪飘零的当下,转回到五年前,那是十五岁的黄仲则,柴门风雪自嶙峋,毡炉不暖,杯酒旋冰,他的境遇,没有比现在好多少。

他有一篇习作《初春》,可以与《晓雪》交映。

> 未觉毡炉暖,旋怀柑酒新。
> 池台平入夜,原野渺含春。
> 物外欣然意,风前现在身。
> 中宵感幽梦,冰雪尚嶙峋。

这样清冷老到的句子,乍看上去颇有老杜的架势。谁能相信这是一个十五岁少年学诗的习作?不是说他没有这种水平,而是说他的心境,已经过早地苍老,苍凉得让人叹息。

彤云密布,朔风渐起,小屋在寒风中瑟缩煎熬,好容易盼到风声稍减,接近凌晨时却感到清寒迫体,纸窗外明光透彻,小童推门而入,宣告大雪降临。

《晓雪》中,仲则由大雪纷扬的眼前景,想到数年前与朋友闵季心冬日同游扬州的旧事,感慨频生——"微哦忽忽思前游,丙戌岁暮吴陵舟。压篷大雪苦无饮,至今典却相如裘。回头此景如电掣,其间聚散复一瞥。范阳公子诗中豪,白战何曾持寸铁。此雪应让燕山多,击筑故人悲且歌。寒夜谁来剡溪访,乘兴欲往将如何?"

这几句叙事抒怀浑然一体,用典虽多,却不生涩。"范阳公子诗中豪"一句,句下原注:"谓闵季心。"刘禹锡自称系出中山,中山即唐时定州,一度受范阳节度使管辖,所以以其籍贯称之。白居易称赏刘禹锡的才情见识,赞为"诗豪",这句是借唐代诗人刘禹锡和白居易的友谊说自己和闵季心的交往之情。

"白战何曾持寸铁"则是说,作诗不靠俗套辞藻堆砌装点,直道本事才见功夫,好比与人交战,徒手不用武器。此二句,皆可见出仲则的自信。而"击筑悲歌"的典故,则是借战国时刺客高渐离的侠气来抒发自己的豪情,但此时亦非战国,这慷慨始终无处投递。

遥想起古人旧事,东晋王子猷雪后眠觉,起坐彷徨,咏左思《招隐》诗,忽忆戴安道。时戴在剡溪,王子猷即乘小船夜访之,经宿方至,造门不前而返,人问其故,子猷曰:"吾本乘兴而行,兴尽而返。何必见戴?"

放在《世说新语·任诞》中,结合魏晋的风气来看,这当然是一则让人津津乐道、追慕风仪的好故事。王子猷的所作所言,不失世家子弟的风采气度,够得上"率性而为"四个字。我也经常谈论这个典故,此刻落到仲则的诗中看,却实在高兴不起来。

王子猷任性,他有任性的本钱,所以行得潇洒。那小船类比今朝,大约等同于私家游艇吧!锦帐貂裘,家仆如云,趁雪而行,他的潇洒,有不露痕迹的明丽繁华。

仲则没本钱任性,他的处境是"倾囊只合市村醪",买很差的浊酒,不可能随时招一艇小舟去探访朋友,然后过门而不入,啥也不干就回来了。他所担心的是,下雪寒冷,难有御寒之衣物,雪路难行,难寻代步的工具,朋友之间即使挂念,探访亦格外不易。

两相对比之下,看得我很难受。虽然仲则会有置身物外的欣然,也有貂裘换酒的豪情,更多的是一贫如洗的悲哀。他从不欠缺豪情,可惜,太多的时候,他的豪情被贫寒困缚住了!生活的艰窘最是磨人,就算你自认才情惊世、豪情无限,但若生活始终不肯给人合理安置,长此以往,辛酸总是大于欣慰的。

有时候,读黄仲则的诗,会有束手无策的感觉,就好像面对一个幽怨的、心事沉沉的人,你知道他的难处,心疼他,也愿与他亲近,但他心事太重,你不知从何劝慰、开解……

男儿屈穷心不穷,枯荣不等嗔天公。我珍爱着仲则这样的心气。即使是《晓雪》这样看似极家常的诗句,内中亦会读出昂然之气——像宝剑铮鸣欲出鞘,纵然不能出鞘,依然可以确认那是一把宝剑。

我只能,凭借诗意去接近他的心意。时光太久远了,久远到真实的都成了虚幻。真实的也许只有当下能捕捉到的一点感觉。

李贺在《致酒行》里叹道:"少年心事当挐云,谁念幽寒坐呜呃。"这何尝不是仲则之叹呢?

天下寒士同悲。

【恩师亡故】

死别生离各泫然，吞声恻恻已经年。
帆开南浦春刚去，舟到西泠月正圆。
当日祖筵如梦里，即今展翰又天边。
伤心一树梅花发，更有谁移植墓田？
　　　　　　　　——《检邵叔宀先生遗札》

水明楼下涨纹平，柳外遥山抹黛轻。
二月江南好风景，故人此日共清明。

征鸿归尽书难寄,燕子来时雨易成。

寻遍舣舟亭畔路,送君行处草初生。

——《清明步城东有怀邵二仲游》

三年谁与共心丧,旧物摩挲泪几行。

夜冷有风开绛帷,水深无梦到尘梁。

残煤半落加餐字,细楷曾传养病方。

料得夜台闻太息,此时忆我定彷徨。

——《寒夜检邵叔父师遗笔,因忆别时,

距今真三载为千秋矣,不觉悲感俱集》

这些悼亡诗,所追忆的并非别人,而是对仲则一生影响至深的恩师——邵齐焘,若论仲则生命中最重要的男人,大约除了洪亮吉,就是邵齐焘了。洪稚存待仲则如苏辙待苏轼,手足情深,是无论患难显达都不离不弃的生死之交;而邵齐焘待仲则,情如父子,悉心呵护,倾囊相授。

乾隆三十二年,仲则和稚存入常州龙城书院学习,拜入邵齐焘门下。前文提到黄仲则过富春江畔严子陵钓台时,有感高士风仪,其实他的恩师邵齐焘正是一位深具风仪的高士。

龙城书院是明代隆庆年间所建,是常州八邑子弟的读书之所。潘恂任常州知府后,对书院重新进行了整顿,提供了经费,修订了制度,对学生择优汰劣,严格管理,抓学习,抓考试,还通过各种关系请

【恩师亡故】

来好老师,邵齐焘就是其中之一。

邵齐焘,字荀慈,号叔⚪。乾隆七年进士,辞官之后任常州龙城书院主讲。据说邵先生自幼聪颖过人,读书通晓精义。他中了进士之后,"闱墨不胫而走,士子们熟读成诵"。闱墨,指明朝以来,乡试、会试后,主考挑选应试文章编刻成书,明称"小录",清称"闱墨",也就是说他的文章好到可以成为天下士子的范文。

此外,邵齐焘擅写骈体文,曾在乾隆下江南的时候献《东巡颂》,时人谓之"班扬之亚"。

据《清史列传》记载,邵先生书法、文学都有很高造诣:"章草入晋人室。善为骈体文,意欲矫陈维崧、吴绮、章藻功三家之失,故所作以气格排奡、色泽斑驳为宗。秀水郑虎文曰:'今古骈散,殊体诡制,道通为一,本朝惟齐焘一人而已。'……有《玉芝堂诗文集》九卷。同时为骈体文者,有武进刘星炜、钱塘袁枚、吴锡麒,阳湖洪亮吉、孙星衍,曲阜孔广森,南城曾燠,其后全椒吴鼐合选为《八家四六》(按:全称《国朝八家四六文钞》)。"

郑虎文之言意为:"骈文与散文,从来体制不同,能打通二者的,清代只有邵先生一人。"

至于他的诗,可谓诗如其人。徐世昌《晚晴簃诗汇》引诗话作了这样评价:"叔⚪……诗冲淡闲适,如瘦竹幽花,翛然相对。"汪佑南《山泾草堂诗话》亦以"清雅绝俗"许之。

——有才如此已属难得,更为难得的是邵先生性情旷达恬淡,刚到不惑之年就辞官归隐。据仲则的《自叙》记载,邵先生不喜官场,选择到书院讲学,传业授道。洪、黄二人遇到邵齐焘的那一年,师徒一起春游宜兴铜官山。师生之间,亦师亦友,感情十分融洽。

有心向学之人,遇到良师殊为不易,良师遇到根器好的弟子,同样难得。遇到仲则、亮吉之后,邵先生深感欣慰,赞为"常州二俊"。古人讲求因材施教,邵先生深解其意,根据弟子的根器兴趣不同,骈体文方面,由洪亮吉承其衣钵。他对仲则的诗歌才华颇多赞赏和栽培。

他非常爱重这两位天赋过人的少年,同时亦感知到仲则的恃才傲物和受家世、身体所限的自卑与自怜,所以在多愁多病善感的仲则身上,邵先生倾注了更多的关注。

左辅(仲则友人)《黄县丞状》载:"常熟邵先生齐焘主书院,读其所著,叹为奇才,屡夸于众,众忌之,而无以毁也。"

仲则的性格,虽然没有恃才傲物到世人皆欲杀的程度,却也落落难群,相当招人嫉恨,生前死后受人非议者不在少数。可见,邵先生对仲则的器重和激励也是顶着相当大的压力。

作为业师的他,曾写了一首劝学诗赠予黄仲则,虽言劝学,其实没有一点道学之气。他不说教,更多是劝慰仲则宽怀自适,舐犊情深,关爱之心溢于言表,从中亦可读出邵先生的人生态度。

"生身一为士,千载悲不遇。所藉观诗书,聊以永其趣。群经富奇辞,历史贯时务。九流及百家,一一精理寓。遍窥而尽知,十年等闲度。文采既已成,穷通我无预。大炉铸群材,往往有错迕。旷览古今事,万变皆备具。而我生其间,细比蝼蚁数。得失亦区区,何事

【恩师亡故】

成忿怒。家贫士之常,学贫古所虑。愿子养疴暇,时复御缃素。博闻既可尚,平心亦有助。努力年少时,白日不留驻。"

全诗温柔敦厚,语气其实更像朋友之间的交心之谈。邵先生晓谕仲则,读书是为了心胸豁达、自成气度,他才气过人,毋庸置疑,来日穷通如何,要看他如何自处。他希望仲则能放下得失之念,不要轻易被情绪左右,保持一颗平常心,如此善待自身,也有益于保养心性。

邵先生这首《劝学一首赠黄生汉镛》诗前还有一段小序:"黄生汉镛,行年十九,籍甚黉宫,顾步轩昂,姿神秀迥,实廊庙之瑚琏,庭阶之芝兰者焉。家贫孤露,时复抱病,性本高迈,自伤卑贱,所作诗词,悲感凄怨。辄贻此诗,用广其意,兼勖进业,致其郑重云尔。"

邵先生对仲则的评价相当高,"廊庙瑚琏"是说他有济世之志,"庭阶芝兰"是说他风神夺人实为翩翩公子。他对仲则所知甚深,知其性本高迈,奈何体弱多病,家贫孤露,所以自伤卑贱,辞多凄怨。

在另一篇《汉镛以长句述余衡山旧游赋示》中,邵先生写道:"黄生落落人如玉,志气轩昂骨不俗。人间百事付疏慵,独抱残编自歌哭……"这寥寥几句,将仲则形貌言行气质描述得相当传神——如仲则有自画像,此四句可作题画诗。

假如,黄仲则有其恩师的应试之运,似其性情温柔敦厚,冲淡平和,一生大约会少些许磋磨、憾恨。

寻常业师,总是希望弟子功成名就,而邵先生在《和黄生汉镛对镜行》的跋文中,这样劝慰仲则:"今年二月来毗陵,汉镛益病,出前后所为诗读之,则其词益工,是汉镛方将镂心刿肝,以求异于众,亦增病之一端也,殊与仆私指谬矣。""今日所望于汉镛者,方欲其闭户偃息,屏弃万事,以无为为宗,虽阁(搁)笔束书,以诵读吟咏为深戒可也。"

他觉得,作诗镂心刿肝,以求异于众,用心过甚,是仲则病征加重,时时反复难以痊愈的原因。确实,思虑过重,忧思难卸,是仲则毕生的毛病。

"晓之以富贵功名之不足重,而终以劝学。"读书不为求取功名,正是邵先生不同俗流之处。

从邵先生的描述中,无处不感觉到他对仲则慈父一般的关爱。从仲则的回应中,亦可感觉到他对邵先生的感情同样深厚。邵先生亡故后三年,仲则的悲伤犹未消却,作《哭叔宀先生兼怀仲游》(四首)——

> 我生受恩处,虞山首屈指。
> 我愧视犹父,视我实犹子。
> 謇恀识诸郎,入坐皆兰茝。
> 君也交更深,经年共膏晷。
> 北海时一樽,环顾公心喜。
> 跌宕饶天情,琢磨究名理。
> 与世殊酸碱,于物少臧否。
> 自谓春风中,偕坐从此始。

——《哭叔宀先生兼怀仲游》(其一)

【恩师亡故】

无何狂飙吹,万变在转盼。
绛帐俄已虚,人琴忽长判。
君复轻装来,束书别同伴。
幽堂落月中,一见泪如霰。
岂意吾两人,如此作聚散。
短衣复出门,气结肝肠断。

——《哭叔心先生兼怀仲游》(其二)

君即归虞山,吾行诣新安。
便道一握手,相对同抚棺。
枫林一万树,血泪为之殷。
浮云一千里,飞去何时还!
苦语未及尽,别曲歌将残。
十步九踯躅,回首隔吴关。

——《哭叔心先生兼怀仲游》(其三)

作客如在家,在家反如客。
所以三年来,衣上尘土积。
昨过西州门,芳草又萋碧。
惊心匪旦暮,触目少畴昔。
为念同袍人,中感更纡塞。
疾病俱颠连,关河况阻隔。

良谦讵可期,庶几梦颜色。

——《哭叔父先生兼怀仲游》(其四)

这四首诗结合开头所引的悼亡诗读来,真是让人凄恻。出言吐语,情在笔先。语未竟而情已不堪,真如哀猿号月,杜鹃啼血,一腔凄凉意,无处托寄。

我觉得,命运虽待仲则残酷,却也不薄。他的一生之中,并不乏待他亲厚、一路扶持、怜才惜才之人。良师有邵齐焘,益友有洪亮吉,恩遇之人有朱筠、沈业富、王昶……

平生知己无须多,一两人即可。他的惨痛在于,这些人,来去匆匆,聚散如萍,频繁地让他体验无常。便如有好风光只许墙外一瞥,听他人笑语,不教深入,这样吝啬。

"吾今衰鬓日星星,无复登高作赋情。读书事业游山兴,一并殷勤付后生。"有避世之心的邵先生一早看破官场世故,却未看淡人情,内心深处,他将仲则视为儿子,其次才是传人。

在龙城书院的时光,是仲则一生中为数不多安稳、宁静、欢愉的日子,但仲则心存一番矛盾,既清高傲世,又要借功名改善际遇,总不甘蛰居一地。

乾隆三十三年,春夏之际,仲则、稚存二人欲往徽州,造访王祖肃。行前邵先生设筵并作诗赠别:"无计留君住,相思独黯然。柳条春色里,帆影夕阳边。惊急长滩响,苍茫野渡烟。江山何限好,极目恨绵绵。谁道新知乐,翻成远道悲。二年时未久,千里会期难。往复

【恩师亡故】

凭书疏,寒温隔路歧。平生惯伤别,添得鬓边丝。起予推英妙,依人作远行。菲菲芳草节,脉脉异乡情。书剑空囊壮,溪山旅眺清。无因重携手,相送一沾缨。闻道新安郡,仪型大雅存。玄晖窗里岫,北海座中尊。尔去投知己,吾衰念及门。空堂双桧老,风雨怆离魂。"

邵先生当时虽然年岁不高,但健康状况已经相当糟糕。恐怕他自己已有预感,只是不忍言明。

仲则和稚存出游期间,邵先生染病,就在这一年的秋天,溘然长逝。仲则得到消息的时候,已经是第二年……是以他有"吞声恻恻已经年"之语。

邵先生生前,仲则在旅途中读其诗作,忆及恩师——

浓寒拥被絮蒙头,岁暮惊心送客游。
肠断白云溪上路,满城风雨有归舟。

——《夜读邵先生诗》(其一)

夜凉无梦起寒帷,檐铎声轻漏下迟。
忽得南沙故人纸,一庭春月立多时。

——《夜读邵先生诗》(其二)

诗意仍是哀凉,却还有不倦的温情,是因为心有期待吧!无论得意失意,心知家乡总有恩师相候,只要回到他身边,总还有安慰。

谁能想到呢?这一别,竟成永诀,再回到书院,再也看不见恩师的身影,听不到他的叮咛……如果一早有知的话,我知他一定不会离开。

那该死的、纠缠不去的死亡阴影又逼压过来,夺走他生命中最重要的人。二十一岁的仲则,经历了太多的死别之痛,不知是麻木还是顺然?

我不知他年轻的生命如何能够一次次地承受这样的锥心之痛,与他分离的人,他需要祭奠的亲人,实在是太多了。

手抚恩师遗札,睹物思人,悲不胜悲。"帆开南浦春刚去,舟到西泠月正圆"两句之下,仲则自注:"二语昔年别先生之武林诗,未成而发,后得书示和章。""伤心一树梅花发,更有谁移植墓田"两句之下,也有自注:"庭梅一株,先生尝酌其下,曰:'吾老去,移此植墓田足矣。'竟成语谶。"

清明时节,他来到常州城东舣舟亭,这是恩师曾为他摆祖筵送行的地方,他写下《清明步城东有怀邵二仲游》一诗。

春草初生,芳郊绿遍,便姹紫嫣红又有何用?故人已去,知己何存?若邵先生在世久一些,以其心胸和见识,对仲则此后的人生或有更为积极的影响。

乾隆三十五年,仲则三应秋试不中,回乡度日,检点恩师的遗札,自愧辜负师恩,写下:"寒夜,检邵叔宀师遗笔,因忆别时,距今真三岁为千秋矣,不觉悲感俱集。"

时间还有那么多,可是,以后都不会再见。

死亡于你,也许只是卸下旧行囊,重得自由身;红尘于我,却是

【恩师亡故】

百转千回,干戈不断。你会在哪里凝视着我呢!看我淹留尘世,劳碌奔忙,遍体鳞伤,终无所获。

我们会相遇吗?在无尽的轮回中,下一次的重逢,也许我们会有更亲密的关系——是父子。

要到乾隆三十九年十月,仲则与稚存同至常熟拜恩师邵齐焘之墓,又写下感人至深的《展叔宁先生墓》二首……现在且按下不表,等到那一年,我们再将旧事细细道来。

【浪游之始】

［壹］

"自邵先生卒,益无有知之者,乃为浪游。由武林而四明,观海;溯钱塘,登黄山;复经豫章,泛湘水,登衡岳,观日出;浮洞庭,由大江以归。是游凡三年,积诗若干首。"这是仲则写在《两当轩集·自叙》里的话。

在他的生命中,什么时候埋藏下一颗浪迹天涯的种子?

故乡白云天涯,书院松柏今在否?对恩师的思忆之情,延续了

【浪游之始】

他后半生。当初因为相知而相守,如今因为离散而浪游。继科举失意之后,仲则再不肯困守书斋,要游历四方谋一个出路。

乾隆三十四年,仲则再游杭州和徽州。途中,时遇故人又作别,留作《遇伍三》《遇故人》《醉歌行别伍三》;时而访友,作《访曹以南五明寺》;时而独醉独卧独思亲,写下《醉醒》《初春》《客中闻雁》。

> 星荧荧,月皎皎。
> 漏声将残客行少,有客仓皇窜荒草。
> 十年仗剑都亭行,鼓刀贱者知姓名。
> 仰天酒尽各万里,蓦地相逢服华紫。
> 悲来欷吁,浮云四徂。
> 挥手且去,各为长图。
> 浮云何萧萧,川陆何悠悠。
> 白杨着霜古陇头,嗷嗷飞雁悲其俦。
> 呜呼!
> 昨日不知今日雨,居者不识行者苦。
> 天寒日暮君莫留,他日相逢与君语。
>
> ——《醉歌行别伍三》

《遇伍三》和《遇故人》在前文解析过,这里不再赘述,单看这首《醉歌行别伍三》,很见仲则歌行体的功力。起句便清旷,时残月在天,零露在田。漏声将尽而人不能眠,其心耿耿也。中述行客飘零之状,十年仗剑江湖行,行经蓬蒿,因生性磊落不羁,每与市井之辈交好,知其慷慨抱负者也多为此辈中人。

这般浪迹,似六朝,似唐朝,又不尽然。六朝有荡子,唐有游冶郎,此皆是托承人世的清扬亮直,在仲则诗中,虽有豪情,喜言来日如何,眼下却总为生计所困,亦见得当时世景萧条了,如云遮月、雾隐星的黯淡。

陶渊明诗:"少年罕人事,游好在六经。行行向不惑,淹留遂无成。"淹留无成,尚存自嘲的余地,仲则云:"白杨着霜古陇头,嗷嗷飞雁悲其俦。"心境何其孤寒!是连自嘲的余地也失去了。

伍三,名宇澄,字既庭,阳湖(与武进同属江苏常州府)人,为仲则同乡,其生平事迹难考。观仲则予他的诗作,两人为少时旧识,志趣也颇为相投。

前《遇伍三》诗中,有"相期著书好,归去掩蓬门"之语。话虽说得潇洒,怀才不遇之愤却不是那么容易消解。壮志在胸,前途渺渺,惟有击节悲歌,借酒浇愁。酒已饮,话未尽,天寒日暮,要道一声珍重,各奔前程。

来日茫茫,又岂能料知再次相见时的境遇呢?

与伍三别后,仲则前往徽州,去歙县探访一位隐士——曹以南。曹以南,名学诗,字以南,号震亨。安徽歙县榕村人,乾隆十三年进士,官湖北麻城、崇阳知县,归后常居山中。"五明寺,在歙县南福圣寺后,东北隅有容膝之地,而峻崖松竹交荫……盖幽绝境也。"

【浪游之始】

曹以南名重一时,"其人工骈体文,索碑铭传记者无虚日。著有《得雪文钞》等。"(《重修歙县志》卷八之五《文苑》)尤为难得的是曹以南天性淡泊,不慕荣华,曾为遂母愿入仕,为官有官声,亲殁即返,至死不复出,讲学授徒终老。

仲则《赠曹以南》赞其:

龙门会上遇耆英,感激真从道谊生。
自是江山归巨手,谁教天地老诗名。
传经风雨心犹壮,阐谛鱼龙气已平。
似我疏狂尚青眼,白云深处伴茶铛。

此诗浑厚沉着,颇得杜诗神韵,老杜赞庾信"庾信文章老更成,凌云健笔意纵横",赞四杰"尔曹身与名俱灭,不废江河万古流",都是这个气调。

我所认知的成功,如严子陵,功成不居,笑傲王侯;如邵齐焘和曹以南,辞官归隐,传道授业。

一路是修竹,到门惟鸟声。
幽人正眠觉,稚子解将迎。
香缕断还续,道书纵复横。
昨宵雷雨急,可有毒龙惊?

——《访曹以南五明寺》

"为天地立心,为生民立命,为往圣继绝学,为万世开太平。"这样一个人,难怪在《两当轩集》中屡见其行迹。除这首《访曹以南五明寺》外,《两当轩集》中并有《赠曹以南》《雨中入山访曹以南》《夜坐怀曹以南》《重至新安杂感》(其一"谓曹以南")等诗。

这首《访曹以南五明寺》,清远淡逸,不单符合彼时他的心境,亦符合被探望之人的气韵。读其诗,仿佛随仲则前往古寺探访高人。一路是修竹,到门惟鸟声,可见其居所之静谧。

花落家童未扫,莺啼山客犹眠。谁遣山风迎佳客?曹先生颇有卧龙先生的风范,日高犹未起,入得门来,有稚子迎客,入其室中,见炉烟暗转,佛经散落。仲则因知曹先生居山寺中焚香阅经,参禅,遂笑问一句,昨夜雷雨骤狂,君在山中安否?

语气略带调侃,流露出少年顽皮心性,这在仲则是少见的。"昨宵雷雨急,可有毒龙惊?"这看似随意的一问,并不随意,此处合用二典,其一是雷声能惊蛰眠之龙蛇,其二是佛家以毒龙喻妄心俗念。《涅槃经》云:"但我住处有一毒龙,其性暴急,恐相危害。"——妄心俗念这条"毒龙",唯禅理可制之。

王维《过香积寺》云:"薄暮空潭曲,安禅制毒龙。"仲则是在探曹先生修为的境界。诗到此作结,曹先生如何作答,两人相见后又是怎样一番情景,不得而知,但从三年后的另一首诗《重至新安杂感》其一("谓曹以南")诗中可知:"黄须老子应无恙,可许谈诗坐漏深?"——可以想见他们相谈甚欢的情形。

【浪游之始】

黄仲则友人左辅在《黄县丞状》中谓仲则："狂傲少谐,独与诗人曹以南交,馀不通一语。"由仲则"黄须老子"的爱称,可见两人交情匪浅。

大约,似仲则这般风神俊逸、才华横溢的少年,是很得真性情的老名士欢心的,他们都很乐意以这样颖悟的少年为徒为友,喜欢后继有人的欣慰。可惜的是,邵齐焘也好,曹以南也好,薄了浮名,胸绝纤尘的他们,都不曾改变仲则孤愤固执敏感的性格,无力化解仲则命中的困厄。

叹一声,知和悟之间的距离,有时只在一念间,有时却如雾隐千山,路遥难期。人生的许多事,还是要自行经历了,才能心甘情愿。

[贰]

作别了友人,仲则又恢复了孤身飘零的状态,此时的他,流露出的寂寞是明显的。且看下面三首——

不分春风解劝餐,只将幽恨上眉端。
将归燕子休垂幕,渐老梅花莫倚阑。
最怕难醒惟独醉,生憎易中是轻寒。
新传多少红笺字,半为昏眊未忍看。

——《初春》

梦里微闻蘑卜香,觉时一枕绿云凉。
夜来忘却掩扉卧,落月二峰阴上床。

——《醉醒》

只有乡心落雁前,更无佳兴慰华年。
人间别是销魂事,客里春非望远天。
久病花辰常听雨,独行草路自生烟。
耳边隐隐清江涨,多少归人下水船。

——《春日客感》

《初春》这首诗,当作于乾隆三十四年春季,在《两当轩集》里却列于秋诗之间,不知何故。早年仲则亦作过一首《初春》,前文有述,情调立意与此诗大不相同。后一首《初春》,亦可当作宋词小令来读,"小令"这个词,读起来便有一种婉转温柔。仲则这首诗正是温柔欲醉。

梅花渐老燕将归,一年春至,而我又无声无息地老去。在初春时分,饮酒独酌,那春恨直堪下酒,那幽恨覆上眉端,潜伏多时的难言之痛,只因你有红笺捎来而再起波澜。昔年曾有女子托双燕传书,而今你亦有消息传来。这乍暖还寒的时节,我亦体弱多病,愁绪难遣。

关于你的消息,不知道难受,知道了更难受。我竟不知如何是好,唯有借醉来逃避。

【浪游之始】

眼前俗物关情少,醉后青山入梦多。往事不知多少梦,夜来和酒一时醒。

醉后一梦,梦中花香隐隐,似你我少不更事时情怀暗转,徘徊难去。梦中,你身边的人是我。醒来月影覆床,原来你不在我身边,这是最令我哀伤的。

露湿墙花春意深,西廊月上半床阴,梦中我以为余生度尽,睁眼却见月光皎皎,原来,别去不过经年……

人间事事不堪凭,心事历历终虚化。让我们忘了彼此吧!纵使不能,也要假装若无其事。

一如既往的醉,翻来覆去的梦,空空如也的爱情,散发着陈年旧事的气息,我低头唏嘘,这耿耿心事仍待消磨。

与《初春》情意相近,是仲则的《竹眠词》里的一阕《昭君怨·初夏》:

一自护花消瘦,病过折绵时候。春去已天边,又今年。
拥住薄衾如水,守得篆灰心死。帘动有谁来?是风开。

遣词造句也寻常,似是一时感触,随口道来,唯其随意,却令人入目难忘。

实而言之,仲则的《竹眠词》缠绵悱恻的功力绝不逊于纳兰。只是此词集不如《饮水词》盛名在外,鲜为人知罢了。

从《初春》到《醉醒》,再到《春日客感》,仲则频以细腻呈现内心的纠结和颓唐。命运似乎从未赋予他拥有长久爱情的能力。他深心爱过的人,注定成为生命中转瞬即逝的人。

他的生命注定离安稳很远,离漂泊很近。《春日客感》叙事真切,自是客中绝唱。纵置于唐人诗中,亦不逊色。"只有乡心落雁前,更无佳兴慰华年。人间别是销魂事,客里春非望远天。"道尽千古游子,阑珊心意。

只剩寂寞,唯有寂寞,如影随形。

【卷二】
【锦灰自珍】

【欲游湘楚】

　　从春天上路,直到入秋,仲则在外漂泊日久。

　　历来秋日易思亲,黄昏闻雁鸣更惹动乡愁,他在归乡途中写下一首《客中闻雁》——

　　山明落日水明沙,寂寞秋城感物华。
　　独上高楼惨无语,忽闻孤雁竟思家。
　　和霜欲起千村杵,带月如听绝漠笳。
　　我亦稻粱愁岁暮,年年星鬓为伊加。

山因落日余晖返照而明亮,水也在沙滩的映衬下变得明澄。我神思惘惘,淹留在异乡,分外清晰地感受到秋意来临。

美好的事物日趋萧瑟日渐凋零,物华易衰,年华易逝,总是让人感慨暗生。闻雁鸣而知霜至,寒意渐浓,千家万户响起的捣衣声,更容易让人想起家中的女眷,不知她们是否安好。

大雁在秋月下飞鸣,听起来就像大漠胡笳一样悲凉。我也和寻找稻粱过冬的雁一样,为岁末免于饥寒而奔波,年年都因此而增添了白发。

仲则的七言诗向来得誉甚高,其中尤以七律、七古最为人称道。清张维屏云:"仲则诗诸体皆工,其笔力变化腾挪,不拘一格,即以七言古体论之,其中有大笔……仲则七律余尤爱者。"

这首七律情景交融,举重若轻,高迈处不减唐风。

好诗人与天地有亲,于万物有情,仲则正是此辈中人。

最是感怀"我亦稻粱愁岁暮,年年星鬓为伊加"一句,表面是说因雁鸣引动秋思而增添白发,实际上是借雁之奔波来诉说自己的辛苦劳碌。

固然人生在世都免不了要为稻粱谋,差别只在,有人得来容易,有人得来不易。但仲则显然属于来得太不易,少年辛酸,中年劳碌。所以有时脑海中闪过纳兰容若的词,沉吟再三,我还是觉得仲则的悲愁更有现实的沉重。

乾隆三十四年,那年夏天他在安徽,秋七月离开徽州,由新安江东下赴杭州,在杭州滞留约二十天,八月时回到老家,探望了许久不见的母亲和妻子。

奈何,家居的安稳,书斋里的明净,在少年心中,终究敌不过外面世界的旷朗;为前程计,为生计迫,亦难久居家中。他旋即准备九月离家前往湖南按察使王太岳署中做幕客。

友人赵味辛作《衡山高送黄生》诗相赠,云:"黄生黄生尔亦豪,家无掬石能轻抛。风尘扰扰,面目不为寒饿改。直视世间一切青紫如哺醨啜糟……"

赵味辛诗对仲则颇多赞美,赞他为豪雄,敢于舍家远游,赞他秉性高洁,不为风尘所扰。实际上,仲则这一生豪情有之,却实实地为风尘所扰,为寒饿所困,乃至最终病殁异乡。若不是得洪亮吉扶灵而归,恐不能归葬故里也。

赵味辛,名怀玉,字忆孙,号味辛,为仲则同乡。工于诗文,与仲则、洪亮吉、孙星衍等人齐名,时人以"孙洪黄赵"称之;再加上杨伦、吕星垣、徐书受三人,号为"毗陵七子"。

他入仕也晚,乾隆四十五年才获召试赐举人,参与修撰《四库全书》,官至青州同知。后主书院讲学,成为清代著名藏书家。他中年之后际遇好过仲则,虽然称不上显贵,到底也算得偿所愿。

无论如何,此时他们都算是仕途上的失意人,追古思今,有许多相投的心思。阅罢友人诗,仲则遂亦和一诗留以志别——

衡山高,湘水深,我为此别难为心。

君知我行不得意,为我翻作衡山吟。

衡山吟，声渐苦，凄断湘弦冷湘浦。

女萝山鬼风萧萧，七泽欲冻鼋鼍嗥。

下见苍梧万里之大野，上有祝融碍日之高标。

鱼龙广乐不复作，雁飞欲堕哀嗷嗷。

渔父挐舟入烟水，屈原行吟意未已。

千古骚人且如此，我辈升沉偶然耳。

衡山之吟吟且停，此曲凄绝难为听。

我亦不吊湘夫人，我亦不悲楚灵均。

只将此曲操入水云去，自写牢落招羁魂。

前途但恨少君共，谁与醉倒金庭春？

春来沅芷倘堪折，手把一枝归赠君。

——《衡山高和赵味辛送余之湖南即以留别》

这是仲则未至湖南之前的诗作。诗意泛泛，以凭吊古人古事为基调，写湘楚山水，山势险峻，峰欲破天，岫欲出云；烟山寒水，鱼欲潜而雁欲坠，生发出一股幽怨，叫人顿生茫茫。诗意至此，转而顾盼自雄，自励兼抒发对友人的眷恋不舍之情。

妙在虽是和诗，却能不被前诗所限，自抒块垒，翻出新意，诗兴所至，如江河决堤，纵横往复，不受声调所限，此等挥洒自如，是仲则诗才为同辈所不及，乃上通前人者。

人言仲则诗情似太白，此篇可见端倪，但尚欠气魄，要到后来在安徽学政朱筠幕中，于采石矶上作《笥河先生偕宴太白楼醉中作歌》，才有了那种一以贯之的豪气。

　　湘楚之地气质难述，不似江南温软，不同于燕赵慷慨，别有一番幽怨刚直，地域风色鲜明。先是有屈子沉江，后有贾谊吊屈原，连诗圣杜甫也病死在湖南岳阳的孤舟之上。

　　一江春水，笑纳春泪，葬了多少人的雄心过往。自来未仕的士子、贬谪的官员、羁旅的旅者、失落的离人，当中不乏有才有志之士，临江洒泪，唏嘘长叹，免不了要作一两篇感时伤世的文章，吟两首自叹抱负的诗篇，才肯收拾心情，施施然离去。

　　算起来，计划投身王太岳署中，是仲则幕府谋生的第一个阶段。此时，他除了在家乡附近游历，尚未真正去过远地，心情之忐忑难安，不言自明。

　　清代地方主管官吏，从州县到督抚总要聘请几位能干的或有学识的人才帮助自己处理日常工作，法令文献上称为幕宾、幕客、幕友，以及西宾、宾师。当然还有个妇孺皆知的名号——师爷。

　　幕府制度作为中国历史上一种具有深远影响的用人制度，大约肇端于战国前期，经战国后期至秦汉时期逐步确立。此后一千余年，幕府制度随着中央与地方权力关系的变化，亦历经盛衰。

　　大体而言，由两汉（尤其是后汉）至唐末五代，中央对地方的控制相对疏松，幕府辟召兴盛，天下人才于正规的选拔途径外，出于幕府者尤为可观，故最为后世士夫文人津津乐道。

　　自宋始，中央集权程度逐步增强，宋元两代幕府辟召虽不乏其例，但受种种限制，至明代则辟署之例亦不复多见。天下士子于科第之外,难有进身之阶,故士大夫文人多有微词。

明亡清兴,存在两千余年的幕府制度于山重水复之际,忽入柳暗花明的新境界。不仅辟幕之制"复兴",而且发展得非常之盛,士人游幕成为普遍的社会现象。

世人皆知,绍兴产师爷,仲则桑梓地近绍兴,风气所引,在乡试落第、急欲谋求出路的情况下,投身幕府是当时的他较为合适的选择。

幕宾多是通过关系介绍聘请的,好的幕宾和幕主之间往往是朋友,起码也知根知底,没有明显的上下级关系,像时任湖南按察使的王太岳本是邵齐焘的好友,乾隆七年的进士,历任翰林院侍读、湖南按察使、云南布政使、《四库全书》总纂官、国子监司业,有《清虚山房集》存世。

王太岳官声不错,学问也好,作为邵齐焘的爱徒,仲则后来在其幕中,得到了不少照拂。仲则二十七岁时,整理自己的诗集,检点创作心路,自言诗文"中渐于嘉兴郑先生虎文、定兴王先生太岳之教"。这位王先生太岳,就是他投奔的第一个恩主。由此可知,湖湘之游成为仲则诗歌创作的第一个黄金期。

需要说明的是,作《衡山高和赵味辛送余之湖南即以留别》后,仲则并未即刻抵达湖南。他从常州乘船渡宁波湾至杭州,游镇江、四明、绍兴至杭州。途中染病,因病体未愈,至十一月,始舟发杭州,经江西赴湖南长沙,十二月抵达。

对前人旧事、潇湘山水一番铺陈,一番萧瑟、幽怨之后,仲则转为洒然,说:"千古骚人且如此,我辈升沉偶然耳。"意云,千载以下,有才之士都免不了沉浮蹉跎,我辈终有出头之日。

他一心倔强,不肯屈从于命运,誓要从寒微的处境中挣脱出来。但他太在意他人的评价,活得太不自在。

认真算来,此行是他的浪游之始,之前不过是在家乡附近漫游,借以增长阅历,算不得远行。湘行途中,他有一首诗,是这样写的——

> 声声血泪诉沉冤,啼起巴陵暮雨昏。
> 只解千山唤行客,谁知身是未归魂。
>
> ——《闻子规》

天长日久,于亲人,于家乡,于岁月,都成了"荡子"。再归来时,已是尘满面、鬓如霜,无处话凄凉,不是不让人怜惜的。

【潇湘路远】

来往各如梦,孤帆又月明。
还家翻似寄,数日复长征。
渺渺吴淞道,悠悠楚客情。
今宵酒醒处,拍枕暗潮声。

——《舟夜》

这首诗叫我忆起我二十二岁时,独自离家到云南旅行,躲在高原小城写作,一住许久。那时将这种生活方式称作旅居,开玩笑说自己是驿马星入命,注定东奔西走,言下带着一点凄艳和自得。

又想起鲍勃·迪伦唱的《日升之屋》(House of the Rising Sun),有一句叫人印象分外深刻的歌词,"他从生命中得到的唯一快乐,是一个镇接着一个镇地游荡。(And the only pleasure he gets out of life, is rambling from town to town.)"

现在想来,大约仲则的心思与此有些类同。他也是喜欢四处游荡,虽然早期离家不远,多在吴越、徽州等地,却也跑得相当频繁。

这一次计划前往湖南,可能是考虑做了幕僚之后,便不那么自由了,所以他从常州乘船渡宁波湾,游镇江、四明、绍兴至杭州。

明月几时有?人间何事无。

倾城顾形影,壮士抚头颅。

方寸谁堪比,深宵我共孤。

感君行乐处,分照及蓬庐。

——《月下杂感》(其一)

闻道姮娥嫁,于今是结璘。

河山收地魄,宫阙烂天银。

前度曾愁我,今宵更照人。

高寒吾不畏,去路恐难真。

——《月下杂感》(其二)

可能真的是心性所致,纵使身在翠润旖旎的江南,也时常不由自主地流露天涯苍茫之感。他的《月下杂感》,笔意不离月下之景,又写自己的壮志难酬,前途难测。深宵月下,杂感纷呈……谓美人虽有倾城之色,倘寂寞幽怨,月下能不顾影自怜?壮士空有大好头颅,一腔热血,不能为国捐躯,不免也仰天搔首,唏嘘不已。

对月临风是古人一贯的雅兴。月白风清,夜深人静,惹人畅想。无数好诗妙词便是在这有月之夜催发出来。

杜甫《江汉》诗云:"江汉思归客,乾坤一腐儒。片云天共远,永夜月同孤。"诗意浩大,孤独也浩大,叫人只觉得天地渺渺,孤独无垠,而人的存在真是渺小如尘——只这一瞬间,这思情可以与天地同源。仲则诗承其孤独,由腐儒之叹,转为壮士之悲。

仲则这首《月下杂感》,于遣词造句避免直露,以明月为知己,感伤贫士之志,赞明月之无私普照,暗谴世道之不公,言语虽然潇淡,豪情却隐隐勃发。

仲则的诗作大体而言,不脱"贫""病""孤""穷"(穷途末路之穷)四意。他诗中屡屡感慨年齿渐长,功名蹉跎,一事无成。

其实,一事无成,终此一世,是何等高旷洒脱的境界?须得俗念都净了,才能甘于平凡,勇于淡泊。若能一事无成悠然一世,不晓得多少人羡慕呢!

这一次游历期间作的诗,颇有佳作,以《和仇丽亭》(五首)以及《途中遘病颇剧怆然作诗》最见其风采。

八月,从新安归,经武林,与丽亭匆匆话别。十月,复从山阴来,

【萧湘路远】

丽亭出仲秋见赠诗五章,次韵答之。

仇丽亭,仲则友人,杭州(仁和)人,乾隆四十二年举人,后做桐庐训导。依前所述,仲则九月离家,游镇江、四明、绍兴至杭州,所以序中言,十月,复从山阴来。这时仇丽亭给他看仲秋时写给他的赠诗五章。仲则和其作而用原韵,故有和诗五首——

前年为访天都去,今岁因探禹穴来。
来往江潭各如梦,逢君仍在越王台。

——《和仇丽亭》(其一)

鸿爪游踪首重回,经年襁褓逐尘埃。
青山笑客不归去,为报饥寒驱又来。

——《和仇丽亭》(其二)

典衣曾共湖干宿,次第看花不忆家。
几度哦君好诗句,先生意独在梅花。

——《和仇丽亭》(其三)

多君怜我坐诗穷,襆被萧条囊橐空。
手指孤云向君说,卷舒久已任秋风。

——《和仇丽亭》(其四)

惜别匆匆悔见迟,楚云千里是相思。

遥知此去湘潭柳,一夕清霜似鬓丝。

——《和仇丽亭》(其五)

前三首回忆前情,兼赞对方诗作,谈及自己为生计所迫,要四方奔走谋求出路,如"青山笑客不归去,为报饥寒驱又来"之语,不免有自嘲之意。第四、第五首,才见作者本意。仲则痴心于诗,才显于斯,已是众所周知。然他际遇之窘迫,又叫友人担忧,所以言谈时不免劝及,而仲则自谓:"手指孤云向君说,卷舒久已任秋风。"

是豁达吗?我想是的!是真心话吗?我想也无须怀疑。但是知和悟之间的距离,实在是"一线之隔,谬之千里"。试看王维的"行到水穷处,坐看云起时",再想仲则的"卷舒久已任秋风",真是心酸不尽。

一个是仕途意了,隐居自适,一个是江湖浪荡,强自抒怀。这两者的境遇之隔,也是境界之隔。

寒士之悲,大抵是世家子弟不能想象亦难以真正感同身受的。

欧阳修在《梅圣俞诗集序》中言:"予闻世谓诗人少达而多穷,夫岂然哉?盖世所传诗者,多出古穷人之辞也……盖愈穷则愈工,然则非诗之能穷人,殆穷者而后工。"此为正解。古来亦有许多达官显贵诗作极佳,上溯到两汉、六朝、隋唐,下延至两宋,真正的寒士,因诗留名的其实不多,舞文弄墨的大抵是世家子弟(因有知识的垄断传承),即使曾是田舍郎,后来亦因科举登了庙堂。

"多君怜我坐诗穷,襆被萧条囊橐空。"朋友感慨他因执着诗道而困厄,落得行囊萧索,而他自己矢志不改。仲则的心思专注在诗作上,在清朝那样的大环境里,这样的人即使有心仕途,也难有顺遂发展。如曹公说的"世事洞明皆学问,人情练达即文章"那种成功的标准,他是学不来的。

再看其五:"惜别匆匆悔见迟,楚云千里是相思。遥知此去湘潭柳,一夕清霜似鬓丝。"若说前诗是强作豁达,此诗则透露了仲则心中的犹疑不安。他没有"莫愁前路无知己"的自信,他有扬名立万的愿望,却没有把握能实现。

他说,此去湘潭路遥,杨柳经一夜霜侵,可以预料的是,我的鬓发亦会因离乡别友的愁绪而变白。

乾隆三十四年十一月,仲则乘船从杭州出发,取道江西去往湖南长沙,途中生了一场大病,病中作诗两首,诗意凄怆悲苦——

摇曳身随百丈牵,短檠孤照病无眠。
去家已过三千里,堕地今将二十年。
事有难言天似海,魂应尽化月如烟。
调糜量水人谁在,况值倾囊无一钱。
——《途中遘病颇剧怆然作诗》(其一)

今日方知慈母忧,天涯涕泪自交流。
忽然破涕还成笑,岂有生才似此休!
悟到往来惟一气,不妨胡越与同舟。

抚膺何事堪长叹，曾否名山十载游？
——《途中遘病颇剧怆然作诗》（其二）

唐诗里甚少言病苦，有的话亦如刘禹锡般昂然洒脱："沉舟侧畔千帆过，病树前头万木春。"宋词多愁，但亦是清愁、薄寒、微恙，如"日日花前常病酒，不辞镜里朱颜瘦"之类的调子。到了仲则这里，以病人之身写病中凄苦，确实看得人揪心不已。

也许是舟车劳顿，也许是心情抑郁，他原本羸弱的身体再出状况。仲则写自己病中景况，纯用白描，非常真实沉痛："摇曳身随百丈牵，短檠孤照病无眠。""调糜量水人谁在，况值倾囊无一钱。"

在舟中颠簸不定，病情反复，病体虚弱，有时候几乎难以站立。夜来无眠，独对残烛，那火光似人挣扎着一息尚存。病中乏人照料，只因囊中羞涩，想起二十余年来的生计艰难，劳碌奔波，只觉得心事茫茫无人可诉，此情此困惟苍天可知，也许要魂化碧血、窍归烟月才能留下一缕忧思在人世。

他曾是如此贴近死亡，饱受病痛磨折，命在旦夕。死亡已经紧逼到勾勾手就能将他拘走的地步。

随着昼夜的流逝轮转，所有的思绪都归于空寂。

不会残灯无一事，觉来犹有向隅心。病中他想起老母，醒悟母亲素日对他的担忧牵挂并非杞人忧天，由此生出浓浓愧疚。此诗若一路沉痛下去，便失了风骨，不堪多言，妙在"忽然"二句往下，翻转诗意，自成气骨。

也许是悲极有悟,他忽然想到"天生我材必有用"的古语,自信涌起,比吃了几十服药还灵验,灵机一触,豁然开朗。

刹那间,如梦初醒,醍醐灌顶,心轻盈得可以飞起来。有才之人哪能如此轻易死掉?忽然就转悲为喜,想明白,过去未来都存在于天地运行的一气中,古往今来,生老病死也不过是一气的变化。

一口气不来,往何处安身立命?命在旦夕间,还有什么不能放下?命始命终,循环不息,不过是另一种形式的行游罢了。这般思来,形单影只,流落异乡,与陌生人一起度日,其实只是气数流转,因缘和合罢了,不必过分伤感遗憾。

生死关闯过,此后的生命都是额外的赐予。我将用更热烈的爱去思索如何偿还。如果说,还有什么遗憾值得抚胸长叹,那就是,还没来得及历遍名山大川。

人世迢迢,纵不能功成名就,亦要能有信步游赏的自在,历遍桃李春光,感受世情百态,方算不负此生。

深慰我心。

【青衫落拓】

[壹]

淦江一夜大风雪,病热忽减身知寒。
晓闻饭香腹饥吼,生气自怪来无端。
同舟估客喜相贺,长年柁工心始宽。
我曾大小数十病,虽脱鬼手生则残。
有如老将身经百余战,遍体刻画皆疮瘢。
重经战处始长叹,孤军弱垒心茫然。

我思冥中亦岂厌狂客,几度得遣吟魂还。
或者天意忌作达,坎壈使识为人难。
否则山灵水怪夜深哭,畏我幽僻工雕剜。
明知无益聚为祟,汝曹再至真无颜。
我歌至此哑然笑,呼藤僵立行蹒跚。
推篷急欲看日影,风前独倚愁孤屏。
呜呼!
病而得愈且休叹,但恨失却半月船头山。

——《病愈作歌》

《病愈作歌》紧接前首,一扫抑郁低沉,病愈之后的振奋和欣悦见于行间韵脚。熬过了风雪之夜,终熬到了拨云见日之时。

又逃过一劫,数日来消耗掉的元气慢慢恢复。

这些时日,屡受病痛折磨,几番死里逃生,再没有人比他了解病中的忐忑心酸。

是他不该命终于此,前路崎岖漫长,仍要他摸索前行,接受考验。

是天意作弄吗?定要他身负其才其志而身受其苦。或者该感激病痛?让他体悟到随时可能死去的恐惧,因而有了体验真实的勇猛精进之心。

生命终止不是可悲的,可悲的是碌碌无为死去。感激这无常一次次擦身而过,清晰显现,让他生出"是日已过,命亦随减,如少水鱼,斯有何乐"的厌离心——是有怨仍无悔,要浪游人世间。

乾隆三十四年,十二月中旬左右,仲则抵达湖南,作《夜泊闻雁》《湘江夜泊》及《屈贾祠》等诗,篇篇俱为佳作。

独夜沙头泊,依人雁几行。
匆匆玉关至,随我度衡阳。
汝到衡阳落,关山我更长。
凄然对江水,霜月不胜凉。

——《夜泊闻雁》

三十六湾水,行人唤奈何!
楚天和梦远,湘月照愁多。
霜意侵芳若,风声到女萝。
烟中有渔父,隐隐扣弦歌。

——《湘江夜泊》

雀窥虚幄草盈墀,日暮谁来吊古祠。
楚国椒兰犹自化,汉庭绛灌更何知?
千秋放逐同时命,一样牢愁有盛衰。
天遣蛮荒发文藻,人间何处不相思。

——《屈贾祠》

这几首诗写伤旅之情，诗意新尖，其意其境不弱唐人。晚潮风势急，寒叶雨声多。湘楚之地水深岩峭，云烟苍茫绕孤崖，令人易发悲声，如仲则所言，"萧萧落木动微波，自古湘中有怨歌"。（见《湖上阻风杂诗》其一）

传说舜葬于苍梧，娥皇、女英哭夫，泪洒于竹，自投湘水。《九歌》有《湘君》、《湘夫人》，乐府有《湘中怨》，皆哀怨之辞。

往事余山色，流年是水声。惆怅从今客，经过未了情。自屈子沉江之后，言湖南已绕不开他去。昔年屈原既放，游于江潭，行吟泽畔；颜色憔悴，形容枯槁。渔父见而问之曰："子非三闾大夫欤？何故至于斯？"屈原曰："举世皆浊我独清，众人皆醉我独醒。是以见放。"渔父莞尔而笑，鼓枻而去，乃歌曰："沧浪之水清兮，可以濯吾缨；沧浪之水浊兮，可以濯吾足。"遂去不复与言。

仲则言"烟中有渔父，隐隐扣弦歌"即用其典。自屈原与渔父相遇之后，士人与渔父的角色互换也产生了，看不透辗转红尘为忠孝节义所缚的就是士人，看透了鼓枻而去江海寄余生的就是渔父。

湖海苍茫，我自逍遥垂钓，管是谁的天下，谁坐朝堂？又引出"清浊"、"醉醒"之辨，世皆浊时，独清也难，世皆醉时，独醒亦苦。从俗还是不从俗，各遂其志吧！

仲则自是不肯从俗的，他悼屈原和贾谊，字字句句，何尝不是在顾影自怜？"千秋放逐同时命，一样牢愁有盛衰。"怀古诗，说穿了，不过是借言他人事浇自己胸中垒块。

"天遣蛮荒发文藻，人间何处不相思。"他是自发自觉自动将自己归于屈原贾谊同道的,也就归入了怀才不遇为世所弃之流。其实,仲则算是很幸运的,远没有他自怜的那么惨。他所投奔的长官王太岳学识渊博,是一位宽仁待下的长者,对于邵齐焘的这位关门弟子,他是力所能及地包容关照。

饶是如此,仲则提笔还是幽怨绵绵。这首《春日楼望》便是明证:

> 一碧招魂水涨津,远山浓抹雾如尘。
> 忽风忽雨春愁客,乍暖乍寒天病人。
> 芳草远黏孤骑没,绿杨低罩几家贫。
> 天涯飞絮归何处,不到登楼也怆神。

天涯漂泊,人如飞蓬飘忽无定,不知何处是归宿,即使不登楼远望,心内业已凄怆,更何况登楼远眺?

王粲作《登楼赋》,赋中有言:"登兹楼以四望兮,聊暇日以销忧……心凄怆以感发兮,意忉怛而憯恻。"

王粲为建安七子之首,与曹植并称"曹王",也是一位有才无运、英年早逝的典型。他生逢乱世,到处迁徙流亡,作《登楼赋》时流亡生活已超过了十二年。功名未竟人将老,山长水远归途艰,念及家乡令人心悲。人都有怀乡思归之情,不得意时此心更甚。

荒洲古淑,断梗疏萍,更漂流何处?《登楼赋》想必很叫仲则心有戚戚。虽然王粲身在乱时,仲则生逢盛世,然,盛世的光芒,并没有照拂到他身上,青衫潦倒,前途难济,千古同悲。

乾隆三十四年,经过了康雍乾三代的苦心经营,清王朝的强盛已经达到某个高点。但所谓盛世,仍是某种虚妄构想。社会和个人现状的差异决定了没有绝对的公平,更不能保证人人衣食无忧。

[贰]

就在乾隆三十四年,距常州不太远的苏州元和县出了一个状元陈初哲,其人出身书香门第,传闻又风流倜傥,一表人才,三十三岁便蟾宫折桂,而仲则还挣扎在乡试的道途上,中举遥遥无期,跋涉在谋生的路上。

试看他游耒阳时,吊杜甫衣冠冢所作《耒阳杜子美墓》,便知仲则心中感慨积愤——

> 得饱死何憾,孤坟尚水滨。
> 埋才当乱世,拼力作诗人。
> 遗骨风尘外,空江杜若春。
> 由来骚怨地,只合伴灵均。

杜甫之死,人多谓是醉饱所致。《旧唐书·文苑传》载:"永泰二年,(杜甫)啖牛肉白酒,一夕而卒于耒阳,时年五十九……宗武子嗣业,自耒阳迁杜甫之柩,归葬于偃师县西北首阳山之前。"

江水涟涟，孤坟寂寂，屈贾祠也好，杜甫墓也好，都掩不了萧条冷落。"埋才当乱世，拼力作诗人"——仲则此言，我是不大认可的。他认为生当乱世，埋没了杜甫治国理政的才能，不得已，只好将全部心力用于写诗了，这是不准确的，表面是叹杜甫，实际上不如说是在叹他自己。

杜甫中年以后的际遇和他留下的诗篇，摆脱了世家子弟的骄傲和清高，很容易让后世寒士引为同道中人。实际上杜甫亦是世家子弟，他的祖父杜审言，是个狂傲到令人无语的人，因狂而开罪同僚，痛失其子，也秉性不改。

虽然后来家道中落，杜甫到底也曾有过白马轻裘的少年时期，底气是不弱的。他自称"性豪业嗜酒，嫉恶怀刚肠"，也曾做过种种使酒骂座的事。其实老杜性格不拘小节，简傲放达，不是拘谨小心之人。

读杜诗，会感觉深刻多于刻薄，期望多于失望，他的诗是醇厚而充满力度的，因他着眼的，不是一己的际遇悲喜。曾在朝廷短暂任职的经历，提振了诗人的信心，参与了国家管理，加深了他对政治的理解。有从仕经历的诗人，内心深处家国之心的凝聚力，与毫无从仕经历的人相比，还是有差别的。

即使后来远离了长安，杜甫依然以诗论政，以诗记史，虽贫贱以终，忧国忧民之心不改。将自身的命运与国家盛衰兴亡联系在一起，这份心胸已不是寻常人可比，这也是后人尊他为"诗圣"的原因。

杜甫后来的流离失所，更多是激发了他对寒苦的体验，加深了他对黎民的同情，对现实的思索；经历了安史之乱的忧患，历练了他的仁者之心。

我知仲则一定觉得,年年岁岁,前来凭吊的,无非是他这样的有心失意人罢了,他们是"傲骨铮铮,世所难容",这样想着,不免又高洁几分,心中更宽慰几分。他站在那里怀想前辈高人——忧生吊古,徒生寥落之感,又愿他们的精神如杜若春生,承继不绝。

如他自己寄友人(仇丽亭)的诗中所言:"忧生兼吊古,那不鬓星星。"屡试不第对自负其才的仲则打击是巨大的,他屡次表达了对现实和科举的失望,却又不甘心就此罢手。这是他一生纠结的根源。

不甘心,是多么委屈的词。

我甚为喜欢他在湖南时写给洪亮吉的两首《寄洪对岩》——

霜雪天边首重搔,君诗读罢诵离骚。
湘江一夜浪头白,苦竹三更猿啸高。
摇落只伤王粲目,风尘谁解慕容刀。
无才愧我长沙客,忆煞东吴旧酒豪。

——《寄洪对岩》(其一)

南冠学戴竟何心?落日登临怆别深。
岳麓天高归雁急,苍梧野尽暮云沉。
江山惨淡埋骚客,身世凄凉变楚音。
昨梦湘灵烦寄语,此间千载待君吟。

——《寄洪对岩》(其二)

不知洪亮吉收到此诗时是何感受,反正我看了是心惊。他虽豪情不减,奈何红尘蹉跎。展信读来,竟无一语是祥的,简直是向死而生,叫人想安慰都无从安慰起。

这样的诗,不是平安家书,想来他也只敢寄给稚存,对他倾吐心中悲怨。

不堪无酒夜,回首梦烟波。这乾隆盛世在他看来,是江山惨淡,直如败絮,风吹吹就散了。这么多人行走在世上,而他却觉得无处容身。

闲看人间得意人、少年狂生,敢骂朝纲不振,天地不仁。然而,对国事有看法和见解,与是否有治国理政的才能是两回事。

能力如支票,只有兑现了才有用。

仲则乡试不第,是否就意味着朝纲混乱,人心不古呢?我想大可不必作如此极端论断。他不中举,有人中举,他不能为官,有人为官,官声还不错(譬如此时的陈初哲,譬如日后的洪亮吉),他这般牢骚满腹只能证明他天生不适合科举,不适合为官。

这里还有一首《把酒》——

把酒意如何,深宵幽感多。
春心怜径草,生意抚庭柯。
名岂身能待,愁将岁共过。
由来著书愿,禁得几蹉跎。

见他在感慨,说着杰出的人,生前多坎坷,死后才能成名("名岂身能待,愁将岁共过");又在伤感自己著书立说传世的愿望几经蹉跎("由来著书愿,禁得几蹉跎"),我不禁叹气摇头。

其实他在王太岳幕府中度过了一段相当闲逸的时光。其间,他借着幕客的身份在湖南一带游历,登衡山,泛舟彭蠡,游洞庭,涉匡庐,几乎走遍了湖南各处,诗是作了不少,要说他对本职工作有什么贡献,那是可以忽略不提的。即便如此,王太岳还每每称赏他的诗作,待他着实不薄。

以他这样孱弱的身体和散漫的心性,即使有机会入仕为官,又岂能对他有过高期待?我理解他,置身颠沛中,必须找到聊以安慰的理想来支撑未来。但我不同情他。

若怪世道纷乱,他的处境比之王粲如何?彼时豪强割据,中原遍地烽烟,才真正是朝不保夕。就算是归附强者,也保不准何日命丧他乡。

困住人的,是命运吗?还是我们对命运的误解?心不能御外物,终被外境所困。我不讳言仲则性格上的失败,他看世道不顺眼,世道又岂能轻易叫他如意?

如仲则自己所言:"湖山本是君家物,风月翻添客里愁。"这一路漫游,见山川如诗,河流如歌,恣意昂扬,虽于仕途无寸进,对诗风转捩却有极大助益。

山河无主,江山有思,采风观土,固有新奇之趣,然胸中块垒不能因眼界拓宽而纾解,是他的一大局限,一大悲。

又想起李义山诗:"贾生年少虚垂泪,王粲春来更远游。永忆江湖归白发,欲回天地入扁舟。"

——若觉世已醉浊,不耐久耽,何妨隐身山林,著书立说,耕三寸心田?若嫌世无知己,又何妨笑对人言,拂衣而去,将寂寥深藏?

【清梦难寻】

[壹]

风亭月榭记绸缪,梦里听歌醉里愁。
牵袂几曾终絮语,掩关从此入离忧。
明灯锦幄珊珊骨,细马春山剪剪眸。
最忆濒行尚回首,此心如水只东流。

——《感旧杂诗》(其一)

而今潘鬓渐成丝,记否羊车并载时。
挟弹何心惊共命,抚柯底苦破交枝。
如馨风柳伤思曼,别样烟花恼牧之。
莫把鹍弦弹昔昔,经秋憔悴为相思。

——《感旧杂诗》(其二)

柘舞平康旧擅名,独将青眼到书生。
轻移锦被添晨卧,细酌金卮遣旅情。
此日双鱼寄公子,当时一曲怨东平。
越王祠外花初放,更共何人缓缓行。

——《感旧杂诗》(其三)

非关惜别为怜才,几度红笺手自裁。
湖海有心随颖士,风情近日逼方回。
多时掩幔留香住,依旧窥人有燕来。
自古同心终不解,罗浮冢树至今哀。

——《感旧杂诗》(其四)

"风亭月榭记绸缪,梦里听歌醉里愁。"——仲则的杂诗,无论是言情还是抒志,都让人感慨暗生,有不忍释卷之感。

这组感旧杂诗,毫无意外是追忆当年恋情的,先叫我想起《两当轩集》里初露情意的五绝《别意》——

【清梦难寻】

别无相赠言,沉吟背灯立。

半晌不抬头,罗衣泪沾湿。

这诗中离情满满,思情俨然。年少的人,陡然看到这样的诗,若是触动心肠,会忍不住心伤落泪吧!年长的人,心头亦会泛起几丝惆怅、嗟叹……

谁没有经历过离别?越是深爱的人,临别一刻,所能付之于口的话越少。是觉得两心相照,又觉得言浅意深,千头万绪。

以为有些话不说出来,也能明白。谁知道有时候,就没有以后了。

临行意迟迟,就算是絮语密密又如何?这誓言的网,挽得住你的心,挽不住你的脚步,你我终归各奔天涯。

"而今潘鬓渐成丝,记否羊车并载时。"这是说经年之后,清梦难寻,忆起旧事,不胜唏嘘。

大约在仲则十七岁的时候,他离开常州老家前往宜兴氿里继续攻读。据说,寄居在氿里的姑妈家的他,爱上了自己姑母家的婢女,也有说表妹。此女在他心中,是娟秀明慧、万般可人的,"明灯锦幄珊珊骨,细马春山剪剪眸"即是赞其美貌,纤柔动人。

他二人两心相许,可惜有缘无分,一个嫁作他人妇,一个另娶别家女,这一段未了的感情,成为他心中抽丝剥茧的隐痛。

大约在他后来浪迹江湖时,还有过几段露水情缘,对方是颇有才情的歌妓。不得不提的是,黄仲则年少清俊,论者称其"美风仪,立俦人中,望之若鹤","风神玉立,世比叔宝。年未弱冠,所撰小赋新诗,已有烟月扬州之誉"。

此言或者过誉。反正我单看纳兰的画像,是不能怦然心动的,仲则的长相,大抵距此不远。但若言其清俊,气质忧郁脱俗,应该是合理的。除却诗词,仲则亦通书画音律。这样鹤立鸡群、落落寡欢的少年才子,赢得几位少女的芳心,大抵是不难的。

清俊、忧郁、有才的男子容易引起女子的注意、悯惜、爱慕,他们也敏感、多情,容易与女子产生情感上的呼应。

那些曾经邂逅的女孩,成为他生命中重大而婉转的秘密。我不认为他的情诗(《感旧》《绮怀》等等),是写给某个特定的女孩的。这些感情的经历,这些女子的形象,最终沉没在他的生命中,融会成一个模糊而鲜明的形象,成为他诗词中常见而不可复制的记号。

他纪念她们,追寻情感的踪迹,写下她们。然而,在他落笔之后,她们已不再是她们。

最终,诗歌成为他内心的供词,并不能通过考据去对应某个人、某件事。

男人善忘,是豁达也是无情,他们通常不太会记得和某个人相处的过程和细节,不要奢望他们的记忆系统和女人一样精确缜密。对男人而言,能有情有义,心存留恋,将深情延续已属难能可贵。

再来看《花前曲》两首——

巡檐花满地，倚栏香留枝。

看花易肠断，攀树最相思。

——《花前曲》（其一）

水流既入海，月缺能重圆。

花落树犹在，花前人可怜。

——《花前曲》（其二）

这两首《花前曲》很有古乐府歌谣的情致。乐府歌谣看似浅白，然则赋、比、兴深藏；要想写得自在，不露形迹其实不易。

这两首诗写别后相思，看花望月，无不伤怀。回忆是白色的梦田，他擅长回忆，热衷回忆，辗转流浪其间，乐此不疲。

[贰]

前情述毕，才切入这篇的正题——开篇所引《感旧杂诗》（四首）。

这四首诗语意时轻时重，韵律自成，情意跌宕起伏，如山路折转，引人入胜。看他娓娓写来，有时，我会想，遇着这样的人，也许就是上天给那些埋没了名姓、形影的女孩最后的一点暖意和慰藉，即使这完成并不在当时，亦不为她们所知。

单看这些言语所绽放的动人情意，是会让年方少艾的人心生期待,奋不顾身的。情爱暗藏锋锐,磨人、伤人恰是不动声色,深可见骨的。

那年遇见,得你青眼相看,温柔照料,一双璧人,以为可以携手相伴。你曾表示愿随我湖海漂泊,做一对同命鸟。不料风波迭起,你我最终离散。当年被你称美、为我自负的才华,而今想起,原来不值一文。

近来接到你的书信,不再怨我浪迹流离,只愿我安好。我感慨甚于旧时,却也于事无补。

往昔良辰好景,如今只能在梦中照会。

在某些路口,认清彼此的难处和软弱,不再奢求对方给予,所有的约定都作废。曾经期许的结局,并未得到。

世间的路有千万条,你我也不能再同行,再好再好的时光,身边相伴的人,也不再是彼此。

我不是你的归宿,你也不是我的归途。

有些人注定不会遗忘,彻骨的惊动后,仿佛不期路过的风景,确然地消失在彼此的生命中,再不相见,再难相见。

"自古同心终不解,罗浮冢树至今哀",如那隋人赵诗雄于罗浮山间醉倒,梦中与美人的相见相亲,醒来见月落参横,惆怅万端。我与你的缘分也是如此清浅吧!

韶华渐逝,尘缘似水,遗憾我依然未能心如止水——

为了忘记你,

你们,耗尽了一生岁月、心力。

"湖海有心随颖士,风情近日逼方回"亦是有典故的。颖士,指盛唐散文家萧颖士,他才高博学,作为唐代古文运动的先驱,知名于当时,但其性情暴躁,喜怒无常,相当难相处。他有一仆人,每每遭他毒打,遍体鳞伤。有人不忍,便劝这个仆人,离开他另寻出路。仆人说,我不是不知道这个道理,是我爱慕他的才华,羡慕他博大精深的学问,所以甘愿留下。可惜,这位爱才的仆人,最终还是被暴戾的萧颖士给打死了。

　　我突然想到这个典故,有些说不清道不明的难过。仲则在此处引用此典,当然不是说自己性格暴躁,导致当年分手,而是说,当年的这位(些)女孩也爱慕他的才华,表示愿意和他一起湖海浪迹。

　　仲则在诗中以贺铸自比,谓自己风情大减,称唯有写断肠词句的功力见深。

　　贺铸最为人称道的《青玉案》这样写道:"凌波不过横塘路,但目送,芳尘去。锦瑟年华谁与度?月桥花院,琐窗朱户,只有春知处。飞云冉冉蘅皋暮,彩笔新题断肠句。若问闲愁都几许?一川烟草,满城风絮,梅子黄时雨。"

　　对诗人而言,女子芳踪难觅,有时只是引发人生感慨的"比"。他们真正在意的,是心中无端的愁绪。就像贺铸在妻子死后所写的悼亡词,其实真正在意的,是伊人去后,自己的孤单和寂寞。

　　难以承托无助和孤独,必须如水滴般坠落下来,这是促使他们写下断肠句的原因。仲则的感旧诗,亦中此意。

　　人的一生能够觅得良伴,得到一份无亏无欠的感情,这样的机会弥足珍贵。即使有此机缘,亦需要长久的包容和扶持。很多人在持久的考验中败下阵来,溃不成军,进而显露出性格中残损的部分,相互诋毁、伤害,不遗余力。

——所以在仲则诗中看见这些关于旧事的记忆,我是有感的。触摸到一颗温软的、不肯老去的灵魂,心有遗憾,心存暖意,坦然相告。

感念这坦诚的纠结,执着的诗意。

大多数感情都短暂而有憾。因有憾而铭感五内,恰是因此方能得到完满的可能。只是伤害会叫人退惧,转而心存戒备、敌意森森,难以领会、了知这因缘形成的内在深意,放弃这实践和考验。

比之疏离,亲密之后的失落,叫人更痛不可当,难以承担面对。

不断地相遇,告别。一次次擦身而过却不肯放弃,意图捕捉生命中嶙峋可辨的温暖,不甘淡忘、放下情爱的甜蜜,饮鸩止渴,甚而以之傍身,即使后来知道,那只是自己的幻觉。

在思忆中辗转,甘愿承担周而复始的痛楚。缱绻前情,成为仲则一生未能摆脱的枷锁。

【吾心悠悠】

[壹]

　　在湖南时,仲则遍游各地,登临怀古,作了不少诗。除了前篇提到的一些,还有《过马氏宫址》(四首)、《岳阳楼用杜韵》、《登衡山看日出用韩韵》、《黄鹤楼用崔韵》等。
　　马氏是五代十国时盘踞湖南的一个草头王。马殷,建楚国,都潭州(今长沙),传五君,为南唐所灭,可见其弱。若不是仲则的怀古诗,我都懒花笔墨述及。

我私心甚爱仲则的咏史诗,所以读到总忍不住要来说一番。仲则的《过马氏宫址》组诗,我较欣赏其三:"才从宫树听啼乌,旋见荒台叫鹧鸪。不用官家亲饮马,一鞭已塞洞庭湖。"其四:"长驱红粉出荆关,旧日承恩数阿蛮。老大飘零人不识,月明低唱望家山。"

我喜欢这种笔法,没有刻意的宏大,仿佛这一路旅程,行行重行行;写风光人情,也不过是即兴拾捡,随意联想;说前朝烽烟,则另有一种哀矜。

人言"人事有代谢,往来成古今。江山留胜迹,我辈复登临"——怀古诗、咏史诗包括边塞诗,是诗人自然和历史观的呈现,通常以小见大,举重若轻。

仲则此诗即是以小见大、举重若轻的典型。从宫树、乌啼、荒台、鹧鸪、旧时宫女的落魄着笔,这些本是秾华极盛时亦被人忽略的,此际用来反衬繁华落尽后的空寂衰败恰得其味。马氏本不是什么有为之君,被历史淘汰也是自然,此番有诗意营造,却多了几分叫人唏嘘的情味。

且此诗笔法意境颇得唐人风旨,全诗以物见人事,不着痕迹,亦不自行揣度、论断,诗尽唯余淡淡惆怅,恍如月夜听隔江商女唱曲的清婉。

人事沧桑,朝代轮转,诸般世事尽在不言中。

仲则在湖南登岳阳楼,依杜甫《登岳阳楼》之韵,作《岳阳楼用杜韵》——

【吾心悠悠】

独客尽吴楚,浩然登此楼。

三巴平槛落,七泽与身浮。

寂寞金庭曲,飘摇鄂渚舟。

登临幸无事,有泪不须流。

杜甫的《登岳阳楼》诗云:"昔闻洞庭水,今上岳阳楼。吴楚东南坼,乾坤日夜浮。亲朋无一字,老病有孤舟。戎马关山北,凭轩涕泗流。"

代宗大历三年(768),垂垂老矣的杜甫离开夔州,辗转返乡途中,经过洞庭湖边。这年他已经五十七岁,知交零落,亲友离散。年老体衰的他登上岳阳楼,极目湖山,见山河半衰,毕生壮志已无力再续。此时吐蕃又扰宁夏、陕西一带,战端再起,老诗人忧国忧民之心不减,念天下苍生终日无宁,遂有此登高感怀之作。

宋人范致明的《岳阳风土记》载:"城据湖东北,湖面百里,常多西南风,夏秋水涨,涛声喧如万鼓,昼夜不息。漱齿城岸,岸常倾颓。"

自来写洞庭湖、岳阳楼的赋咏甚多。孟浩然亦有"气蒸云梦泽,波撼岳阳城"的名句,公平论之,仍以老杜此篇最胜。"吴楚东南坼,乾坤日夜浮"以地理之浩远写洞庭湖之广阔,含宇宙浩瀚变化之理,写景之外更写兴象,此诗之动人在于极悲凄中犹有振起之意,不因一己之潦倒而舍观照天下苍生之心,气象之大,心胸之广,横绝古今。

对比两诗可知，仲则的诗承杜诗之韵意而来。

诗歌的组成大同小异，要避免单调、重复殊为不易，好在，它的组合又暗藏无穷变化。每个人的感受都有即时性，当下的明心见性就有不可取代的弥足珍贵之处——语言无法表述完满，文字却可记录翔实。

就气象与气势来说，仲则的诗不逊于杜诗，对于后辈来说是难得的。毕竟老杜的浑厚不是人人可学的，稍有差池便显得浮夸轻薄。杜诗更见沧桑感怀，有经历世事后的无言厚重，而仲则诗沉吟之间，暗自偏于李白的洒然，亦有年轻人的不灰心。

化用前人诗句，自抒新意，不见生涩陈旧，气韵自成，这是他学前人，又超越前人的地方。

岳阳楼为三国东吴所建，自范仲淹写《岳阳楼记》之后，后世士子再登岳阳楼时便有了不一样的感怀。范文正公云："不以物喜，不以己悲，先天下之忧而忧，后天下之乐而乐。"又云："居庙堂之高则忧其民，处江湖之远则忧其君。"

物之情乃由人赋予，自范文正公赋予此楼"忧国忧民"、"修齐治平"的精神之后，此楼便与中国士子的理想联系在一起。所谓"士志于道"，士是属于传统中国的，从仕也好，退隐也罢，只要真正受过儒家思想的熏陶，属于这个阶层，就不可能轻易摆脱这种精神的影响。

在儒家思想日渐消退、淡化，道家和佛家日益从俗的今日，要寻得一种普世的信仰殊为不易。

缺失了精神支撑和引领，今人谈论时事，是愤多于忧，底气不足的。古人那种为古今旧事、天下苍生无端生愁,怆然泪下的真切情怀,在今人的笔下再不常见,即使有也成了隔靴搔痒,乏善可陈。

杜甫也好,仲则也好,这些登楼远望的诗人,悲哀也好,失意也罢,都有一种憔悴的优雅,将纯粹强劲的情感、深沉的渴望,存留在时光中,待后人检阅。

仲则在王太岳幕中待的时间并不久,大约是在乾隆三十四年十二月抵达,离去则至迟在乾隆三十五年秋试之前。其后他从湖南取道湖北武昌,顺江东归,参加江宁秋试,而后返家。

[贰]

他在湖北登黄鹤楼时,留下另一首名作《黄鹤楼用崔韵》——

昔读司勋好题句,十年清梦绕兹楼。
到日仙尘俱寂寂,坐来云我共悠悠。
西风一雁水边郭,落日数帆烟外舟。
欲把登临倚长笛,滔滔江汉不胜愁。

黄鹤楼旧址在今湖北武昌蛇山黄鹤矶上,传说有仙人子安乘鹤经此(一说是三国蜀费祎在此乘鹤登仙)。此楼与湖南岳阳楼、江西南昌滕王阁并称为"江南三大名楼"。

今之黄鹤楼早非昔日之黄鹤楼。黄鹤楼的原址被长江大桥所占,且目前的所在地比原址高出一千多米。这座雕梁画栋、气质村俗的"新黄鹤楼"是1984年重建的产物,像其他徒具旧名的赝品一样,庸脂俗粉气甚重,连借尸还魂都谈不上;存在的意义只是让我们这些自幼受诗词浸染的人,有个以假作真,凭吊兴叹,看完好了却夙愿的地方罢了。

关于黄鹤楼最著名的诗篇,当数崔颢《黄鹤楼》:"昔人已乘黄鹤去,此地空余黄鹤楼。黄鹤一去不复返,白云千载空悠悠。晴川历历汉阳树,芳草萋萋鹦鹉洲。日暮乡关何处是,烟波江上使人愁。"

黄鹤楼因有仙人乘鹤而去而名闻遐迩,崔颢不知他自己在写下此诗的同时,也成为了另一个传说。

相传此诗曾令李白搁笔,曰:"眼前有景道不得,崔颢题诗在上头。"转而另作一首《登金陵凤凰台》:"凤凰台上凤凰游,凤去台空江自流。吴宫花草埋幽径,晋代衣冠成古丘。三山半落青天外,二水中分白鹭洲。总为浮云能蔽日,长安不见使人愁。"

在传世佳作面前,诗仙都要自叹弗如。可见,步韵名作,翻写绝唱,需要极强的自信和才气,而仲则,二十二岁的黄仲则,在诗才方面,不单具有这样的自信,亦具备这样的能力。

再来细赏此诗。起句道明对黄鹤楼的情结由来已久,正是源自崔颢的诗句。

"到日仙尘俱寂寂",是说,我到来时,仙人已经杳然无踪,连游人也少见。仲则诗中关于"仙尘"二意的运用极见灵气和风格。前有"仙佛茫茫两未成"之叹,已叫人过目不忘。此语暗言世景沉坠,

"寂寂"二字已令人默然回味。

"坐来云我共悠悠。"——此句步韵历来受评家赞赏。梁章钜《浪迹丛谈》中有载:"凡作诗次前人名作之韵最难,在京师时尝与吴兰雪谈诗,兰雪谓:'黄仲则《黄鹤楼》诗必次崔颢韵,为胆大气粗,且"悠"韵如何押得妥?虽以仲则之才,吾断其必不能佳耳。'适架上有《两当轩诗钞》。余因检示之,兰雪读至'坐来云我共悠悠',乃拍案叫绝曰:'不料"云"字下但添一"我"字,便压倒此韵,信乎天才不可及矣。'"

两位诗评家,讨论步前人名作韵之难度,谈及黄仲则所作的《黄鹤楼》,先是以常情断之不佳,因为"悠"字韵最难押。随即翻出《两当轩诗钞》来看,惊见诗中有"坐来云我共悠悠"。"云"后用"我"字,出人意表,不单韵顺,意亦顺。遂拍案叫绝,叹其天才不可及。

"坐来云我共悠悠",言白云悠悠,亦是言身世悠悠,两者自然交融。云我悠悠,默看尘俗,似有心,似无念,杳杳有仙人之姿,这一句,颇具阔大和高蹈的意味,与太白的"相看两不厌"遥遥相应。

下一句"西风一雁水边郭,落日数帆烟外舟",由心中思切换到眼前景,既传承了羁旅愁思,亦使诗整个落到实处。

结句"欲把登临倚长笛,滔滔江汉不胜愁"亦取旧意,非是仲则才力已尽,不能翻出新意,乃是这样结笔更见传承。有些事在时光中有改变,有些情绪则不需要改变。

汉代马融居平阳时,听客舍有人吹笛甚悲,因思念洛阳亲友,作《笛赋》。李白有诗云:"一为迁客去长沙,西望长安不见家。黄鹤楼中吹玉笛,江城五月落梅花。"(《黄鹤楼闻笛》)又有《春夜洛城闻笛》诗:"谁家玉笛暗飞声?散入春风满洛城。此夜曲中闻折柳,何人不起故园情。"——迁客之思,故园乡情,此中情致可与仲则诗互证。

此诗写登楼之愁,虽也言愁,整体感受却不沉重压抑,亦不受"愁"字局限。"清梦""西风一雁""落日""长笛""滔滔江汉"这些词语意象的运用,使得全诗格调明亮,出尘离俗,气势斐然,与天地万物一体,脱离了小悲小怨,善将悲怆幽怨与潇洒俊逸结合的特色,正是其诗佳处所在,也是黄仲则之所以成为黄仲则的原因。

仲则的《黄鹤楼用崔韵》兼具崔颢的清旷和李白的豪逸。得其一者已是不易,两者兼得真是叫人叹服!如此诗才,自唐以后已颇不多见,难怪袁枚闻黄仲则殁后,有"叹息清才一代空"之叹。

可惜,有诗才未必是入世之才。

康乾之世,经学考据盛行,文人均以经典研究为重,乃至于将经学入诗入词,道学气甚浓,蔚然竟成一时风尚,与仲则的诗歌创作态度有本质的背离。

身处门户之见颇深的清代,仲则虽能力排四家诗说之影响,又能摒除宗唐宗宋之别,形成自己的诗歌风格;然,游离在主流之外,以诗见性情,凡此种种,对其入仕,或多或少会有些阻滞。

他又不似纳兰,相国公子,清平富贵,即便不是主流也受人追捧。这样想来,仲则凭栏远眺时的不胜愁,更多了些不足为外人道的悲哀。

我还喜欢他写于镇江的《登北固楼》——

【吾心悠悠】

振衣直上最高楼,吴楚青苍一望收。
此地山形常北顾,千年江水自东流。
乾坤莽莽鱼龙气,今古愔愔花月愁。
不尽狂澜走沧海,一拳天与压潮头。

这首诗将豪情和愁情的界限打破,振衣登楼,放眼河山,大有振拔之气。作为一个不世出的诗人,他既然无缘生于唐宋,就必须面对才华所带来的格格不入。

孤独,是上天的考验,亦是他必须独力负担的原罪。他所仅余的自尊自傲,无非是,将心意付诸笔端,执着地写下去,直到生命终结。

【倦鸟归林】

乾隆三十五年秋,仲则自湖南返回,七月参加江宁秋试,又落第,遂返常州老家,至乾隆三十六年春才又出门另谋出路。

他回来了。满身风尘,最初的浪漫和热情,已被消耗殆尽。心里的倦怠失意又怎么能跟最亲的人倾诉呢?越是亲近,越是阻离。他是她们最大的指望,是这家庭的支柱。男人的自尊决定了他不可能彻底坦白自己的失败。

"作客如在家,在家如反客",这是他自己的话。她们是他的亲人,却不是他的知己。隐匿了风霜劳碌、浪荡流离的痕迹,他状若无事地回来了。纵然有诸多不如意，在她们面前，也只能轻描淡写，把不能流露的软弱、难过通通付诸诗笺。

他回家时是秋日，所以作了《新凉曲》——

闻道边城苦，霏霏八月霜。
怜君铁衣冷，不敢爱新凉。

这首诗仿古乐府，以思妇身份写其怀念远在边城戍守的丈夫。明写思妇，暗写自身。他的愁思蓄于笔端，需要换一个身份来表达。

思妇因念及远在边城的戍夫而不敢贪爱新秋的凉意，仲则是因家境清寒，不敢贪爱新凉。秋天给他的感觉，更多是紧迫和忧虑，因转眼即是冬日，生计堪忧。

我心中凛凛，有悲意，挥之不去。因成长至今确然没有为生计发愁，受奔波之苦，我实不知那寒苦降临的真实滋味，说来总有纸上谈兵的乏力。

仲则的诗，如一面清楚分明的镜子，让我看到，世间还有一种穷困潦倒之悲，就像如今看到那些贫困失学儿童的照片，心中的触动——为自己不知人间疾苦而羞愧。

仲则的诗为我呈现世界的另一面，真实而残酷。我在矛盾和思索中写下关于他的文字，和评《饮水词》的状态完全不同。

面对容若时的感觉，好比看着贾宝玉在怡红院里闲坐生愁。你能理解他的惆怅，也为他纠结，但却不消担心太多，因为他的生活是平定的,不平定的只是内心。

面对仲则时是担忧,他的诗读得愈多愈生忧患。他是内外俱不安宁。内在一直试图超越命运的阴影所带给他的压抑,外在从未获得对等的机会。少年的壮怀激烈,意气风发,曾经龙腾虎跃之心,被现实压制,时时泥足深陷。

观望他含辛茹苦、起伏不定的一生,悲凉和无奈早早地降临在他身上。

时间对他意味着什么呢?命运对他意味着什么呢?落花流水,难以逆转,叫人心灰意冷。

时间很快到了重阳,他又作《重九夜偶成》——

> 悲秋容易到重阳,节物相催黯自伤。
> 有酒有花翻寂寞,不风不雨倍凄凉。
> 依依水郭人如雁,恋恋寒衣月似霜。
> 差喜衰亲话真切,一灯滋味异他乡。

此诗晓白流畅,前六句调意甚为凄婉悲怆,末句转言亲情可贵,真切感人。仲则诗时时转承,每每由明剥离出暗,再由暗照见到明,如昼夜轮转,光明磊落。

离家之后,独自在外的坚持和颠沛,难与人言。有时希望的,不过是家人在身边,听见屋里时时有细微琐碎的声响,忙碌之后,可以围坐在一起,灯烛话夜凉。

母亲和妻子都是他牵念的人。但当他真正面对她们时,这温情又变成一堵坚硬的墙,无法推动,无法突破。她们是劈面相对的镜子,叫他无所遁形,让他如实看见生活的细碎、寒苦、艰难、疲惫,以及温情。

在生活的层面,他与她们患难与共,难分难舍。在思想的层面,他又天然地超越她们,无法交流、靠近,保留着天生的距离感和空虚。

有些内心的波动注定孤僻而汹涌,形同印记。可以被触摸,却无法被传达;可以被分享,却无法被彻底理解。

能够被语言传递的,人能够共识的,始终只是一些共同感受理解的部分。

每个人的内在,总会有一部分只能自察、自知。

重阳之后,秋意见深,转眼就是冬日。仲则又作《骤寒作》——

秦岁首后七日夜,五更不周风发狂。
殷山万窍拉枯木,压地径寸堆酸霜。
千门猬缩尽嗟息,声薄冷圭成白光。
去冬途中敚黑貂,今秋江上典鹔鹴。
多年衣絮冻欲折,气候有尔自不妨。
富人一岁独苦暑,窭人四时惟畏凉。
渐愁空墙日色暮,豫恐北牖寒宵长。
谁将彤云变狐白,无声被遍茅檐客。

这首古风,写当年农历十月间的一次降温骤寒。前六句言西北风大作,转眼寒霜遍地,叫人骨冷。风大天寒,日光不暖,贫寒人家只能畏缩不出。

农历十月之后,寒意渐深,要到来年春日才见和暖。富贵人家自是锦帐貂裘,玉壶酒暖,不消担忧,大雪清寒更是有助雅兴,别有诗情。无论是谢家子弟的"未若柳絮因风起",还是大观园中脂粉香娃割腥啖膻,琉璃世界白雪红梅,芦雪庵争联即景诗,种种雅趣,皆成风流,引人叹赏。

赏心悦目,却是因人而异。对乌衣巷边大观园外的穷人寒士来说,饥寒交迫生计堪虞的冬日,无疑是一年中最难熬的时日。仲则说"富人一岁独苦暑,婆人四时惟畏凉"——真是一语道破世情。

富人怕热,穷人畏凉,非是人有别,差异在环境不同。"去冬途中敝黑貂"用苏秦事泛说乾隆三十四年旅途之困顿,其志难抒。"苏秦之说秦王,书十上而说不行,黑貂之裘敝。"(《战国策》)

"今秋江上典鹔鹴",司马相如返成都,居贫愁懑,以所着鹔鹴裘就市人阳昌贳酒,与文君同饮。仲则用司马相如事拟说自己乾隆三十五年顺江东归时无钱沽酒的事。虽无鹔鹴裘,亦无文君相伴,豪情心性却是相似的。

这两个典故虽言艰窘,却不损豪情。苏秦和司马相如都是性情豪放,后来得遂其志的人。仲则喜用这类人的典故,表达自己处境寒微、不堕青云之志的心气。

"多年衣絮冻欲折,气候有尔自不妨"——衣中棉絮因多年穿着而变硬,已不能保暖,冷得仿佛可以折断。未寒时典当冬衣度日,寒冷时却无御寒衣物,看到天气骤变就忧虑,此句直用杜甫《茅屋为秋风所破歌》"布衾多年冷似铁,娇儿恶卧踏里裂"之意,丝毫不觉生疏。似这样的句子,没有真实生活体验是想象不到、写不出来的。

"渐愁空墙日色暮,豫恐北牖寒宵长"写冬天昼短夜长,夜间更冷,枯卧北窗之下(背阴的房间),苦于寒宵难捱。依然是写贫寒之人穷愁无计之态。

此诗的前十四句都用阳韵,至末了二句突然转入声韵,作变徵之声,是为适应情绪突变之例。

"谁将彤云变狐白,无声遍被茅檐客",是说,谁能将阴云变成温暖的狐裘,遍及贫寒之人呢?此句亦与杜甫《茅屋为秋风所破歌》"安得广厦千万间,大庇天下寒士俱欢颜"意旨相同。

清贫和寒酸是底气截然不同的两回事。仲则的诗,只有在写到家境生计时才会流露出情非得已的愁虑、窘迫。他本质不是窘迫拘谨的人。

即使是在如此困顿的情状下,他所思所想,依然不囿于一己之悲,想到的是天下同此境遇的人。这种仁者之心,是与杜甫一脉相承的。仲则在家时,作了不少诗,气势高迈,文辞出众者不少。这首诗最为打动我,原因正在于此。

若论诗歌技巧,当然也有独到之处,这首诗用写实的语言,写寒士窘境。大量运用俗语、俚语,极平易,极自然,又不失奇警。正如张维屏《听松庐文钞》所言:"可谓众人共有之意,入之此手而独超;

众人同有之情,出之此笔而独隽。"评点可谓精当。

从诗中感受光阴和季节的变动,那时正值乾隆三十五年冬,距我有两百多年。

沉寂的时光和微妙起伏呼应的心境,是我们这样素不相识、亦无可能相见的人之间,维系的唯一线索。

古往今来,天下寒士何其多!大抵是不遂愿的多,遂愿的少,即使是后来功成名就的,早年亦不少蹉跎磨砺。

贫不失志,富不忘忧。由仲则诗照见寒门士子之悲,了解这些人的处境和心意,是我写这本书的立意之一。

【别亲之悲】

黄仲则的诗,在风雨飘摇的时代,拥有为数众多的读者。瞿秋白早年在叙述家庭的穷困生活时说:"想起我与父亲的远别,重逢时节也不知在何年何月,家道又如此,真正叫人想起我们常州诗人黄仲则的那句诗来:'惨惨柴门风雪夜,此时有子不如无。'"

后来他在赠送给友人的一首诗中,再次提到黄仲则:"词人作不得,身世重悲酸。吾乡黄仲则,风雪一家寒。"对黄仲则的深切同情,溢于言表。

"此时有子不如无"与"百无一用是书生"一样,几百年来口耳相传,几成俗语,引无数人感同身受,其语质朴,其意凄恻,难以尽述。

说实话,瞿秋白这两段轶事,寥寥数语,比郁达夫写黄仲则的小说,给我更多的触动。瞿秋白亦为常州人,对黄仲则较其他人更熟悉几分。

瞿秋白亦体弱多病,自幼刻苦攻读,虽出身官宦世家,因父亲是名士做派,不置产业,懒理家计,受亲友接济资助度日,经济条件也算不得上佳。

随着为官的亲长亡故,家道日益窘迫。早年他随堂兄北上北京,欲报考北大,因付不起学膳费而作罢。参加普通文官考试未录取,于是考入外交部办的免费入学的俄文专修馆,学习俄文。

撇开他后来参加革命的经历不谈,他早年的身世际遇,很有几分类同于仲则。同样的经历所带来的体验是深刻的,所以瞿秋白论及黄仲则,更加真切可感。

在我读来,《两当轩集》中的情绪在《别老母》《别内》《幼女》《老仆》等诗之后达到情感的第一个高点。

搴帏拜母河梁去,白发愁看泪眼枯。
惨惨柴门风雪夜,此时有子不如无。

——《别老母》

几回契阔喜生还,人老凄风苦雨间。
今夜别君无一语,但看堂上有衰颜。

——《别内》

【别亲之悲】

汝父年来实鲜欢,牵衣故作别离难。
此行不是长安客,莫向浮云直北看。

——《幼女》

飘零应识主人心,仗尔锄园守故林。
数载相随今舍去,江湖从此断乡音。

——《老仆》

这四首诗分别写给最亲近的母亲、妻子、幼女、老仆,一气读之,让人心中揪痛。文学创作中,写亲情家人的主题最易得,却最难,正是所谓众人同有之情,共有之意。要超拔于众,又真切可感,确是不易。

记忆深刻的,除却潘岳、苏轼、纳兰的悼念亡妻是诗词,论及家庭亲情的文章,大抵都是散文。如韩愈悼念亡侄的《祭十二郎文》、归有光悼念亡妻的《项脊轩志》、袁枚的《祭妹文》、沈复的《浮生六记》,且大多是写在亲人亡故之后,仿佛思念才可沉淀情感,宣泄出平素掩盖深藏的感情。

这些都是真情实感,叫人感而下泪、脍炙人口的文章。

仲则长于诗,以诗写亲情比散文更难,要精于收敛、提炼。在我历年所读诗词中,少有如仲则这般写亲情、写贫寒如此平实惨痛、细腻可感的。多数人心里想得真诚,一旦提笔写来,还是不免粉饰、美化。唯仲则肯将与亲人分别、难舍难言的情状,内心深深的负疚,不加掩饰地写出。

乾隆三十六年,二十三岁的仲则,欲幕安徽,客太平知府沈业富署中。他先赴嘉兴,行前与家人作别,时当正月十五前数日,本是佳节阖家团聚之时,他为谋生计又要远走他乡,内心不是不悲戚的。

且家境如此,上有老母,中有弱妻、幼女,下有老仆,举目望去,真是无人不堪怜。凄风苦雨捶打柴门,遗下这老弱妇孺维持家计,他心中的担忧压力可想而知。

李白曾有诗云"君不见,高堂明镜悲白发",历来为人赞叹,比之"白发愁看泪眼枯",却少了几分现实的惨痛,仲则此句意更逼近杜甫的"眼枯即见骨,天地终无情"。

收拾好简单的行囊,向母亲拜别。母亲泪水涟涟,不能多言。她何尝不知,儿子素来心有大志,却屡屡遭受磋磨,风餐露宿,寄人篱下的辛苦,但外出游历谋求一份可以养家糊口的营生,又势在必行。现实如这门外的风雪一样冰寒残酷。

古人云:"父母在,不远游。"仲则是惭愧母亲年老,自己不能随侍在侧,不能让她过上衣食无忧的生活,还要让她经年累月为自己担忧。情积于胸,不免泣泪,深深自责:"此时有子不如无。"

养我这样无用的儿子,和没有又有什么不同?没有我这样的不孝子,母亲还不必为我昼夜担忧。短短二十八字,痛彻心扉之语,真将母子之间的牵挂、不舍,为人子的孝心歉疚写尽了。

转而去见妻子,又是另一番凄凉。仲则十九岁时奉母命娶赵氏

别亲之悲

为妻,虽有着与他人的前情难忘,仲则对赵氏却一直礼敬有加,感激她为这个家庭所做的一切。

虽然都还年轻,但常年的贫寒生活已使人容颜憔悴,心意沧桑,逼近中年。所谓"贫贱夫妻百事哀",所谓"牛衣对泣",对元稹和纳兰来说,不过是一句感伤之语,对仲则来说,却是无时无刻不在体验的真实。

他常年在外漂泊不定,每次离家都凄风苦雨,如同生离死别,再见时,两人都已经有了"苍老"的痕迹。

语短情长,一句一伤,言下老母在堂,女儿尚幼,生活的重担,都要交给妻子一人担当了……

此时他已有一女,赵氏尚身怀六甲,却要勉力劳碌操持。除却《别内》之外,后来他还给妻子写过一首词——

> 珠斗斜擎,云罗浅熨,蟾盘偷减分之一。重逢又是一年看,明年看否谁人必。　　今夜兰闺,痴儿娇女,那知阿母销魂极。拟将归棹趁秋江,秋江又近潮生日。
>
> ——《踏莎行·十六夜忆内》

此时他儿女双全,可是,这么多年,酸风苦雨,浪迹他乡,他未曾得偿所愿,回馈给家人安稳的生活。也许这平淡夫妻之情,不及当年恋情给他的忆念深,可是,患难夫妻,他总记得她的好、她的付出和担当。

不是不愧疚的。他写给幼女和老仆的诗，其实是写给自己的——"此行不是长安客"，"江湖从此断乡音"，有哪一句不是无奈之言？

对现在二十三岁的青年人来说，即使家境艰难，也难有仲则这样的心境。一来是如今的孝义已不同于古时的孝义，很少有人会存在对父母愧疚的心理压力；二来如今这个岁数的少年，多数尚在学校里，生活压力由父母为之承担，不似仲则须早早负担起家计；三来，这已经不是那个可以游学四方增长阅历的时代，纵使书剑飘零，也未必能谋求出路。学业未成出门闯荡，多数只是混迹度日而已，绝少谈得上实现抱负。

我虽在谈寒士之悲，谈他们理想难以照应现实的局限，却从不否认儒家思想的力量和影响。儒家伤时用世，佛家悲天悯人，道家讲无用之用，究其实质，都是以不同思路对人的思想和人格进行构建和完善。

信念的力量是昂然的。仲则尽管一生不得意，性格和志向之间也存在有与生俱来的矛盾，却傲然不言悔，一生行事，无损"士"这个阶层的风骨。

正如他所伤感的"此行不是长安客"，不是每个长安客都能"春风得意马蹄疾，一日看尽长安花"的。更多人是挣扎与漂泊，甚或是在前往长安的路上踽踽独行。

长相思，忆长安，天长路远魂飞苦，梦魂不到关山难。就借用这个华美的地名吧！长安，我最爱的古都之名。它曾在诗词中反复出现,如印记鲜明。它本身又是华美壮阔的史诗,有时光华熠熠,有时饱受兵燹摧残,残破黯淡,却无损人们对它的怀想和渴望。

它是实现理想和抱负的朝圣之地,有时近在咫尺,有时远如海市蜃楼。曾经,它寄托了人世最美最深的祈愿。

一世长安,得偿所愿是多难的事!在无奈中支撑,也要支撑。这就是君子,就是士人。

面对生命中的辗转漂泊,仲则在另一首写给友人的诗中提道:"风雪衣单知岁晚,江湖酒病与年深。浮云欲别休回首,千里苍梧是去心。"(《钱塘舟次》)

这叫我想起了他先祖黄庭坚的那首《寄黄几复》:"我居北海君南海,寄雁传书谢不能。桃李春风一杯酒,江湖夜雨十年灯。持家但有四立壁,治病不蕲三折肱。想得读书头已白,隔溪猿哭瘴溪藤。"

黄庭坚这首诗,是写给离散多年的老友,回顾友情之外,深有怜才之意,感伤老友才识过人,却不能为世所用,以至于垂老沉沦,为其发不平之鸣。

几百年的岁月模糊成书墨几行,前人叹息,后人心事,总有人际遇相似,心境相通。这首诗来叹仲则也是正好,只是隔世之悲,更叫人唏嘘。

【谈经说剑】

乾隆三十六年春,仲则就太平知府沈业富署中,担任塾师,教授其子在庭。沿运河赴安徽,经镇江途中作诗赠友人。

谈经说剑气纵横,画舫银灯黯别情。
春水将生君速去,此江东下我西行。
芜城鹤送三更唳,京口潮添五夜声。
后夜相思同皓月,君家偏占二分明。

——《十四夜京口舟次送别张大归扬州》

【谈经说剑】

此诗我偏爱前四句。"谈经说剑气纵横",开言便有豪侠气。幼时读金庸,虽对《书剑恩仇录》中的陈家洛不甚喜,却甚为喜欢"书剑"二字。

太白诗云:"长剑一杯酒,男儿方寸心。"文武不殊途,书、剑是古代士子必须修习的两项技能。书指经史子集、典章制度等文治知识;剑本是武器,后引申为士子的武功才能。士子最好是书剑皆精,文武兼备才能建功立业。

陈家洛一介书生,统领一群江湖人士尚且捉襟见肘,其心机智谋怎能和受圣祖康熙亲自教授、又在皇权斗争中成长的弘历相比?

又《史记》中《项羽本纪》载:"项籍少时,学书不成,去;学剑,又不成。项梁怒之。籍曰:'书足以记名姓而已。剑一人敌,不足学,学万人敌。'于是项梁乃教籍兵法,籍大喜,略知其意,又不肯竟学。"

除却《周礼》所言的"六艺"(礼、乐、射、御、书、数)之外,这大约是我印象最深的关于书剑的记载。项羽英雄一世,功败垂成。现在再读《史记》读到这一段,突然感慨,若不是他少时学书习剑浅尝辄止,后来行事全凭本能,意气用事,或许楚汉相争又是另一番局面。

转回头又想,刘邦出身市井,比项羽更是不如,但其不学而有术,统领张良、萧何、韩信等谋略超群之士,善用其才,实胜项羽良多。这为君为帝权谋之道又不是"书剑"所能涵盖的了。

仲则这个人,独行独坐自思自叹时,易生幽怨之思,常出消沉之言,与友人作诗唱和时,却又很自然地流露出豪情自信。通常是朋友担心怜惜他,他不以为意,反过来安慰朋友的多。这种既要强又洒脱的心性,始终矛盾地存在于他身上。

一个勇于承担、不肯轻易麻烦别人的人,是有豪侠气的,通常是会活得比较辛苦,但同时亦会赢得不小的尊重。仲则的这些好友,在他生前死后都对他称道有加——固然是为他的才华折服,但他历经磋磨,矢志不失的豪情,也是他们爱重他的原因。若他是个懦弱无能的人,想来他们也不会为他可惜。

"读书击剑两无成,辞赋中年误马卿。"仲则在诗中屡用"书剑"意象,抒写自己的飘零之意,感慨功名无成。谈经说剑是他毕生志趣,飘零无成又是他一生实况。他惯以"书剑飘零"、"书剑两无成"来感慨自己未把书、剑习好,虚度了岁月,蹉跎了光阴,进而表达怀才不遇的失意。此情此意颇合明人陈子龙所叹的"击剑读书何所求?壮心日月横九州"。

陈子龙在二十四岁生日时所作的《生日偶成》这般自叹:"击剑读书何所求?壮心日月横九州。颇矜大儿孔文举,难学小弟马少游。不欲侧身老章句,岂徒挟策干诸侯。闭门投辖吾家事,与客且醉吴姬楼。"

陈子龙中秀才和举人都颇顺遂,会试却两应不中。二十四岁时正是他第一次应会试失败之后,故有"闭门投辖吾家事,与客且醉吴姬楼"之叹,做风流自赏的名士毕竟非他所愿。

虽然陈子龙与柳如是之间的一段情事,比他的诗文成就、复国事迹更引人说道,但他其实不是只懂风花雪月一无是处的纨绔子弟。明亡后,他积极从事反清复明之事,事败投水殉国,才能高低且不论,见识气节还是有的。

明末那一段,真真是才子佳人迭出,一场大戏,纷纷攘攘,恰应了那句:暗红尘霎时雪亮,热春光一片冰凉。

乱世烽烟下莺老花残的离乱,叫人赞一声,叹一生。秦淮河画舫之上名士谈风月,论国事,激扬文字,使酒骂座曾是何等盛况?转眼雨打风吹,风流云散,各奔前程,又何尝不似仲则说的"谈经说剑气纵横,画舫银灯黯别情。春水将生君速去,此江东下我西行"?

仲则的友人张大是扬州人。淮扬之地繁华熙攘,自隋唐时成为著名的大都会以来,是世人眼中最华美绚烂的梦。无数人带着一生的财富,不远万里而来,不惜千金散尽。

扬州,长江北岸这座城,以其迥异于北方帝都长安的淹然百媚,傲然于世。

曾有人赞"天下三分明月夜,二分无赖是扬州"——若连天下处处皆有的月色在此都让人欲罢不能,可见其令人臣服的魔力。

张祜诗云:"十里长街市井连,月明桥上看神仙。人生只合扬州死,禅智山光好墓田。"明末清初一场浩劫,红尘中第一等富丽繁华地——扬州,这梦一般的城,经历了十日血屠,沦为修罗场,哪还见二十四桥明月夜,唯独有镜中月分外红……

"淮左名都,竹西佳处,解鞍少驻初程。过春风十里,尽荠麦青青。自胡马窥江去后,废池乔木,犹厌言兵。渐黄昏,清角吹寒,都在空城。"——这是姜夔的《扬州慢》。转眼又近百年,前朝已成梦忆,战争留在一座城池表面的创伤渐渐平复,古老的扬州又恢复了婉转夺人的风情,那里的人,又再醉生梦死,欢歌达旦,仿佛伤痛从未发生。

遗忘是如此轻易。到仲则时,江山已定,前朝的顽民,早已做了新朝的顺民。故国衣冠,过去恸动群情,现在只惹人哂笑。过去使酒骂座,无人不以为畅快淋漓,哄然叫好,如今只招人嫌,避之唯恐不及。

义士成盗寇,复国是空言。谈经说剑,志士垂垂老矣,贫苦伶仃,故人难觅,是物非,人亦非。

想当年,陈子龙等想着光复河山,到仲则时,士子们已奔忙在谋求前程、笃志为新朝效力的路上,这当中的世事轮转,心态变迁,不能不叫人感慨。

有时,遗忘是自我保护的本能;有时,遗忘意味着不计前痛的耻辱。

【以仙为师】

对仲则而言,乾隆三十六年,是依旧低潮的一年。这一年他在太平知府沈业富署中担任其子在庭的家庭教师,教授沈在庭诗文课。这与他的志愿自然相去甚远,但情势迫人,生计为先,他并没有更好的选择。

整个安徽之旅,让仲则思慕感怀最深的,不是前程,而是被他奉之为师的人——李白。李白晚年寓居东南,久在当涂,最后更在当涂辞世。李白一生七至当涂,留下诸多名篇,最后在此病卧离世,临终作《临终歌》。

此地因此留下为数不少因他而声名卓著的遗迹,如采石矶(又名牛渚矶)、横江馆、太白楼、太白祠、太白墓等。

因世人不信诗仙会如凡人般寻常死去,遂传说他在月夜身着宫锦袍,醉酒捞月而死,死后骑鲸上天;渔民打捞其衣冠,故又有捉月亭、衣冠冢等。

这些古迹,我幼时即已知晓,但从未想过去看,因今日国内之古迹多半面目全非,再难觅昔年风致,去了也是徒增唏嘘伤感,不如留一丝念想。

想来乾隆年间情况要好上许多,起码古的东西真是古的,旧的东西也还是旧的。

"采石江边雪浪飞,谢公池畔春云归。"所以仲则触景生情,才会有《当涂夜遣怀》《夜泊采石》《太白墓》等诗。

> 去年霜落白蘋洲,千山万水木叶愁,布帆吹我游潭州。
> 今日春江鸭头色,吴波不动楚江碧,辞家作客来采石。
> 采石江边雪浪飞,谢公池畔春云归。
> 江山如此葬李白,我欲不饮遭君嗤。
> 黄金欲尽花枝老,镜里二毛空袅袅。
> 旅歌歌短不能长,月出女墙啼怪鸟。
>
> ——《当涂夜遣怀》

一肩行李,依旧租船来咏史。四顾无人,君忆玄晖我忆

【以仙为师】

君。　　江山如此,博得青莲心肯死。怀古悠然,雁叫芦花水拍天。

——《减兰·夜泊采石》

束发读君诗,今来展君墓。
清风江上洒然来,我欲因之寄微慕。
呜呼!
有才如君不免死,我固知君死非死。
长星落地三千年,此是昆明劫灰耳。
高冠岌岌佩陆离,纵横击剑胸中奇。
陶熔屈宋入《大雅》,挥洒日月成瑰词。
当时有君无著处,即今遗躅犹相思。
醒时兀兀醉千首,应是鸿蒙借君手。
乾坤无事入怀抱,只有求仙与饮酒。
一生低首惟宣城,墓门正对青山青。
风流辉映今犹昔,更有灞桥驴背客。
此间地下真可观,怪底江山总生色。
江山终古月明里,醉魄沉沉呼不起。
锦袍画舫寂无人,隐隐歌声绕江水。
残膏剩粉洒六合,犹作人间万馀子。
与君同时杜拾遗,窆石却在潇湘湄。
我昔南行曾访之,衡云惨惨通九疑。

即论身后归骨地,俨与诗境共分驰。
终嫌此老太愤激,我所师者非公谁?
人生百年要行乐,一日千杯苦不足。
笑看樵牧语斜阳,死当埋我兹山麓。

——《太白墓》

他自称"我所师者非公谁",于历代诗人中最推崇李白。清人虽然评价仲则之狂傲行径时,时有臧否,评价其诗词时,却相当一致地认为他与李白最为神似。如左辅说仲则"超逸似太白,而灵气幽光,窈渺无极";郑炳文《两当轩诗钞跋》说:"(黄仲则)希踪太白,浩浩落落,若乘鸾凤而翔紫霄,海内才士莫与抗手。"吴嵩梁在《读黄仲则诗书后》更是惊叹道:"天下几人学太白,黄子仲则今仙才。"

人皆言仲则诗学李白,尤其是七古最得神髓。然李白是不可学的,他的飞扬跳脱,他的豪情纵逸,他的狂放洒脱,若非心魂深处的相通相似,学来的也只是皮毛,徒惹人笑。

洪亮吉在《黄君行状》里写道:"自湖南归,诗亦奇肆,见者以为谪仙人复出也!后始稍稍变其体,为王、李、高、岑,为宋元祐诸子,又为杨诚斋,卒其所诣,与青莲最近。"

仲则这个人,有时读他的诗,真不知如何安放才好。他于那世道是异数,与前人却是隔世知己,也难怪他对李白的诗一见心仪。那探索生命的热情、最深的悲哀、最真的豪情竟是那么相似。

李白的生活最为人津津乐道的两点,一为浪游,一为饮酒,仲则亦喜之。

还是前一年的冬日,他尚在常州蛰居。冬日与友人饮酒,作《二十三夜偕稚存、广心、杏庄饮大醉作歌》,开篇便道:"安得长江变春酒,使我生死相依之。不然亦遣青天作平地,醉踏不用长鲸骑。夜梦仙人手提绿玉杖,招我饮我流霞卮……"

诗长不引了。我读了真是心怀激荡啊!这哪是一个清朝年轻人能写出的诗句?这等狂放,明明该身返开元盛世,于长安闹市中,与饮中八仙一起击节狂歌,挥毫舞剑,共襄一醉才不负其才。这样的诗句,脱口而出,气势恢弘,仙意浑然,莫说是其他人,怕是连杜甫,也写不出来如此和李白心性相投的话语。

我又在胡思乱想,若然当年杜甫能写出这样的句子,或许李白与他的交情会更深一些。两人多一些交流互动,也不会让杜甫时时惆怅落寞了。杜甫后来写给李白的诗,感情是绝对真挚不假,可是多半是他一人单相思。他对李白的理解和认可,要比李白对他深得多。

仲则这才叫真的生不逢时啊!他自言:"一身堕地来,恨事常八九。"(《冬夜左二招饮》)除了家道艰难、情事不谐、仕途不顺惹人心困之外,周围罕有豪情志趣与之呼应的人,也是他平生大憾。

在那个日渐压抑的时代,盛世的光环已变成紧箍咒,狂生是不受欢迎的。人要变得顺服,循规蹈矩,凤歌笑孔丘、长歌当哭都是不合时宜的,有悲、泪、屈、辱亦只能大笑。

盛唐年间,倨傲如太白,尚能做到来去自如,"别君去兮何时还?且放白鹿青崖间。须行即骑访名山。"尚可放言,"安能摧眉折腰事权贵,使我不得开心颜。"

不推崇宣扬个性思想,只要求听话顺从。从关外入主中原的清朝统治者,比前朝更在意思想的管控。士人文章,动辄得咎,连"清风不识字,何故乱翻书"都可以引致灭门之罪,滔天大祸,或如"夺朱非正色,异种也称王"之类的话都令统治者雷霆震怒,人死了还要兴师问罪,祸及家族,可见世道已经神经敏感、风声鹤唳到何种地步。

不是说所有的为官者都一无是处、厚颜无耻、天良丧尽,但起码人人都活得小心翼翼,不容有失。真性情的诗人,行走于世,格外举步维艰。

仲则在李白生前漫游过的地方沉吟流连。他租船来游采石,夜夜纵酒狂歌,听江涛拍岸,对一江明月、芦叶荻花,聊寄怀抱。旅愁与忧思并起,叫人难以安稳。

仲则自幼束发苦读李白的诗文,这一路浪游走过的地方,扬州、金陵、湖南、湖北、安徽,又与李白不谋而合。此时想起很多与谪仙相关的事,他震古烁今的诗文,他堪称传奇的经历,他令人追慕的风仪……

碧空人已去,沧海风难寻——李白的一生,在他自己看来或许还不够尽如人意,但在后人眼中已是永恒的传奇,就像仲则说的"我固知君死非死"。他是仲则一生的偶像和典范,李白毕生的理想也是仲则的理想,他的人生状态也是他向往的状态。功成不居,笑傲王侯,来去从容;惊世诗才,光耀后世。

【以仙为师】

"长星落地三千年,此是昆明劫灰耳。"自他逝后,长星落地,世景萧条,到如今已如劫灰。遥想君之风仪,是"高冠岌岌佩陆离,纵横击剑胸中奇",宛如当年的楚狂人。

读他的诗文是"陶熔屈宋入《大雅》,挥洒日月成瑰词",叫人叹为观止。他融合吸收楚辞的瑰丽浪漫而归于正声,将日月之辉融入笔端成为奇瑰的诗文,大自然的力量和神采借助他手中的笔来展现。

仲则这样不吝辞藻地赞美李白,却不经意言中了一个真理——诗歌源自天地,诗者只是不经意间承接了灵气,灌注了生命的经历,写下为之代笔的只言片语。

"大鹏飞兮振八裔,中天摧兮力不济。余风激兮万世,游扶桑兮挂左袂。后人得之传此,仲尼亡兮谁为出涕?"我每每读到《临终歌》都要拍案叫绝,有谁人如他,临终时仍气势不衰,高昂如此?离世直如登仙。

这样的人,如海上明月,一任风吹浪卷,朗朗在天。他御风而来,乘风而去,叫人叹一声,赞一声,应是谪仙降尘寰,人间四海何处寻?

要多少代才能出一位似李白这样的仙才?其才其志,风华气度均是后世之人高山仰止、终生追慕的典范。苏轼在《书黄子思诗集后》中说:"李太白、杜子美以英玮绝世之姿,凌跨百代,古今诗人尽废。"对李杜推崇备至。连坡仙尚且对李太白膜拜得五体投地,认为其难以模仿,不可超越。

唐宝应元年(762)李白病逝之后,他的族叔,当时的当涂县令李阳冰将其葬于当涂龙山东麓。李白逝世之后五十五年,唐元和十二年(817),李白生前的好友范作之子范传正,时为宣歙观察使,因念与李白有通家之情,经过几年的明察暗访,得知李白之子李伯禽虽然定居当涂,曾为其父守孝,但已于二十五年前离开人世。李白的孙子离家出走,不知所终。唯有两个孙女,也已嫁作人妻,她们告诉范传正:"先祖志在青山,殡于龙山东麓,地近而非本意。"

"青山日将暝,寂寞谢公宅",青山,是南齐诗人谢朓常游之地,他在此筑室与池。李白尝言"一生低首谢宣城",一生追慕谢朓。范传正为遂李白的遗愿,与时任当涂县令诸葛纵合力将其墓陵迁葬于与龙山相对的青山南面,合其生前"宅近青山同谢朓"之愿。

若说仲则写给授业恩师邵齐焘的悼文是尘世之痛,他写给李白的诗则有仙凡之悲。若在盛唐,有缘相识,无论是为徒为友都是人生幸事。奈何光阴不可追返。

他感慨着李白逝世后多年,所遗留的才力和智慧依旧非凡俗之人可比。后世诗人无非是因循着他的才气思路在创作,就这样居然也造就了千万人。

他又想起和李白同时代的杜甫。因他去年刚从湖南回来,瞻仰过耒阳的杜子美墓,此时不免联想,杜甫墓远处潇湘,愁云惨淡,地况与青山的明媚迥异。

"即论身后归骨地,俨与诗境共分驰。终嫌此老太愤激",他由此想到李杜二人的差别。仲则用李、杜二人墓地的环境不同,喻二者诗境的差别:一则"清风江上洒然来",潇洒俊逸,一则"衡云惨惨通九疑",悲苦沉重。

公平地说,杜甫秉性忠厚,他的诗忧患而不愤激,他时时心系天下苍生,难得自在,何如李白虽有安邦定国之愿,但至高追求仍是逍遥,行事只当是游戏凡尘。仲则心性似李白,际遇却似杜甫。寒门书生,胸有豪情,却时时受困于境,不能奋飞。他博观而约取,诗兼李杜之意蕴。

"人生飘忽百年内,且须酣畅万古情",这般洒然心意、无拘无束不是每个人都能做到。又何况"人生得意须尽欢,莫使金樽空对月",说句俗气话,"百年三万六千日,一日须倾三百杯"亦需一定经济实力,便如仲则自己,连生计尚且艰难,经常囊中羞涩,买酒钱无,万般磊落豪情只在内心涌动,现实中何尝快意潇洒?

再狂傲的人,内心都有令其折服追慕的偶像,如李白"一生低首谢宣城",东乡平八郎"一生俯首拜阳明",仲则一生最钦服李白,不由得心生向往,许下与诗仙死后做伴的心愿——"笑看樵牧语斜阳,死当埋我兹山麓"。

虔诚地体验生命与世事,以仙为师。观望他笔下如画江山,山河岁月,长入梦来。此时他尚有雄心万丈,要跋涉这红尘,又岂能料知自己英年早逝,经年之后,客死异乡,若非挚友洪亮吉扶柩,险些不能归葬故里。

【狂生做伴】

昔年在宜兴氿里,年少的仲则遇上了一个名叫汪中的年轻人。汪中字容甫,一字思复,扬州人,际遇和仲则相似,七岁丧父,家贫,无力求学,由寡母邹氏开蒙。

汪中是非科班出身、自学成才的典型。他十四岁入书店当学徒,换作俗人不过是庸庸碌碌赚点工钱度日,他却借此机会博览群书,遍览经史子集,居然也学得满腹经纶,成就其学问之始。

汪中私淑顾炎武,为经世致用之学,在哲学、史学、文学方面均有成就。汪中自负其才,睥睨当世,是性格比仲则还要古怪的人。

当年他在扬州城内放胆狂言,读书读通了的只有三人,他自己和王念孙、刘台拱(后两人是著名学者,亦是他的书友)。时有某士大夫者,写了一卷诗书,来请汪中品评,汪中说:"君不在不通之列。"那人大喜过望,连连做谦虚状,汪中大笑:"君再读三十年书,可望通矣。"

这文人嘴之刁毒,真是叫人无可奈何。由此轶事可知,汪中其人其行,非汤武、薄孔周,颇有魏晋之风。精研经史子集,却不为功名利禄,不从俗流,敢挑先贤的骨头。他肄业于安定书院,每一山长(校长)至,辄挟经史疑难数事请质。或不能对,即大笑出。当时著名的学者,与袁枚、赵翼合称"江右三大家"的蒋士铨任安定书院山长期间,也很"荣幸"地受到汪中的"挑衅",致使蒋士铨久久不能释怀。

挑战权威自然要有挑战的本钱。扬州民间谚云"无书不读是汪中",读书读到这种声名远扬的境界自然是惊人的,或许只有阅遍清华图书馆的钱锺书先生可比——这两人都是痴迷钟情于书。

汪中能诗,尤工骈文,所作骈文,在清代骈文中被誉为格调最高。时人评之:"钩贯经史,熔铸汉唐,宏丽渊雅,卓然自成一家。"

乾隆三十五年(1770)十二月,扬州仪征县江面上盐船失火,毁船百余艘,死伤上千人,当时正在扬州探亲的汪中亲眼目睹了这幕人间惨剧,以极其沉痛的心情写了一篇哀悼性骈文《哀盐船文》:"……且夫众生乘化,是云天常。妻孥环之,气绝寝床。以死卫上,用登明堂。离而不惩,祀为国殇。兹也无名,又非其命,天乎何辜,罹此冤横!游魂不归,居人心绝。麦饭壶浆,临江呜咽。日堕天昏,凄凄鬼语。守哭迍邅,心期冥遇。惟血嗣之相依,尚腾哀而属路。或举族之沉波,终狐祥而无主……"文中真实地再现了这场灾难的悲惨情状,对无辜罹难者深表悲哀和怜悯,进而对冥冥之中的莫测命运表达了一种惶惑和恐惧之情。

当时著名学者杭世骏为此文作序,评之为"惊心动魄,一字千金"。若在今日,这一篇文章的含金量不亚于一部极震撼的纪录片。

乾隆二十八年(1763),汪中以《射雁赋》应试,列扬州府第一名,补诸生。乾隆三十三年(1768),乡试落第,遂不复应试,专心治学。也曾入为幕僚,历任太平知府沈业富、宁绍台道冯廷丞、安徽学政朱筠幕僚。乾隆四十二年(1777)拔贡生,以母老不赴考,绝意仕进,专心于经学研究。

乾隆四十八年(1783),汪中在南京协助编纂《南巡盛典》。后巡盐御史全德闻其名,使司文汇阁所藏四库书。汪中点校文宗阁、文澜阁所藏《四库全书》,贡献甚著。最后竟因此积劳成疾,病逝于杭州西湖葛岭园僧舍。

汪中狷狂,时人言其好骂且善骂。他爱与人争辩,但口才一般。据说某次他与洪亮吉同舟,高谈阔论,激烈争辩。洪亮吉雄辩滔滔,汪中辩不过,激愤之下,竟把洪亮吉推下水。幸亏稚存命大,被船夫及时救起,否则真要闹出人命来。

我不知当时险情发生时仲则在不在现场。想来以他与稚存的交情,若真有此事,他定然是知情的。不过少年时的冲动事,并没有影响他们日后的交情。

【狂生做伴】

乾隆三十六年秋天,仲则客寓金陵,候洪亮吉未至,汪中招饮,两人聊起当年事,笑言:"偶然持论有龃龉,事后回首皆相思。"

这目空一切的男人,性格光明磊落,行事一任性情,于沈业富署中再遇之后,他认可仲则之才,就倾心相交。他有《赠黄仲则六首》,盛赞其才华在己之上,不失君子气度。

感其青眼,《两当轩集》中亦有不少写给汪中的诗。从诗文中可以看出两人重逢之后,过从甚密,几乎是形影不离,无话不谈,交情更胜以往。如这首《春暮呈容甫》:

先生吟太苦,终日闭荆关。
我亦诗穷者,邀君数往还。
对床听夜雨,分枕梦青山。
一任春江上,流红万点殷。

仲则与容甫订文字交是在乾隆三十五年,重逢则是在第二年暮春,沈业富署中。沈业富"爱才乐育,培养气类,殆于性命休戚其间。官翰林,不通赘谒,而与后生末学,有一艺之长,则称道不去口实"。沈业富爱延揽才俊,能够识人于微,所以他幕中颇有些后来名扬一时的有才之士。仲则在那里结识了章学诚、汪中、顾九苞等,与汪中最为亲厚。

仲则言:"众中我独亲,亦知我心伤。两小皆失怙,哀乐颇相当。贫贱易为感,况复齐孤芳。"是说他和汪中甚为相投,际遇身世都有许多同病相怜的地方。

少年相识时或许不以为意,稍长同为异乡客,发现彼此性格见识都有很多不谋而合的地方,推为知音、互赏孤芳是很自然的事。

他们常在一起饮酒交游,如《偕容甫登绛雪亭》所记:

> 汪生汪生适何来,头蓬气结颜如灰。
> 囊无一钱买君醉,聊复与尔登高台。
> 惊人鹰隼飏空去,俯见长云阖且开。
> 江流匹练界遥碧,风劲烟蓁莽寒色。
> 危亭倒瞰势逾迥,平墟指空望凝直。
> 凭高眺远吾两人,心孤兴极牢忧并。
> 自来登临感游目,况有磊砢难为平。
> 麟麐雉凤世莫别,萧蒿蕙茞谁能明?
> 癫狂骂座日佗傺,畴识名山属我辈。
> 著书充栋腹常饥,他年沟渠谁相贷。
> 一时歌哭天梦梦,咫尺真愁鬼神会。
> 汪生已矣不复言,眼前有景休怀煎。
> 愿从化作横江鹤,来往天门采石间。

两个至情至性的人,一起登高远眺,发发怀才不遇的牢骚实在是再正常不过,若是沉默不语才奇怪呢! 有许多人前不能倾诉的心事,私下里也可以直言不讳。比如骂骂世人有眼无珠、不能识见英才,再悲悲世道逼仄、世途之仓皇,感慨一下囊中无钱、寒士之艰。

这一首似写在重逢后不久,比之他后来写给汪中的很多诗,胜在气势雄浑,以气驭词,一气呵成。这首诗,似诗又似檄文,道尽"材不为世用,道不行于时"的郁愤。

从诗中描写可知,仲则在发牢骚时,容甫多半是点头认同,态度要平和些许,许是因为年长几岁,起码在此时此刻,他的激愤不如仲则彰显。

其实容甫亦有"长啸宇宙间,万物同悠悠。常恐朝露期,斯人不可求"之叹,其意高古,傲岸不群。"早孤感同病,心期乐疏旷。各怀万里心,高视重云上。"——若说狂,容甫比仲则要狂得洒脱,狂得痛快,狂得彻底。两个恃才傲物、特立独行的人在一起注定是惹人注目的,以他二人的行事作风,想不引人议论几乎不可能。

还有一个有意思的事,这二位都是身体欠佳、容易失眠的人。所以《两当轩集》屡见"夜坐""夜怀""夜起"等题。仲则老是在夜里思绪万千,提笔写诗。且看这首《夜坐述怀呈思复》——

> 密筱崇兰露气昏,草堂促膝倒深樽。
> 灯前各掩思亲泪,地下偏多知己恩。
> 似水才名难疗渴,投闲芳序易销魂。
> 沧洲散发他年事,迟尔清江白石村。

"似水才名难疗渴,投闲芳序易销魂。"许是屈于下僚,许是跟同僚相处不谐，两人都有志愿难抒之憾。且看仲则在知府宴席之上的酬答之作，《十六夜宴沈太平座即呈同座诸子》：

清江月出管弦愁，刺史华筵最上头。
一串歌珠圆可拾，几堆香雾漫难收。
天涯我辈同欢笑，明日浮云有去留。
谁向此时弹别曲，一声河满泪先流。

诗才是真的好！即席赋诗，立等可取，又快又好，却也真心不懂人情世故，不会应酬。人家知府大人好心招待下属，这也是体恤下情，想搞好上下级关系。仲则倒好，不说歌功颂德，粉饰太平，一提笔就冲着"一声何满子，双泪落君前"的路子去了。

敢问您这是过得有多不如意，多痛不欲生啊？人家宫女是碍于宫规，骨肉分离，您老是自愿来应聘谋生的好不好？还一副郁郁不得志的模样。就算知府大人宽宏大量，爱惜才华，不和你计较，你那些同僚一看你这样扫知府大人的脸面，还不赶紧和你划清界限？好一点的暗叹你不懂人情世故，差一点的不定在背后怎么给你穿小鞋，使绊子。仲则这样桀骜直率的性格，无论是在沈业富署中，还是来日在朱筠幕府中都没有改变。

仲则这首诗，虽说是即呈同座诸子，毋宁说是写给知己汪中一人的。他知道他懂得，他也只看重他懂得。

我由此诗想起晚唐罗隐的《听琵琶》："香筵酒散思朝散，偶向梧桐暗处闻。大底曲中皆有恨,满楼人自不知君。"

罗隐也是孤耿狂生,这首诗曾让我念念不忘,此时想起,咀嚼回味,觉得他的心意和仲则分外契合。

乾隆三十六年,仲则和汪中离开当涂,盘桓金陵。冬天时,汪中先返扬州故里,尽以书籍寄仲则处,仲则以所携之剑回赠。书剑往还,物虽寻常,却是书心剑胆,声气相应。依依惜别之时,遂有这首《以所携剑赠容甫》:

匣中鱼鳞淬秋水,十年仗之走江海。
尘封锈涩未摩挲,一道练光飞不起。
相逢市上同悲吟,今将拂衣归故林。
知君怜我重肝胆,赠此一片荆轲心。

诗以古时燕赵侠士自比,豪情自现,然侠士在未得器重之前,多半是流落市井江湖,悲歌慷慨,未卜来日如何,如宝剑蒙尘,有几人慧眼识风尘?肝胆雪藏,唯有二三知己可托付。所谓时势造小英雄,大英雄造时势,他们力量毕竟还是微薄,要期待被人发现。

分别之后,仲则写了许多表达思念的诗:

疏梧槭槭漏迟迟,人去亭空独立时。
羡尔万峰高处望,半轮凉月下蛾眉。

——《七夕怀容甫游采石》(其一)

向晓离亭举客杯,青山一路送人来。

际天无树知江近,极浦有帆和雨开。

吊古空滩余战舰,悲秋斜日上层台。

故人回首重城外,为报离肠已九回。

——《将至芜湖忆文子容甫》

仲则是诗人禀赋,多愁善感,容易推己及人,借着怀念的名义,自个儿在心里头千回百转,所以他写给别人的诗,乍看起来,亦像是一人独唱自语。本就落落难群,失却狂生做伴,心事更难言,失落是不言而喻的。

他忽悲忽喜,忽愤忽平,只是情自肺腑,语发胸臆,恰如水出山涧,日照云霓。如实心意,真实性情,不加掩饰。

后来,他们又在朱筠幕中相见,幸不负这相知之情、拳拳之意。

【俱不得意】

［壹］

仲则有一首小诗《山寺偶题》——

得得千山引去程,精蓝小住一牵情。
十年怀刺侯门下,不及山僧有送迎。

"得得"叫我想起唐时诗僧贯休的名句"一瓶一钵垂垂老,千水千山得得来"，他因此句被蜀主王建称为"得得来和尚"。我少年时，极爱贯休之句"满堂花醉三千客，一剑光寒十四州"，后来知道他热衷奔走于藩镇之间，每每献诗称颂，意在寻得"明主"辅佐，渐渐也就淡了喜欢了。不过他若是因势利导，意在借势传佛法，那又另当别论。

贯休先投割据钱塘的钱镠，再投荆南节度使成汭，皆因狂傲不和而去。垂垂老矣之时，仍裹衣持钵，投奔割据四川的王建，最终得偿所愿，坐化于蜀地。

我不知仲则是否也想起前人这段典故，这首小诗是讽世甚深，感触也甚深。回想起这几年来投身公卿门下，欲得其用，不得其用。寄人篱下，悲辛交集，天生的骄傲被惨淡的现实销蚀殆尽，实不及空门中人荣贵写意。然世情如此，叫人如之奈何？

在别的小地方或许还好，在金陵或是杭州这样的地方，名流云集、金粉世家，人与人之间的差距越发明显。

潜身于盛世，冷眼看世情，很容易就看出难以磨灭的失落和憾恨来，即使是借住于寺庙这种本该清静的地方，也很容易能感觉到世人趋炎附势、世态炎凉。

这情况与如今何其相似？相信不止一人会觉得，如今知名寺庙的方丈越来越像CEO，寺庙转型为商业化经营的企业，僧人忙着四处交际活动，迎来送往，修行人的身份为他们深入红尘，进行各种社会活动提供了便利。

我不是要谴责什么，毕竟而今的寺院大多已经成了旅游景点，若说原先方外和尘世还有一墙之隔，现在连一墙之隔都没有了。

僧俗其实难截然界分。即使是高僧大德,弘法于世,亦无法全然摆脱世俗规则的干扰。"名利"二字扰心,本就是修行的一部分。

僧门也是人间,有慈悲为怀、一心证道的高僧大德,自然就有披着僧袍、假托僧众、趋炎附势、尘心仍炽的俗流。

不能独善其身,只能自净其意。只有彻底放开"尘俗"、"人我"观念认知的差别,才能进入根本的圆融自在。

士人与佛寺之间的因缘,自来也颇有可说道之处。唐传奇《会真记》,即著名的张生和莺莺会于西厢的艳事,便是托言"普济寺";又有中唐人王播,未登第前寓居扬州木兰院,天长日久,僧人嫌他吃白食,每到饭点便不撞钟,饭后再敲钟——书生备受冷遇,深感愤懑之外,却也无可奈何。

二十年后他官居高位,坐镇扬州,寺僧将他昔年所题诗句,用碧纱笼起,以示珍重。王播故地重游,对此前倨后恭之事,亦未多作计较,只新题了两首绝句:"二十年前此院游,木兰花发院新修。如今再到经行处,树老无花僧白头。"(其一)"上堂已了各西东,惭愧阇梨饭后钟。二十年来尘扑面,如今始得碧纱笼。"(其二)

往事幽沉,涌上心头,此时碧纱橱新,寺僧已老。诗人语带感慨,暗写沧桑,自然也有对世情的讽刺和体悟,如仲则一般。

仲则所感慨的,山僧殷勤迎送之人,亦未必不是如王播一般的旧人。他们的昨日,便如仲则之今日,世事轮回不虚。

为人当如王播一般,纵我今日身居高位,亦未肯小心眼刁难你,斤斤计较。前尘过往,一笑了之,如此才见得士人气度,不负诗书之教。

唐宋都有悦禅之风，士人多亲近佛法，喜与僧人为友，寓居佛寺，谈禅论诗，赏花品茶。到宋时此风更甚，很多僧人便是诗僧，与名士诗歌往还，亦师亦友，互为知己。禅心道法为诗歌添了风骨韵致。至明清国破家亡之际，更有很多士人隐姓埋名，托身空门，以寄亡国之哀。正可谓："一生几许伤心事，不向空门何处销。"

仲则所至的金陵，正是前明故都；只是斗转星移，此番已是康乾盛世。早已湮灭了故国之思的人们，就算是商女隔江婉转唱《后庭花》，唱彻几番江月，业已惊不起波澜。如那晚唐罗隐所言，六朝胜事已尘埃，犹有闲人怅望来。

此时的怀古，便又从故国之思回到了感时伤世的老路子上，不言近世，一笔宕回往昔，六朝金粉地，王气浩然休。风景不殊，江山已异。

如他所吟——

凄凉苔藓掩金钗，无复笙歌动六街。
回首南朝无限恨，杜鹃声里过秦淮。

——《秦淮》

笙歌歇，繁华尽，金钗委地，昔年宫阙，如今只剩苔痕。这首绝句，颇有杜牧咏秦淮的韵致。"回首南朝无限事，杜鹃声里过秦淮"，其境其意，并不弱于"南朝四百八十寺，多少楼台烟雨中"。

说起来，秦淮河畔的婉转风流，若不是历了江山巨变、家国之哀，也无非是些你侬我侬、负了君心、辜了妾意的桥段。然,承平粉屑一旦点染了乱世烽烟,叫人生起"国破家何在"的兴亡之慨,品格自高。

我是极爱仲则的怀古诗,所以看到总要提起。再如这几首——

> 平淮初涨水如油,钟阜嵯峨倚上游。
> 花月即今犹似梦,江山从古不宜秋。
> 乌啼旧内头全白,客到新亭泪已流,
> 那更平生感华屋,一时长恸过西州。
>
> ——《金陵杂感》

> 片帆昨日下吴头,破浪来看建业秋。
> 九派江声犹入梦,六朝山色已迎舟。
> 楼台未尽埋金气,风景难消击楫愁。
> 回首燕矶随柁尾,寄声风利不能休。
>
> ——《舟中望金陵》

一句"花月即今犹似梦,江山从古不宜秋",真是直入肺腑。若不是深感现实如幻梦,痛觉失意,从清醒的沉醉中短暂清醒,谁又会将目光转投于历史陈迹上?哪怕是片刻也好,也自有一些无常警醒。

苍穹之下,岂有不变之人事、恒久之功业?所谓永恒,不过是凡人痴想妄语罢了!便是创业之君,以为王朝可以世代传承,到最后,最长的亦不过数十代而终。

仲则言,江山从古不宜秋,是泯灭了前生,模糊了时间和历史的界限,情感依然细微,然而已没有谁家天下的概念,这是咏史者的无言大气。

——只应社稷公黎庶,那许山河私帝王。青史已然,即使斑驳亦不能翻转。

江花江草故乡情,两岸青山夹镜明。
一夜雨丝风片里,轻舟已过秣陵城。

——《江行》

秋光瑟瑟,叫人生悲。他本不是得意之人,身在金陵这没有古今的城市,眼望着乌衣巷口夕阳斜,耳听着头白乌(鸟名)哀啼,回味着王谢风流、建业雄心,更是一阵阵颓丧,无名之哀,悲从中来。

地理上的家园或许并不遥远,但灵魂的乡关在何处呢?红尘万里,不得而知。

[贰]

兴之所至翻《竹眠词》,读到几首写金陵的词,与他写金陵的诗合看,颇有情味——

何处狮儿,半空飞下,横惹江东多事。霜骤金戈,开出千年

【俱不得意】

佳丽。渡永嘉、杂沓名流,实锺阜、绵延王气。到如今,一半兴亡,南飞乌鹊尚能记。　莫问临春结绮。共澄心百尺,一样南内。回首新亭,消得几行清泪。叹曲里锦样家山,禁几回、北兵飞至。只添他、来往词人,多少沧桑意!

——《绮罗香·金陵怀古》

三载红桥旧路,轻尘暗换年华。依然灯火照香车,玉箫吹子夜,明月在谁家?　前度青衫泪湿,重来破帽檐斜。孅人风景又天涯。垂杨空系马,流水有归鸦。

——《临江仙·中秋夜游秦淮水榭》

这两阕词,颇有南宋词的沧桑吊古之意。一身萧索,几许愁情。即便是将思绪从远史拉回现实,落回仲则个人身上,依然不得不伤感。他的所求并不多啊!安身立命而已。奈何愿似流星,迟迟不得实现。

乾隆三十六年秋天,仲则离开当涂,前往金陵应当年的秋试。无疑是不中的。不第仿佛已经成为他的宿命。

他何尝想一次一次做这样的尝试,只是身不由己而已。他与身边的知己友人洪亮吉、赵怀玉、邵圣艺等人同在金陵赴乡试,除汪瑞光之外,余者皆不得中,可谓一时寥落,俱不得意。作于此时的《金陵别邵大仲游》道尽此时失意:

三千余里五年遥,两地同为断梗飘。
纵有逢迎皆气尽,不当离别亦魂消。
经过燕市仍吴市,相送皋桥又板桥。
愁绝驮铃催去急,白门烟柳晚萧萧。

从首次乡试失利,到如今整整五年,各自过着漂泊不定的生活。别后相距遥远,君等与我俱不得意。此时别去,来年杨柳青青,未卜境遇如何。伤情自不待言。

仲则诗集中屡屡出现"白门"一词,亦有可探考之处。白门是南京宣阳门,可知他在金陵磋磨之深。我想起汪容甫亦有一首诗《白门感旧》,可与仲则诗互证:"秋来无处不销魂,箧里春衫半有痕。到眼云山随处好,伤心耆旧几人存。扁舟夜雨时闻笛,落叶西风独掩门。十载江湖生白发,华年如水不堪论。"

"十载江湖生白发,华年如水不堪论"可谓沉痛。曾经都是目空一切、恃才傲物、矫矫不群的少年,身负雄心,其志如虹,如今出此感伤之语,可见被现实打压得不轻。

毕竟如李白和苏轼一般洒脱的人不多,他二人一言"人生在世不称意,明朝散发弄扁舟",一言"小舟从此逝,江海寄余生",都是超凡入圣的人,风仪令人追慕。可芸芸众生,俗身尘客,哪能都这样率性而为,了无牵挂?多半还是如断梗飘蓬,浪迹江湖。

且看这年,还是这一年,仲则写给友人伍三的诗,从中便可窥见尘世之悲。

【俱不得意】

伍郎束发去乡土,挟弹翩翩十三五。
呼卢纵酒百不忧,只思射杀南山虎。
西泠桥畔与君逢,投鞭一醉春风中。
吴姬压酒香满店,门外垂杨嘶玉骢。
是时方两小,意气绝倾倒。
一为吴门别,君访安期岛。
十年沧海头,朱颜自不保。
嗟嗟翔风翰,堕作穷林鸟。
葛衣索索行市中,双鬓忧来似蓬葆。
道逢南阳刘孝标,慨然为著广绝交。
炎凉世态有如此,我辈岂肯长蓬蒿。
倏忽流光疾如电,耿耿思君抚长剑。
扁舟三度访君门,落花满地无人见。
今秋意外得重逢,谁知君病馀危喘。
得志无身吾所伤,况今七尺犹贫贱。
我为因人更远离,望风遥别不胜悲。
闻君力疾犹相送,想见重来惆怅时。

——《九月白门遇伍三病甚,恐其不可复治,后闻其强病相送,而余已发矣。因综计吾二人聚散踪迹,作为是诗,伍三见之,当霍然也》

这首诗不短,细读之,便可了知前因后果。时仲则欲离金陵,再赴安徽,转投学使朱筠幕府。伍三闻讯赶来,抱病相送,却不料仲则已行。事后仲则得知此事,感其拳拳之心,写下此篇,望其霍然病愈。

这首诗,详尽地写了一个意兴风发的少年,如何落魄,变成一个落拓江湖、受人轻慢冷落之人的全过程,读之让人唏嘘。虽是写给伍三,然则其间人生莫测、忧生之叹,无一不是他自己的心意写照。

悲伤的行走,伴随着下落不明的问候。虚构的侠客,淹留在异乡,醉酒佯狂。开笔的时候,他还年轻;收笔的时候,他们已经老去。

我曾在意,亦不完全认可仲则对功名的渴望。待读到"炎凉世态有如此,我辈岂肯长蓬蒿",以及"得志无身吾所伤,况今七尺犹贫贱",才一触他心深处的悲怨——是因世态炎凉,不忿默默无闻终了此生;是因功业难成,纵然有名,但人身易朽,命寿难延,死后声名谁理得?何况人生短暂,时不我待。

七尺昂藏,如今尚处贫贱,故而要奋起,即使头破血流,千疮百孔,亦在所不惜。这是另一种对待生活的态度。

他说的并不只是他,是和他同际遇的一类人,但我仍是悲,悲他们的后来,尘世往还,饱经蹉跎,遂愿者少。他们中的大多数人,是默默无闻心藏着抱负和遗憾死去的。

心有所感,遽然想起一句话:江湖有情尽白发,人间无意了沧桑。

【悲欣交集】

[壹]

　　这与我相隔两百余年的男人,时常让我有难以言喻的知己之感,或许前世,我也曾身为男子,我也曾诗酒江湖,琴剑飘零过。这种感同身受,和以女子之心看待容若时的怜惜不同。
　　仲则在旅途中所写的诗,很容易使我代入某种熟悉的情境中,必然不是在人潮往还的都市,而是在旷野清郊,临一泓秋水,对孤城冷月,横一支玉笛,吹彻阳关。

无关风月,只为离愁。无关离愁,只为心中家国之忧。

天高野旷肃孤清,落木萧萧旅梦惊。
病马依人同失路,冷蝉似我只吞声。
荒城月出夜逾悄,小阁灯残水忽明。
一卧沧江时节改,深杯柏叶为谁倾。

——《旅夜》

冥想前尘,辄为怅惘。旅楼一角,长夜如年。援笔未终,灯昏欲泣。《旅夜》意境情致均似老杜,然非刻意为之,乃情怀所钟,感而发声,思接先贤而已。正因他是融会贯通,有感而发,非东施效颦,所以读起来,在厚重之外,更有一份属于他的悲切,迂回起伏,不能抹去,不容忽略。

仲则在诗中喜用"马""蝉"的意象。

"马"的意象有两层。一是出自《战国策·燕策》,燕昭王求贤的典故。这一段原文很长,我择其要而录之:燕昭王收破燕后即位,卑身厚币,以招贤者,欲将以报仇。……郭隗先生曰:"臣闻古之君人,有以千金求千里马者,三年不能得。涓人言于君曰:'请求之。'君遣之。三月得千里马,马已死,买其首五百金,反以报君。君大怒曰:'所求者生马,安事死马而捐五百金?'涓人对曰:'死马且买之五百金,况生马乎?天下必以王为能市马,马今至矣。'于是不能期年,千里之马至者三。今王诚欲致士,先从隗始;隗且见事,况贤于隗者乎？岂远千里哉？……"

昔年燕昭王收拾残破河山之后登上王位,欲报齐国破燕杀父之仇。他知国要振兴,首赖贤者,所以立意求贤,求教于贤者郭隗。郭隗先对他称述了几种对待人才的不同方式,"帝者与师处,王者与友处,霸者与臣处,亡国与役处",及所引致的不同结果,又说了一个"千金买骨"的故事来启发他:"我听说古时有一位国君想用千金求购千里马,三年也没有买到。宫中有位近侍对他说道:'请您让我去买吧。'国君就派他去了。三个月后他终于找到了千里马,可惜马已经死了,但他仍然用五百金买了那匹马的头骨,回来向国君复命。国君大怒道:'我要的是活马,死马有什么用,而且白白扔掉了五百金?'近侍胸有成竹地对君主说:'买死马尚且肯花五百金,更何况活马呢?天下人一定都能明白您的诚意,千里马很快就会有人送上门了。'果不其然,不到一年,很多匹千里马就到手了。"

郭隗以马骨自比,对燕昭王说,如果现在大王真的想要罗致人才,就请先从我开始吧。我尚且被重用,何况那些胜过我的人呢?他们难道还会嫌千里的路程太遥远了吗？于是昭王为郭隗专门建造房屋,并拜他为师。消息传开,乐毅从魏国赶来,邹衍从齐国而来,剧辛也从赵国来了,人才争先恐后集聚燕国,燕国一时大兴。

二十八年后,燕昭王破齐国,遂其复仇之愿。

以现代商业的思路来说,无论是郭隗的自荐,还是他所说的"千金买骨"的故事,都是成功的营销案例,郭隗和"千金买骨"的侍者,都是精通营销之道的人才。郭隗既安置了自己,又成为燕昭王求贤若渴的活广告,各得其所。眼见得燕昭王礼贤下士的诚意,天下贤士也就不再怀疑,欣然赴燕,共襄大业。

郭隗说的这个故事后来成为求贤若渴的典故。仲则常化用第一层寓意,以"千里马"自比,渴望得到赏识、重用;而第二层寓意,则是出自曹孟德诗句:"老骥伏枥,志在千里;烈士暮年,壮心不已。"

魏武豪雄,虽垂垂老矣,抱负不减。仲则反用其意,以"病马"、"疲路之马"来表达年华蹉跎、怀才不遇的伤感和愤懑。或是两层寓意合用,既表达自己是"千里马"一样的人才,亦壮心不已,可又不得不悲叹前途黯淡。

"蝉"的意象,则袭自骆宾王的名篇《在狱咏蝉》的诗意:"西陆蝉声唱,南冠客思侵。那堪玄鬓影,来对白头吟。露重飞难进,风多响易沉。无人信高洁,谁为表予心。"意在阐述自己品行高洁,不肯同流,易遭人误解的忧愤和坚定。

《旅夜》让我想起他一年之后(乾隆三十七年)所写的《杂感》(其二)诗——

> 岁岁吹箫江上城,西园桃梗托浮生。
> 马因识路真疲路,蝉到吞声尚有声。
> 长铗依人游未已,短衣射虎气难平。
> 剧怜对酒听歌夜,绝似中年以后情。

人非中年,心境似中年。叫人于悲之外,夫复何言?

［貳］

《旅夜》之后，他写给洪稚存的一首诗《稚存归索家书》——

只有平安字，因君一语传。
马头无日历，好记雁来天。

这首诗叫我想起岑参的《逢入京使》："故园东望路漫漫，双袖龙钟泪不干。马上相逢无纸笔，凭君传语报平安。"

此时仲则浪迹金陵，正计划着回到安徽，再谋出路。因乡试落第，前途未卜，颇有无颜见江东父老的感觉，所以洪稚存返乡时问他有没有家信带回时，他无可言说，作了这首诗。

述尽了悲情，还是要来叙一叙他生命中的温暖，那些被埋没在他的豪情悲怨背后的柔软。

除却他年少时的恋事，把酒于欢场时遗落的情迹之外，他生命中真实长久存在的女性，是他的母亲和妻子。

在仲则的诗作中，似《旅夜》这样的感遇诗数量最多，最见他的人生履历和体悟。恋情诗最为绮丽，兼有李贺和李商隐的风致。

他言及友人的诗又比写给家人的诗作多。生命中不可或缺的两个人，在他的诗作中所占的比重，其实不能算多。

感情无形无相，有些情感，因为太沉重真实，反而不易表现，需要仔细寻觅,才能发现线索。

　　他寓居金陵时所作的《子夜歌》和《陌头行》,以女子的心思语气言之,我都是从他妻子的角度去理解的,也许这可看作仲则在旅途中对妻子和家人的惦念,只是不经意且不自觉间,换了一种更曲婉的表达。

> 思君月正圆,望望月仍缺。
> 多恐再圆时,不是今宵月。
> 　　　　　　　　——《子夜歌》(其一)

> 万里流沙远,真愁见面难。
> 闺中无挟弹,那得雁书看。
> 　　　　　　　　——《子夜歌》(其二)

> 妾心化游丝,牵欢古道边。
> 明知牵不住,无奈思缠绵。
> 　　　　　　　　——《陌头行》(其一)

> 妾心化春草,遮欢山水程。
> 明知遮不住,到处得逢迎。
> 　　　　　　　　——《陌头行》(其二)

古代文人很擅长作"女性代言人"的角色，替女人发声，掩藏自身心意。无论是王昌龄、王建、晏几道、秦少游还是归有光、沈复，他们或者善于写宫怨、宫词，或是写下凄绝艳美的词章，或在其妻子亡故之后写下感人至深的悼亡散文，从字里行间流露出款款深情，再塑爱人的形象。

仲则也不乏这种能力。若将这四首诗看作是他为其妻代言，抒写其思忆之情，其实比单纯考据他写给"其何人"的情诗更见情味深长。

乾隆三十六年冬，赵氏在常州老家为他生下了一个儿子，可盼不到他衣锦荣归。不是因为他薄情，而是因为情非得已。

世间有多少生活不似想象中浪漫。谁告诉我们，凭豪情万丈就可以仗剑江湖？一腔热血常被一场场冷雨浇熄，现实仓皇，无处躲藏。

如人所说"离开是为了更好的回来"，仲则不断离开家乡，前往安徽以及更多的地方，其实也是这种心意。

我不知赵氏能否理解他的曲折心意。贫贱夫妻百事哀，或许她有更实际的困难、不安和担忧，但她一直忠贞地守候着、陪伴着他，支撑着这个近乎一无所有的家庭。这是一种无须剖白的情意，也是无须言勇的担当。

以世俗的标准来看，仲则一生颠沛不算成功，赵氏操劳家事，艰难度日亦算不得幸福。别说比不得天生贵胄的纳兰公子，连许多衣食无忧的人也不如，可他们之间的情义并不比任何人清浅。

才子佳人,翩然出尘,情深缘浅——写下揪心刻骨悼亡词,终生忆念是爱;共历尘劫,风尘满面,默然不语,甘苦与共更是爱。

叹世人多赞美艳羡向往成为前者,忽略遗忘不愿设想自己沦为后者——可这仍会是大多数人的处境。

尘世间有多少如仲则和赵氏一样的寻常夫妇,无论贫穷富贵、健康疾病,始终不离不弃。知你不易,故我不舍,此心昭昭如日月。

修到人间才子妇,不辞清瘦似梅花,不只是一句漂亮的话。生命中,总有些无法辩白的衷肠。在回忆中检点过往,秋收冬藏,悲欣交集。

时光催逼着我们,生活却一如既往,面目庸常。疲惫的依旧疲惫,忧伤的仍旧忧伤。我的愁思黯淡了斜阳,你的思念清瘦了秋光。

【名噪一时】

在那场不期而至的宴会上,他即兴挥毫写下了一生中最辉煌的诗篇《笥河先生偕宴太白楼醉中作歌》:

红霞一片海上来,照我楼上华筵开。
倾觞绿酒忽复尽,楼中谪仙安在哉!
谪仙之楼楼百尺,笥河夫子文章伯。
风流仿佛楼中人,千一百年来此客。
是日江上同云开,天门淡扫双蛾眉。

江从慈母矶边转,潮到然犀亭下回。
青山对面客起舞,彼此青莲一抔土。
若论七尺归蓬蒿,此楼作客山是主。
若论醉月来江滨,此楼作主山作宾。
长星动摇若无色,未必常作人间魂。
身后苍凉尽如此,俯仰悲歌一徒尔。
杯底空余今古愁,眼前忽尽东南美。
高会题诗最上头,姓名未死重山丘。
请将诗卷掷江水,定不与江东向流!

此篇韵高气雄,犹如神来之笔,尽展其才华抱负!如大鹏之扶摇直上九万里,自在逍遥。即使隔世读来,依然震荡人心。可想而知在当时,是多么令人叹服!

乾隆三十六年,安徽学政朱筠巡视太平,拜访同年沈业富,听说仲则正在沈幕,便投了拜帖,仲则随即赶来,以弟子礼拜见朱大人,成了他的幕宾。乾隆三十七年,仲则与稚存同入朱筠幕府。三月初十,朱筠偕幕友高会于采石太白楼,仲则即席赋此诗,一时声名大噪。

朱筠的儿子朱锡庚身逢其会,记录了仲则当时的风光:"时方秋霁,先大夫召客登翠萝峰,张宴太白楼下。甫设宴,黄生独离席立于悬崖之巅,江风吹衣,飘飘有凌云之致。即入座,座客曰:'今日不可无题咏。'黄生从容出素纸为长句,洒洒百余韵,酒未阑而成,激昂壮

【名噪一时】

丽,咸谓谪仙复生,于是座皆搁笔。"阅其文如临其境,如逢其会。

左辅记载云:"学使尝游宴太白楼赋诗。时宾从数十人,皆一时名彦,仲则最年少,着白袷,颀而长,风貌玉立,朗吟于夕阳中,俯仰如鹤,神致趋旷。学使目之曰:'黄君真神仙中人也!'……一时士大夫争购白袷少年太白楼诗,由是名益噪。"

关于此事,洪亮吉在《黄君行状》里亦有记载:"三月上巳,会于采石之太白楼。赋诗者十数人,君最年少,着白袷立日影中,顷刻数百言,偏视坐客,坐客咸辍笔。时八府士子以词赋就试当涂,闻学使者高会,毕集楼下,至是咸从奚童乞白袷少年诗竞写,一时纸贵焉。"

仿佛可以看见,那惊才绝艳、矫矫不群的少年,信手扬眉写下诗篇,长身玉立,翩翩若风中松。白衣翩然,如谪仙再临。他眉宇之间的沉静,豪气中的优雅,令人神往。

这也许是仲则一生中最光芒万丈的时刻,众望所归,无可匹敌。

这一幕也留在了洪稚存心中,多年之后执笔写来,仍是充满了怀念和赞叹。

无论光阴如何陈旧,仲则留在他心中的形象依旧焕然。死亡只能使回忆更鲜明。

知你心如少年,永如少年。

这首诗尽得风流豪情,便是天地之间,化作洪荒,独自一人,亦不退惧。纵然诗仙再世,面对眼前的碧山如带,江河如练,片帆如星,所作亦不过如此。

此日楼上盛筵欢饮,太白楼为主,青山为宾。若长久来看,七尺之躯终有一死,煊赫高楼也有凋敝倒塌的一日,终究还是青山常在水长流。

"请将诗卷掷江水,定不与江东向流!"——写这诗时,仲则不过二十四岁。想想真是惊人!和王勃作《滕王阁序》一样,都是传世名作,一时之佳话。

这一天,或许是他二十四年来最心怀畅快的一天。对诗歌的热爱是他一生的重量,是他一生努力的发心所在,是他的生命得以纯粹沉淀的缘由。然而,在大多数时候,除了为数不多的几个人之外,他为之全心投入所行的事,获得的质疑和担忧要多于认可。

时代要求他走上仕途,而不是成为诗人。他终生处在这种逼压中,执着、艰难地实践着意愿。

而这一天,世界为他敞开,天花妙音,光明遍地。这首诗熠熠生辉。他得到的认可是无与伦比的,犹如古时写《三都赋》的左思,一时竞相传诵,洛阳纸贵。

在楼下的八府士子心中,他是得人看重、前途无量的年少英才。他的一首诗,就足以令他们辍笔失语,从心里生起对古老优美的诗歌的向往和怀念。

在历代的诗人中,仲则写李白、学李白最得神髓,因他们最深的豪情、最深的悲哀都是那么相似,他也被人誉为"清代的李白",且看这一首——

骑鲸客去今有楼,酒魂诗魂楼上头。

[名噪一时]

栏杆平落一江水,尽可与君消古忧。
君将掉头入东海,我亦散发凌沧洲。
问何以故居不适?才人自来多失职。
凡今谁是青莲才,当时诘屈几穷哉!
暮投宗族得死所,孤坟三尺埋蒿莱。
吁嗟我辈今何为,亦知千古同一抔。
酒酣月出风起壑,浩浩吹得长襟开。

——《太白楼和稚存》

《太白楼和稚存》写于乾隆三十六年十一月,此时他和洪亮吉尚未入朱筠幕府,还没等到才华尽显的时机。

他和稚存在一起,当然不用隐藏什么。相较于《笥河先生偕宴太白楼醉中作歌》流露的豪情逸志,这首诗更见私人的忧愤,相同的是不改的豪情。

用江水洗尽心中尘埃,他的诗和词一如李白般清丽俊逸。他写景、写人、写事,他在描述时,是古老的人和事在他心中的投影,掀起的波澜。

直到仲则决定和洪亮吉一起留在朱筠幕府中,有知己做伴,他才度过一段比较自在的时光——虽然也很短暂。

仲则声名大噪之后,自然有同僚眼红、妒忌,他为人又孤僻,相当不善于处理人际关系。虽然朱筠有意回护,时日一久,他依然觉得不自在。

这段时间,他作了不少诗。他是诗人性情,不管时间时机是否合适,每每有灵感,都会把稚存叫来饮酒谈诗,经常折腾通宵。

"永夜无他虑,长吟毕二更",他倒是兴致勃勃,只是苦了忠厚待人的洪亮吉,既得不到休息,又要担心仲则羸弱的身体,同时还要帮仲则分担他的工作。

仲则淹留在安徽,所行经的地方,冥冥中似有指引,在在处处都绕不开那人的痕迹。

弄月人何在,孤坟细草中。浪游于此的他,被纳入一场期待已久的、盛大的交汇中,有着倍觉心碎的安慰。

如他自己所写的《秋浦怀李白》:

为爱池鱼美,停车又几时。
如何我行处,每见尔题诗。
花发清溪馆,苔荒苦竹祠。
青天明月在,何处不相思。

"如何我行处,每见尔题诗","青天明月在,何处不相思",这九曲衷肠,感同身受要如何寄托?他像个少年,满心困惑,满腔激情,却无处倾诉。

我又想起仲则的名句:"别后相思空一水,重来回首已三生。"这句情诗,化用在此处,解他的落寞,解他对前人知己的怀想,也是合用的。

【名噪一时】

在这个不够完美的世上,诗歌虽然诉说着悲伤,检点着遗憾,指出不安和困惑,却是求证完满的朝圣之途。

浮生茫茫,书剑飘零。对士人而言,不能为世所用固然是失落的,但潜藏的、最深最大的寂寞是,青天明月,高山流水,知己已去。

男人对男人才算是真忠贞。君不见,士人之间情怀互许,动辄千年。对一个素未谋面亦不可能谋面的人念念不忘,生平事迹功业得失如数家珍,立志承继先贤的志愿,哪怕是孤独地走完人生路。终此一生,生死相许若等闲。

我在字里行间与你邂逅、重逢。读你诗文,依你言行。身边人来人往,唯有你从不曾离去。我们不曾谋面,你却尽知我心中所想。你给予我的安慰,是枕边人亦不能了解。无须铭誓,我绝不辜负。恪守你我共同的信念,前行之路,吾道不孤。

仲则亦是如此心意,但他比李白纠结、失意得多。既不能隐逸山林做个幽客,亦不能漫游五岳做个散仙。

如何才能化天地为道场,消千愁万虑,断今生来生,修一个自在圆满身?

——如果梦中见,他生里,如能和青莲居士把酒问月,我想替仲则问这个问题。

这是他一生未参透的症结。

【怃本无端】

在安徽学政朱筠的幕府中,仲则得到很好的对待。朱筠将他和洪亮吉视作"龙泉"、"太阿"两把绝世名剑。除却公务之外,每每带着此二人出行,历遍安徽的名山秀水,仲则的诗情得到极好的滋养。

《两当轩集》中,有许多他作于这一时期的佳作,比之上一次在王太岳幕中,湖湘之游,他的诗才更有进益。

洪亮吉《玉尘集》中记:"景仁自黄海归,技日益进,同辈悉敛手下之。"证明此时的仲则在诗艺方面已经出于同辈,罕有能与之匹敌之人。

【忧本无端】

他的出众在于,他从未因此自得自满。一个真正的诗人,不会仅仅因技巧上的成功而欣喜,相反诗艺愈精,感时伤世愈深。

> 忧本难忘忿讵蠲?宝刀闲拍未成眠。
> 君平与世原交弃,叔夜于仙已绝缘。
> 入梦敢忘舟在壑?浮名拚换酒如泉。
> 祖郎自爱中宵舞,不为闻鸡要著鞭。
> ——《夜起》

"忧本难忘忿讵蠲?宝刀闲拍未成眠。"仲则是一个习惯失眠的人。夜深无眠,思绪迭飞,脑海中时而疏可走马,时而密不透风,非要起身写下点什么才安稳。

辛稼轩是"醉里挑灯看剑,梦回吹角连营",他亦是闲拍宝刀,忧发无端,愁思难卸。

想起古之贤人逸士,汉代的严君平和晋时的嵇康,又想起一事无成的自己,不免感慨成篇。

"君平与世原交弃,叔夜于仙已绝缘。"这里提到两位古人,严君平和嵇康。若论后世声名,严君平显然不如"朗艳独绝,世无其二"的嵇康有名,但其出世、出众之处,并不逊于嵇康。

严君平是西汉道家学者,靠替人卜筮为生。一代高人以此为业,着实令人诧异。其实是他认为:"卜筮者贱业,而可以惠众人。有邪恶非正之问,则依蓍龟为言利害。与人子言依于孝,与人弟言依于顺,与人臣言依于忠,各因势导之以善,从吾言者,已过半矣……"——简而言之,就是可以借人探问凶吉祸福,谋求前程富贵之机,因势利导,引人向善。

严君平终身不仕,每日替人看相占卜,只要赚够生活所需就收摊。古人喜言"君平独寂寞,身世两相弃"(鲍照《咏史》),李白亦承鲍照意,《古风》诗言:"君平既弃世,世亦弃君平。"

"交弃"指身弃世而不仕,世弃身而不用,说起来好像很惨淡,其实是大勇大自在。他不恋荣华,不慕权贵,为度众生,甘愿隐于红尘,实是有大悲心。

时人赞严君平:"不作苟见,不治苟得,久幽而不改其操。虽随和,无以加之。"他隐于市井,著书立说,旨在整理传播道家思想,所著《老子指归》一书,使老子的道家学说更为系统化,并在哲学层面作出归纳。因他本姓庄,生前死后也被人尊称为"庄子"。后世所传的庄子学说,亦有将他与庄周的思想并流之处。

严君平心性淡泊,得享高寿,活到九十多岁,教出一代大儒扬雄。他的学说,经由弟子扬雄的宣说,对后来道教的产生,也有极深的影响。据说他精于易理,早在二十年前推算出"王莽篡汉"和"光武中兴"两件大事,加上他的思想对道教的影响,到了晋代,他已经在文人笔下变成一个能知晓天机的人了。

在晋代张华所著的《博物志》中,有这样一段传说:有人顺着大河乘船而上,到达天河,见到女子织布,丈夫牵牛饮水,并告知来人,回西蜀问严君平就知道到了什么地方。

回来那人找到严君平,向他探问机窍。严君平说,它是天上织女的支矶石啊!去年我看到客星侵入牛郎、织女星座,心里很奇怪。原来那正是你到达天上星座的日子,你已经到达了日月之旁了。

需要说明的是,张华在书中没有说这个人是张骞,却被后人附会成通西域的张骞。于是西汉末年的严君平,也变成可以和汉武帝年间的张骞一起笑谈的人了。此事虽然荒诞,却也证明严君平学识广博,声名远扬,受人爱重。人们愿意将好的事归附于他。

又,书法上著名的法帖《严君平帖》,是王羲之写给益州刺史周抚的私信,短短两句,聊起严君平、司马相如及扬雄有无后人的事。

这段轶事无下文。我偶尔间想起,不禁莞尔,男人有时候八卦起来也蛮可爱。这般亲切,就像现在打个电话、发个短信随口一问那么随意,却因是在书写的时代,因是他,而显得格外郑重。

与王羲之都不太了解的严君平相比,嵇康生平事迹、言行谈吐的记载可算是汗牛充栋、俯拾皆是了。实话实说,作为一个在世时就已经化身为国民偶像的男人来说,嵇康,除了死得有点冤,其他都堪称完美。

其实,刻薄一点说,他死都死得那么有艺术性、有政治价值,真是不算冤了。

"手挥五弦,目送归鸿"——素日里,他还只是大众心中的男神,有赖司马氏的无情刀,临终那一幕,是他幻化成神的必经阶段。

需要注意的是,仲则在这首诗中,并未强调嵇康的死,或是他在世时矫矫不群的种种作为。许是为了对应上句中严君平的道家身份,他用了一段嵇康仙缘错失的故事作为典故。

据《神仙传》记载:"王烈独行太行山,遇山崩裂,中有穴。穴中青泥流出如髓,气如粳米饭,嚼之亦然。烈合数丸如桃大,用携少许归,与嵇叔夜曰:'吾得异物。'叔夜甚喜,取而视之,已成青石,击之如铜声。叔夜即与烈往视之,断山已复如故。烈曰,叔夜未合得道故也。"

这段故事是说,王烈在太行山中行走,遇到山崩裂,有一个洞穴中有石髓流出,气味如粳米,嚼食亦然。王烈取了少许,合成如桃子般大小的一丸,回来跟嵇康说。嵇康是渊博之人,料定是道家之宝石髓,取来看时,此物已经化作青石,叩之有金属声。嵇康与王烈再去看时,山已合拢如故。王烈叹息说,这是嵇康得道成仙的机缘还不够啊。

仲则以严君平和嵇康二人自比,印证了他心中两个相互矛盾的层面。君平与世交弃,是自愿,可见仲则心中向往的清高;叔夜与仙道绝缘,则可知他心中的不甘和矛盾。

仲则始终是有讨巧之心,想要两者皆得,既要清高不俗,又要得享大名,被人趋附。世事哪有那么便宜?所以他活得辛苦,是有惶惑的,所以要自我安慰:"入梦敢忘舟在壑?浮名拚换酒如泉。"

我对诗人多数时候是理解和心疼的。但每每看到这些人口不对心,我都忍不住要刻薄两句。

来来往往的诗人,兜兜转转都在感叹时光运转:最是人间留不住,朱颜辞镜花辞树。说什么人生衰老,如舟在壑。尽管想办法留住它,还是留不住,是故须臾不敢相忘——所以我们要及时行乐啦!要觉悟奔忙劳碌谋求虚名无用啦!不如开开心心饮酒为乐啦!

男人们的通病是,失意了就豪言撂下浮名换酒,酒醒了就捡起浮名再继续追求。搅来和去,酒和浮名都很无辜啊!

仲则呢,也是被我刻薄的典型代表。一面伤心着流光易逝,功名无着,一面故作洒脱说要及时行乐——实实的口不对心,真放下了就不会再反复纠结,蠢蠢欲动了。

你看人家严君平老先生,精研老庄,一点也不纠结,也不进退失据。出世之高人,了悟了人生如舟在壑的道理,连游戏人间亦不游戏了,端端敬敬传学问于后世。斯人斯学令人高山仰止啊!

着实是能看得出境界高低的。仲则固然不是趋炎附势,钻营谋生计的小文人,却也不是心化外物,和光同尘的世外高人。

我看他屡屡失意失眠,磨己磨人(可怜与他同住的洪亮吉),着实替他揪心。说什么"祖郎自爱中宵舞,不为闻鸡要著鞭"——豪情壮志是不假,可就这羼弱的小身板,还这么不知珍养,刻骨搜新句,这是生生把自己往李贺先生的路子上逼啊!真是愁死我了。

回头看去,早在乾隆三十六年秋,他就写了一首《夜起》:

缺月黝将尽,远挂寒林色。
照此五夜心,凄凉亦云极。
崇兰愁素辰,幽蛩啼破壁。

星河淡思曙,风露凄犹夕。

永叹达钟鸣,褰衣竟何适?

到乾隆三十七年冬,他又写了一首同题之作:

诗颠酒渴动逢魔,中夜悲心人寤歌。

尺锦才情还割截,死灰心事尚消磨。

鱼鳞云断天凝黛,蠡壳窗稀月逗梭。

深夜烛奴相对语,不知流泪是谁多?

严迪昌在《清诗史》里评价《夜起》说:"两当轩主人在表现那个时代的进退失据、百法欠妥帖的知识分子的迷惘困惑、忧愤悲慨的心境时,其具体而微,曲尽其情,在当时是没有匹敌的。"

——我是没有这么高深的见地,这首《夜起》令我感怀的不过四句:"诗颠酒渴动逢魔,中夜悲心人寤歌。尺锦才情还割截,死灰心事尚消磨。"

漏断人初静,幽人独往来,他时时诗兴勃发,耿耿不寐,似癫似狂,如有心魔。诗歌是他生命中不可或缺的一部分,当他感觉到生活逼压、愁绪万端之时,他会用诗歌来疗伤。

白居易在《闲吟》里这样叹道:"自从苦学空门法,销尽平生种种心。唯有诗魔降未得,每逢风月一闲吟。"

乐天到此境时,已作闲吟。能销种种心,是因从容,故能自我解嘲。仲则显然也是未能降服诗魔兼酒魔的人,却做不到白乐天的闲适,动辄不得安宁。

一股不平气,无可纾解。恰应了那句:"知我者,谓我心忧;不知我者,谓我何求。"

我后来渐渐能够了解、感受他的恓惶。生活像一头凶猛的狮子,而他是一只疲于奔命、脆弱的羚羊。

除却"自我实现"这个追求一直不能够实现之外,一直盘桓在他身边的死亡阴影,也是让他惴惴不安、不能释怀的原因。

【旧恨心痕】

[壹]

我觉得,乾隆四十一年之前的每一个秋天,对仲则而言,都是一场无可逃避的煎熬。乡试不第带来的失落感,会持续到来年秋天。

这个过程周而复始,如同顽疾,困扰、折磨了他十多年。

乾隆三十七年,他因秋试,盘桓在杭州。乾隆三十三年至三十七年这五年间他频繁造访,对此地已经非常熟悉。

如他在《思旧篇》的序言中所叙:"戊子、己丑间,屡客武林,偕同

【旧恨心痕】

人宴游,吴山酒楼,踪迹居多,酣嬉之乐,彼一时也。别来闻座中吴门蒋思謇夭,而劳濂叔亦卒于官,感而赋此。"

他说自己四五年间,频繁往来,杭州城内,吴山酒楼,留有他和朋友酣饮唱和的不少踪迹。酣戏之乐,令人怀想。不料今年再来时,听闻蒋思謇、劳濂叔已不在人世,所以写下了《思旧篇》,以作悼亡:

五年浪迹辞吴山,山中猿鹤笑我顽。
追陪尽属嵇阮侣,别来霜雪凋朱颜。
别后飘零断书问,怪事惊传半疑信。
劳殂蒋夭须臾间,一作陈尸一行殡。
蒋生年纪二十余,兀兀抱经常守株。
要离冢畔抔一土,谁信此才堪著书。
劳年四十遇尤舛,水部一官名甫显。
残膏一烁焰旋收,始叹文人得天浅。
兰蕙两两遭风吹,身后凄凉更可悲。
一生伯道伤无嗣,四壁相如尚有妻。
青山剩稿半零落,土花剥蚀无人知。
嗟我犹惭双鸡絮,脉脉泪痕空被面。
虚星耿耿夜台长,魂魄何曾梦中见。
反思置酒吴山头,淋漓醉墨挥满楼。
我时抱病将远游,公等苦为狂奴忧。

谁知挥手数年事,而皆反真吾尚留。
我留茕只更行役,游地追思徒历历。
何日同张竹下琴,不堪更听邻家笛。
达观我昔思庄蒙,曾言死胜南面荣。
又闻栗里感柏下,为欢急急深杯倾。
昔人持论若矛盾,乃今始得观其平。
以生哭死死可惜,无此一哭死亦得。
后先相送本斯须,相看那得忘忧戚。
顾影临风自叹吁,故人风叶共萧疏。
若知鬼伯催人急,好觅生存旧酒垆。

别来霜雪凋朱颜,那些曾经逸兴飞扬的男人哪,都四散去了何方?

剩我一人茕茕孑立,追思怀想。琴不能再弹,弦已绝。笛不可再闻,无人吹。

当年把酒言愁亦如言欢。

青春年少复轻狂,那样好的日子一去不返。

回想当初,我抱病远游时,你们怜我苦辛,为我担忧。谁知现在,你们竟舍我先去。

你们都还很年轻,生命本该鲜活。还有很多事都没有做,却都不能去实现了。

陶渊明诗云,人生似幻化,终当归空无。

【旧恨心痕】

我们之中,有人蹉跎至今,功名未竟,有人为官数载,卒于任上,终归是不得意罢!浮世长长,我们却如短歌一阕,戛然而止。若早知你我来日无多,活着的时候就该纵情痛饮,无须顾忌。比死亡更可怕的,是留下太多遗憾。

请原谅我此时的失态!忧生惊死,这本源性的焦虑,是我始终不能释然的命题。

你们的才华有目共睹,德行也无愧于人,那又如何?命运可有一丝宽容,我只想知道,它落手时可曾有一丝手软犹疑?

岁月的流逝让人惊惶,我们以何来叩问命运?

欲倚长剑觅封侯,抵不过,鬓发先秋。断送一生豪情,只消得几个黄昏。

浮生太短,无常太长,冷静想来,你原不是什么传奇,以嵇阮自比,追慕魏晋名士风标,亦不过,是俗人间的戏谑,自我安慰罢了。

贤人失志,英年早逝,是逃不开的宿命吗?但若是碌碌无为、无才无智过一生又有什么意义?

想起乾隆三十六年时,他写给左辅的诗中有云:"人生百年如过客,哪得欢游不回忆……楼头书剑飘零日,曲里家山怅望间。始知聚散枝头鸟,有限欢娱不常保。"读来真如谶语。

仲则的诗,写内心的愁怨,写愁,写醉,写才命相负,写多病多灾,分开读时尚不会有明显的感觉,一口气读下来,就会觉得这些描述反复出现,既是诗歌的主题,又似是注脚,注解的是生命的无常和无力感。

这首《思旧篇》(并序),叫我想起向秀的《思旧赋》,赋前亦有小序:"余与嵇康、吕安居止接近,其人并有不羁之才。然嵇志远而疏,吕心旷而放,其后各以事见法。嵇博综技艺,于丝竹特妙。临当就命,顾视日影,索琴而弹之。余逝将西迈,经其旧庐。于时日薄虞渊,寒冰凄然。邻人有吹笛者,发音寥亮。追思曩昔游宴之好,感音而叹,故作赋云:

"将命适于远京兮,遂旋反而北徂。济黄河以泛舟兮,经山阳之旧居。瞻旷野之萧条兮,息余驾乎城隅。践二子之遗迹兮,历穷巷之空庐。叹黍离之愍周兮,悲麦秀于殷墟。惟古昔以怀今兮,心徘徊以踌躇。栋宇存而弗毁兮,形神逝其焉如。昔李斯之受罪兮,叹黄犬而长吟。悼嵇生之永辞兮,顾日影而弹琴。托运遇于领会兮,寄余命于寸阴。听鸣笛之慷慨兮,妙声绝而复寻。停驾言其将迈兮,遂援翰而写心。"

向秀在嵇康亡后,经其旧居,听邻人吹笛,笛声清亮忧伤,向秀感物是人非、生死茫茫,悲从中来,写下了这篇《思旧赋》。赋虽短,却是悼念亡友的名作,千载之下,读来依旧令人唏嘘。仲则的《思旧篇》意类于此,而情意恳切,伤怀凄恻,实不下于古人。

"托运遇于领会兮,寄余命于寸阴",有"时也,命也,运也,如之奈何"的意思。想明白了,不过是,寄余欢以余生。

然,生亦何欢,死亦何苦?到头来,英雄美人同归黄土,俊杰志士共祭荒台。不过是,等有心人来临风洒泪,长歌当哭。雄心逸志换千年一叹,万古长哀。

【旧恨心痕】

想起来,还是张爱玲说得透彻:长的是磨难,短的是人生。

魏晋之后,竹林七贤已成传奇,仲则的诗——很多人的诗,都以他们的言行事迹为典故,为典范,追慕其名士风标。焉知他们也是不得意的,好一点的,怀抱着理想死去,差一点的,浮沉于世,留下许多感时伤逝的诗句。那些自在,不过是让活着的姿态,看上去不那么狼狈罢了。

白居易有诗云:"闲日一思旧,旧游如目前。再思今何在,零落归下泉。"——若时光有张不老的脸,它可还会记得那些心意青青的少年,他们被生活驱策,奔行在路上,偶然间驻足,仓皇四顾,找不到旧识。

人言诗谶不祥,纵观仲则的际遇,这首《思旧篇》,亦可视作他无心之中,写给自己的祭文了。

[贰]

读过了《思旧篇》再来读《杂感》(四首),会觉得心意相照,很多话无须多言。仲则的磋磨和茫然、固执与坚持,都在这组诗里如实呈现了。他的《杂感》和《感旧》系列,向来可以看作他的自述。

抑情无计总飞扬,忽忽行迷坐若忘。
遁拟凿坯因骨傲,吟还带索为愁长。
听猿讵止三声泪,绕指真成百炼钢。

自傲一呕休示客,恐将冰炭置人肠。

——《杂感》(其一)

岁岁吹箫江上城,西园桃梗托浮生。
马因识路真疲路,蝉到吞声尚有声。
长铗依人游未已,短衣射虎气难平。
剧怜对酒听歌夜,绝似中年以后情。

——《杂感》(其二)

鸢肩火色负轮囷,臣壮何曾不若人?
文倘有光真怪石,足如可析是劳薪。
但工饮啖犹能活,尚有琴书且未贫。
芳草满江容我采,此生端合附灵均。

——《杂感》(其三)

似绮年华指一弹,世途惟觉醉乡宽。
三生难化心成石,九死空尝胆作丸。
出郭病躯愁直视,登高短发愧旁观。
升沉不用君平卜,已办秋江一钓竿。

——《杂感》(其四)

朱筠性宽仁,不能御下。洪亮吉在《黄君行状》里记载,黄仲则在朱筠幕府中，与同僚相处不谐——"居半岁，与同事者议不和，径出使院，质衣买轻舟，访秀水郑先生虎文于徽州，越日追之，已不及矣。其标格如此。"

仲则在朱筠幕府三年多，终因与同僚的龃龉而断然离去。从"抑情无计总飞扬，忽忽行迷坐若忘"的自叙可以看出，仲则的性格，一方面非常细致敏感，一方面又超级迟钝，对愤然出走之事，他丝毫不觉轻率，反以古之贤人自比，自言骨傲。

"遁拟凿坏因骨傲"典出《淮南子·齐俗训》："鲁君欲相颜阖，使人以币先焉。阖凿坏而遁。"坏，为屋的后墙。人家颜阖是为了摆脱名权束缚，不肯为君所用，才凿墙逃脱，有似当年的许由听闻尧要传位给自己，跑到溪边洗耳朵。

我们这位兄台却因与同事不和，负气出走，典衣买舟，去徽州探访曾对他的诗文有指教的嘉兴郑虎文先生。

仲则如此行止，在外人看来难免任性幼稚，不能持重，稚存说起此事却深有怜爱赞赏之意，称其标格如此，且"越日追之"——让人想起萧何月下追韩信之事，感慨人生在世，知己难得。

萧何最后负了韩信，无可奈何，稚存却终生包容爱护仲则，生死相托，不负兄弟情义。可惜，肯似稚存这般待他的人，毕竟是少数，落于旁人眼中又不知生了多少口舌是非。仲则之恃才傲物，落落难群，可见一斑。

"听猿讵止三声泪，绕指真成百炼钢。自傲一呕休示客，恐将冰炭置人肠。"犹言寄人篱下，已将性情拗折，虽已尽力去改变，似百炼钢成绕指柔,但仍然做不到俯仰由人,与俗人之间冰炭不可同置,无法可想。

其余三首,他依旧在感慨飘零日久,际遇升沉。这四首《杂感》情绪上暗有转换,第一首犹显自傲,第二首转为自怜,第三首再转为自伤,第四首则是自我宽慰。

"但工饮啖犹能活,尚有琴书且未贫。芳草满江容我采,此生端合附灵均。"是讽世甚深,也是敝帚自珍。仲则借对屈原的怀想来纾解内心的抑郁,表示要追随屈原。无论怎么矛盾伤感,骨子里,他对自己的诗文和才华,始终充满了自信和自傲,这是他志气不堕的根源。

他不愿寄人篱下,不愿依附于人,不愿改变性情,不愿违心逢迎,混迹钻营。要做真实的自己,他像一支箭矢,努力朝目标射去,却铩羽而归,屡屡坠堕。

这一波一波的心绪纠结,即使借酒佯狂,沉溺醉乡,亦从未放过他。心中的疲累,难有释然的一日。

"升沉不用君平卜,已办秋江一钓竿。"谓自己屡生退隐之意,欲效先贤,垂钓江渚。以佛法来论,这是厌离心在生了又灭,灭了又生。

说着不在意的话,只是自我欺哄罢了。这么多年过去了,鸿鹄之志、安邦济世只是遥不可及的梦而已。

现实世界的冷酷和坚硬,远远超越他的想象和理解,是他全力以赴也突不破的重围、穿不透的铁壁铜墙。

酒壮肝胆，一纸悲书，他时而失望，时而希望，时而犹豫妥协，时而坚定决绝。

寒门士子的悲楚，大多在于内心所期许的世界和现实世界之间的差距，无法接受梦想照不进现实的残酷。书里读到的、心里想象的，和现实中迎头遭遇的、切身经历的，往往南辕北辙，大不相投。

如他所言，"似绮年华指一弹，世途惟觉醉乡宽"。人，原来真的不可以只凭借才华活着。

野心和能力的错位是最不可笑的笑话。他被迎头痛击，热血依旧，却渐觉悲凉，连痛楚都木然，只剩不甘。是心血未耗干，仍要提笔……

他说："三生难化心成石，九死空尝胆作丸。"人面对自我时，未必有那么多喜乐安宁，品味到的大多是卧薪尝胆之苦，从苦中体验喜乐，以苦为乐，是极深入的修行。

我想洪亮吉是格外了解他的。因为理解，所以心疼、尊重，要竭尽所能地替他周全。论起性情，稚存比他圆融。年复一年，他们经历着同样的辛苦和失望（科举落第），状态却大不相同，稚存比他乐观通达。

或者仲则更像另一个他，一个更天真、更执着，拒绝受到世俗侵蚀的他；即使脆弱，也要倔强，绝不轻易投降——稚存懂得这一点。看仲则在俗世上下奔突，满心疲累、遍体鳞伤，仍不言退惧——知道自己做不到这样勇敢，所以更爱护他。

人世之苦辛，大多只可暗夜沉吟，不堪细对人言。苦自己尝，乐才可邀众共赏。人多愿活得漂亮,漂亮给人看。若非情不得已,有多少人愿意把生活的残破和嶙峋,巨细靡遗地呈现给人看,惹人笑叹呢?

　　生命的大多数真相都是让人不想面对,不由自主想逃避忘却的。所以我珍赏黄仲则,珍赏那些不如意的痴人,他们用文字点燃尘埃,哪怕是一簇微光,也要共世人照见更真实的存在。若没有这些字字句句、千言万语,从旁提点慰藉,或许我们会迷失得更深、更快。

　　比之习惯遮掩、自找退路的我们,总有些人愿意活得真实而坦荡,用生命缀锦为文,哪怕最后只落得锦灰自珍。

【卷三】
【锦字成灰】

【倦眼繁华】

玉露零阶叶飘井,巢燕差池去无影。
别路三千紫塞长,秋风一夜乌衣冷。
可怜欲别更徘徊,暮气繁华眼倦开。
易主楼台常似梦,依人心事总如灰。
珠帘十二斜阳下,凄凉几阅流红卸。
昔日抛花散绮筵,此时掠草辞歌榭。
海国回头雾百重,可应魂恋旧房栊。
玉京臂冷红丝断,神女钗归锦合空。

亦有江南未归客，年年社日曾相识。
故家子弟半飘零，芦花满地头俱白。
朱雀航边伴侣稀，郁金堂上故巢非。
抛残一样新团扇，辛苦三春旧舞衣。
感恩几辈同关盼，忍待明年更相见。
一任泥抛落月梁，那堪门掩无人院。
伯劳东去雁南来，百遍相呼誓不回。
天空自有低飞处，不是同心莫浪猜。

——《归燕曲》

我忘了什么时候爱上这首《归燕曲》。里面有我极爱的几句："别路三千紫塞长，秋风一夜乌衣冷。可怜欲别更徘徊，暮气繁华眼倦开。易主楼台常似梦，依人心事总如灰。"写燕别紫塞，辗转南回，却见故居零落，繁华成尘。

黄仲则的诗，有种让人骨头发冷的美。

大约那年还在看张爱玲，看她的《沉香屑·第一炉香》，看她笔下的香港。战乱中流离的孤岛，真有暮气繁华眼倦开的况味。初至香港的葛薇龙似依人而居的燕子。而后她被姑母利用做交际道具，与乔琪乔之间若即若离、戏假情真的暧昧，确然有"易主楼台常似梦，依人心事总如灰"之憾。

一个时代说起来似乎绵长，真要是起了变化，一转身，一过眼也就截然不同了。依附在他人身上的心事，托付于别人的指望，最终都会消磨成灰,轻轻消散。

这首《归燕曲》以归燕起兴,写人世之繁华离散;华美凌厉,似箭穿心。黄仲则的乐府歌行,华采俊逸似太白,用典周密似子美,绮丽深婉似义山,凄冷哀残似长吉,亦秀亦豪,摇荡性灵。能将诸般风情熔铸一体,不损自己的性情,实在难得。

古人对燕的感情深于今人,开蒙时便念"来鸿对去燕",牢记于心,生活中又见燕衔泥筑巢,穿帘绕梁,呢喃低语。如此日日相见,与今日之城市楼高无梁,乡村僻落荒芜,情分自然不可同日而语。

在古人的诗文中,人与燕是相知。人有信,燕有期。燕看着一座宅子里的人,来了又去,去了又还,从心意青青走到白发苍苍。看一个家庭,偌大家族的兴衰聚散。一年一度,燕的往还,暗喻时节变换,燕去巢空,燕来楼空,暗示人事已非。

"珠帘十二斜阳下,凄凉几阅流红卸。昔日抛花散绮筵,此时掠草辞歌榭。海国回头雾百重,可应魂恋旧房栊。玉京臂冷红丝断,神女钗归锦合空。"其语何其凝炼,其境何其冷艳?不期然有《长恨歌》中三郎与玉环别后的情思。

燕语呢喃,叹庭草青青,人事苍苍。华堂筵冷,楼台易主,那些醉生梦死的人呵,注定无处告别。

当绮筵散,歌楼寂,舞榭空,南归的燕子尚不忍见此凄凉,人又将如何思量?

当金乌冷,红丝断,人未还;当芦花白,少年老,红颜残;当风流云散,岁月蒙尘——那些心意徘徊的人,要到何处去祭奠往昔?

无可奈何花落去,似曾相识燕归来。耽于回忆又如何?旧日之美如雪花融化在指尖,只剩悲伤是真实的。

没有一个句子能准确抵达悲伤。早知结局已定,但我其实多年来,仍未参透聚散因缘,还不能释然,放下对你的眷恋。

读这首诗像是在看一部怀旧主题的电影,听一个人慢慢道来,一个封缄已久的故事。

仲则像一个手法精深、寓意深刻的导演,他令颓废沉潜销魂,令忧郁锋利如刃。他能把残缺变成美,调动起人心中细微、珍贵的感受。他用文字营造画面,驾轻就熟地引导内心意象,破除了现实世界既有的法则和界限。

从归燕的角度切入,让诗人的思索更显举重若轻、新奇空灵。燕所依附的,是现实中的楼台,纵然易主荒芜,亦有遗迹可凭吊,人所奢望的,却是心中的海市蜃楼。对镜观花,近水捞月,梦中寻梦,终于免不了心事成灰,无迹可寻。

除却人情之外,仲则描述世事凋残亦分外惹人唏嘘。他将自己化作那高傲念旧的燕子,看似冷眼旁观,实则满蕴深情,叹三春歌尽,舞衣团扇抛残,惜同心人少,天涯飘零孤飞。哪一笔,不是他的独白?

我再读此诗亦是惹泪。蓦然想起,《地藏经》有云:"譬如三千大千世界;所有草木丛林、稻麻竹苇、山石微尘,一物一数,作一恒河;一恒河沙,一沙一界;一界之内,一尘一劫;一劫之内,所积尘数,尽充为劫。"

庆幸读过佛经,尚可自释一二,但仍有痴心一点。假如坏空在所难免,一切尘劫难逃,不知你我,会在哪一劫重逢?

我终是不能安慰仲则,那思忆再长,穿透了昼夜,也刺不破光阴。他心底的重重悲,始终不曾卸下,华美亦只是表象,底蕴仍是苍凉。

除却《归燕曲》以燕自喻之外,他还作过一首《春燕》:

画梁仍在故巢倾,谁遣依人又此行?
日暮庭空飞不去,闲花于我旧关情。

很多人,生命的底色都是苍凉的。相信的,是后会有期;等来的,却是后会无期。

最末两句颇值得一提:"天空自有低飞处,不是同心莫浪猜。"反用《史记·陈涉世家》的典故。陈胜贫时躬耕垄上,曾叹:"嗟呼,燕雀安知鸿鹄之志哉!"仲则反用其意,谓自己甘做燕雀低飞,只有同道同心的人才能理解,有志高飞之士就不必费力理解了。此语可解作他甘心将心力放在作诗上,即使不合时宜,亦无意经营仕途人情,并非真的志向低微。

仲则的歌行还有很多可圈可点的佳作,譬如《焦节妇行》《苦暑行》《悲来行》《圈虎行》等。这些感遇诗的个人色彩要浓重于《归燕曲》《长风沙行》《春风怨》,观照现实亦更深刻,因而历来为评家所重。

他写个人际遇,感慨时事,兴寄深沉之时,不免心意瑟缩,有时读来让人消沉。写爱情的层面,却有唐人的天然流丽,情致天成。

一如彼时人的勇猛、慷慨、决绝,欢喜哀伤都动人心魄,纵情浪荡也天经地义,嫉妒怨毒都美不胜收。

假若沉沦是不可免的,就请沉沦得凄美;如果心碎是不可免的,那么干脆碎到重生。

好的文字常如刺客随身携带的薄刃,一旦入目就必要留下致命的伤口,仲则的诗也是这样。

"易主楼台常似梦,依人心事总如灰。"还有一层深意:想古往今来,神州陆沉、家国板荡之际的那些士人,看朝代兴替,想此身如寄,怕也是这般心意。

都爱说世事如过眼云烟,却都不忍道破,将浮沉聚散看成云烟过眼,谈何容易?

我爱他写的情诗,然而,再怎么读,仲则都不是只耽于情爱的诗人。如果只思情爱,他就不会那么痛苦。他一方面放不下对功名的向往和追求,一方面始终在反省、拒绝、抵抗更大功名的诱惑。这是士人普遍而隐晦的心理。

他说"人间无数闲哀乐,若问春风总得知",是能够以小见大、举轻若重的,看似写春花秋月,实则写春华秋实,照见的是代代相承的悲。悲的是他自己,悯的却是天下穷途同命之人。

苦痛的人生诚然不值得推广,但确然会更真切可感。真正的美不仅是美好,还要真实——这是黄仲则至为可贵和值得探究的地方。

【于愿不足】

自投入朱筠幕中，仲则一直颇受朱公爱重，虽与同僚略有龃龉，工作表现也谈不上上佳，朱公知他旷达却不周事务，对这类才士既不能不用也不能大用，所以点他为校文，对他多有回护。

此时又有洪亮吉相伴在旁，替他周旋。稚存与他相比，知世故而不世故，要成熟许多。为配合他的诗兴，可怜稚存生生被他折腾成夜猫子。原谅我俗，抛开他的个人理想，平心而论，这段时间，仲则的日子，倒也不算太难过。

要说难受，只是仲则自认有经纶之才，不甘做个写诗来令宾客惊叹、令主人自豪的清客罢了。可是我读他的诗又不免叹气,他是不甘做一个清客,可连一个称职的幕僚也做不了。

洪亮吉和他不同。稚存除了写诗之外,亦善骈体文,经学受教于邵齐焘,与孙星衍齐名,乃至于声韵、训诂、地理、历史、经济无一不精。说是著作等身,实不为过誉。诗比仲则略逊,但在清代仍不愧为一流。

后来中举之后,他为官清正,颇有官声。嘉庆元年,回京师供职,入职上书房,教授皇曾孙奕纯读书。

作为清代的著名学者,他早在嘉庆年间就写出《治平篇》,敏锐地洞见到中国人口增长过速带来的弊端。洪亮吉认为,人口的增长既然远远超过了田地与房屋的增长,就使得"田与屋之数常处其不足,而户与口之数常处其有余"。

加之乾隆年间,土地兼并的问题已经十分严重:"田之归于富户者大抵十之五六,初期有田之人,今俱为佃耕之户。"农民被迫出卖田地和子女,过着凄惨的生活,甚至四处流亡,流民达到数百万之众,这些都是嘉庆年间邪教日盛、社会动乱的隐忧。洪亮吉对这深重的社会现实是有反省和思考的。

嘉庆三年,洪亮吉以征邪教疏为题考试翰林和詹事,著文力陈内外弊政数千言,为时所忌。之后以弟丧辞职回乡。

嘉庆四年,为大学士朱珪起用,参与编修《高宗实录》。同年,上书《乞假将归留别成亲王极言时政启》,触怒嘉庆帝,下狱并定处死,稚存得讯后谈笑如常。后免死,改为流放伊犁,交将军保宁严加

【于愿不足】

管束。

百日后,京师大旱,祈雨不应,嘉庆帝下令释放囚犯和时间较久的流放人员,并传谕释放洪亮吉,诏以"罪亮吉后,言事者日少",令释还原籍,下诏后即降雨。洪亮吉返家后,居十年,撰述至终。

在人口急速增长,人们对人口问题尚麻木的时代,他已经察觉到这一问题的严重性,为近代人口学说之先驱。这个担忧,如今已被现实验证。

英国经济学家托马斯·罗伯特·马尔萨斯曾做出一个著名的预言:"人口增长超越食物供应,会导致人均占有食物的减少。"洪亮吉的人口论,与马尔萨斯的看法不谋而合,《治平篇》是我国历史上最早专论人口问题的文章,写于乾隆五十八年(1793),比马尔萨斯还早五年。

而仲则虽然同样才华横溢,除诗词颇负盛名外,他的骈文亦不负其师邵齐焘之教,虽《浮湘赋》《渡淮赋》已佚失,但从现存的《送余扶之太原序》《题吴竹桥集》两文看来,通篇用骈体,文笔典雅华丽。他善于书法、绘画与篆刻。书法风格在苏轼、黄庭坚之间,分隶更为古雅。篆刻于文秀中含苍劲,间仿翻砂法,制铜印直逼汉人气韵,亦工画。然这些都属才子之质,除却在诗文中感怀古今,说要著书立说之外,实未见他于时事有何实质性的见解论著。此言虽稍显偏激,但观仲则平生的兴趣和性情,乃天生一副诗人秉性、才子作为。纵然他不英年早逝,为官怕也辛苦勉强得很。

但我觉得这又如何呢?古往今来为官者如过江之鲫,而天才的诗人,却屈指可数,世上少一个不称职的官员,比少一个称职的诗人好。省得他受罪,别人也痛苦。

乾隆三十七年夏至三十八年春,仲则屡随朱筠出行。乾隆三十七年七月中旬,仲则随朱公至安庆府,九月自安庆至六安,冬至颍州、凤阳。乾隆三十八年春,随朱公至庐州、泗州。这可能是他在朱筠幕府中奔波最频密的一段时间。

我其实颇喜欢仲则在旅途中的诗作,虽然他又习惯性地恢复了青衫落拓的样子,虽然他又拾起一贯的郁郁不得志的论调,但我还是喜欢得紧。

你且看他这一路行来一路吟:

十里背高城,犹闻击柝声。
马嘶回鸟梦,人语先鸡鸣。
树拥千堆黑,沙浮一道明。
殷勤望残月,愁绝此宵征。

——《早发》

月斜东壁影虚龛,枕簟清秋梦正酣。
一样梦醒听络纬,今宵江北昨江南。

——《安庆客舍》

遥程无计可停轩,暮景苍苍野色繁。

【于愿不足】

破庙半将茅补屋,秋坟多插纸为幡。
似曾见影人投碛,略不闻声鸟下原。
今夕定知何处宿?暝天漠漠对忘言。
——《即目》

野店黄茅宿雨收,夕阳帽影两悠悠。
瓦盆酒熟香初透,土壁虫寒语渐休。
小草于人有同命,远山对我各惊秋。
奋飞常恨身无翼,何事林乌亦白头。
——《即事》

朔风吹城白日低,登楼四望怀惨凄。
排空战寂万枯树,树树上著寒鸦啼。
寒鸦初来半天黑,同云作阵风附翼。
飘萧散落林冈头,倪迂画点米颠笔。
此乌亦如雁随阳,哀声前后感词客。
有枝相借群依依,无巢可投转恻恻。
三两稍集空檐端,告我日暮天且寒。
无衣无褐欲卒岁,顿袖相对空长叹。
旧巢同辈苦相傲,占得五更金井阑。
——《寒鸦》

一杯冻面破阳春,更洗盈襟万斛尘。

入市马周空骨相,登楼孙楚尚精神。

儿童自笑行歌客,徒御兼羞失路人。

归觅传家酒炉去,莫教风笛怆西邻。

——《题酒家壁》

因常在西北行走,于旅途上晓行夜宿过,所以我对仲则诗中描述的情景深有所感,亦深赏他笔笔出景,诗中有画,出语佳妙。可这一路,他可曾将心思放在公务上?若没有前文的一番赘述,不知情的人打眼看去,会以为他是来野外写生游赏赋诗的。

这种不在状态的状态和纳兰容若在《长相思》中写自己扈从康熙皇帝出关外时的感受何其相似:"山一程,水一程,身向榆关那畔行,夜深千帐灯。风一更,雪一更,聒碎乡心梦不成,故园无此声。"

世人都赞容若此词写天涯羁旅写得好,我却在评点《饮水词》时忍不住毒舌:公子你是满族人好不好?八旗子弟好不好?关外才是你老家,大清龙兴之地,游牧民族风吹雪打是常事好不好?现在又不是远征准噶尔,只是让你随驾出关,短期出差嘛!你身为相国公子,扈从圣驾,待遇又不会差到哪里去!你居然说,故园无此声……敢问何处是"故园"?

"故园"这字眼亏得是出现在康熙爷时,笑笑也就过了。若是出现在乾隆爷时,赶上他老人家心情欠佳,神经敏感,究起字眼来,"故园"这两个字肯定讨不得好去,数典忘祖之罪是免不了的。连平定

[于愿不足]

新疆、立了大功的将军兆惠在庆功宴上,偶尔卖弄念了句"但使龙城飞将在,不教胡马度阴山",都被训得屁滚尿流,伏地请罪不已。

转回头说仲则,我不知他的这些诗,朱筠看过没。最好是没看过,不然气死。也许他气度非常人所能及,看到了也不以为意,反而欣赏他过人的才情,这另当别论。

反正以我这种小心眼和低下的理解能力,举凡如此相待,仍抱怨旅途(出差)辛苦;备感压抑,前途渺茫(奋飞常恨身无翼);待遇过低(无衣无褐欲卒岁)——消极怠工,还敢诸多不满,若有这样不晓事的下属,真不如直接请走了事。

【歧路亡羊】

［壹］

似仲则这样的痴人,要么喜欢他,要么讨厌他,很难有折中的观感。

初至朱筠幕中,虽然深受器重,又有洪亮吉、邵晋涵等人朝夕共语,但仲则总摆不脱"人生尽如寄,不如沙上禽"的感觉;如果离去,为生计所拘,他又心中矛盾。去留两难,早在乾隆三十七年的一首《春暮》里已经曲尽其意了:

【歧路亡羊】

江南三月雨,零此千花色。
啼鹃劝人归,啼莺复留客。
归既不得归,留亦安可留?
闲云及江水,浩荡相与愁。
春风吹百草,草深没行路。
草青客南州,草枯在何处?
人生尽如寄,不如沙上禽。
更听隔溪管,能伤日暮心。

如果说,在《春暮》里他还算掩藏了情绪态度,只是曲尽其意的话,乾隆三十八年春所作的《悲来行》就真的是狂态毕现,直言不讳了:

我闻墨子泣练丝,为其可黄可以黑。
又闻杨朱泣歧路,为其可南可以北。
嗟哉古人真用心,此意不复传于今。
今人七情失所托,哀且未成何论乐。
穷途日暮皆倒行,更达漏尽钟鸣声。
浮云上天雨堕地,一升一沉何足计。
周环六梦罗预间,有我无非可悲事。
悲来举目皆行尸,安得古人相抱持。
天空海阔数行泪,洒向人间总不知。

《悲来行》其实更像一篇态度鲜明、言辞激烈的檄文,是一个愤怒青年对现实的征讨。它不同于古人那些托物言志、兴寄深微的"感遇"之作,违背传统诗学所提倡"哀而不伤"的含蓄美感。

当中有两个典故的运用值得重视,"我闻墨子泣练丝,为其可黄可以黑。又闻杨朱泣歧路,为其可南可以北。"典出《墨子·所染》:"见染丝而叹曰:染于苍则苍,染于黄则黄。所入者变,其色亦变。"及《淮南子·说林训》:"杨子见逵路而哭之,为其可以南可以北。"

墨子看到质本洁白的丝被染得五颜六色,悲从心起;杨朱看到歧路太多,感伤人生难以抉择而落泪。这两个典故都意在感慨环境和现状对人造成的影响。当然是不好的环境,不然何用悲戚?

这四句是说,人在时事中彷徨,面前歧路交错,可以往南,可以往北,稍有不慎就会误入歧途;本色的素丝,可以染黄,可以染黑,很快就失却了本来面貌。

至这四句而下,悲怨再不遮掩,一泻到底。

"嗟哉古人真用心,此意不复传于今。今人七情失所托,哀且未真何论乐。穷途日暮皆倒行……悲来举目皆行尸……"这种种愤世之语,读来触目惊心,且不说清代诗坛,就我所见诗文中愤世嫉俗、灰心厌世,未有过于此者。

阮籍的《咏怀诗》也不过借"杨朱泣歧路,墨子悲染丝"开笔,定下悲慨的基调,往下就转为"揖让长离别,飘飘难与期"——这转折虽显生硬,却也符合魏晋时人看似张狂大胆,实则谨慎避祸的作风。

虽都是借古喻今,对现实有极深刻的认知和体味,然,相比于阮籍顾左右而言他、有意为之的隐晦迷离,仲则直斥时弊,用词要犀利精准得多。连"倒行逆施""行尸走肉"这样的词都奉上了,十足的愤青范儿。

如陈子昂所言:"前不见古人,后不见来者,念天地之悠悠,独怆然而涕下。"天地悠悠,我心纠纠。这时代叫人癫狂,颠倒梦想令人绝望。知我者谓我心忧,不知我者,谓我何求!这时代奉行利己、实用主义,所有与之背道而驰的理念,都显得不合时宜。

游走在世面上着意表现忠诚的人,往往所图不纯;有操守的人,内心清醒却只能冷眼旁观,既不能改变现状,有时还不得不屈己从人,充当尴尬的角色。一念及此,自然是既悲且泣了。

我是从检点仲则一生经历的角度去看待他的,在意的,不仅仅是他诗作的艺术水准、思想和照见现实的深度。私人感情上,我更在意理解他的幸与不幸,剖析其一生潦倒的内在成因。

在结党营私、尔虞我诈、追权逐势的世风面前,洁身自好的人必然格格不入,备感压抑失落。似这样不平则鸣,作为诗作自然叫人击节赞叹,如以《汉书》下酒,当浮一大白,可对他个人处境而言,实在是弊大于利——他既感到无限的绝望,又忍不住心存希望,求之不得,弃之不舍。是以,终是进退失据。

因个人的不如意而否定整个时代,我始终觉得是欠妥的。人不能脱离自己所生存的时代,就像不能揪着自己的头发离开地面,所以我更喜欢狄更斯在《双城记》里说的:"这是最好的时代,这是最坏的时代；这是智慧的时代，这是愚蠢的时代；这是信仰的时期，这是怀疑的时期；这是光明的季节，这是黑暗的季节；这是希望之春，这是失望之冬；人们面前有着各样事物，人们面前一无所有；人们正在通往天堂，人们正在直下地狱。简而言之，那时跟现在非常相像，某些最喧嚣的权威坚持要用形容词的最高级来形容它。说它好，是最高级的；说它不好，也是最高级的。"

时代有光明的一面，就必然有黑暗的一面，生活在其间的我们，注定无法逃离。任何脱离自身所处时代的对比和考量都是无意义的。好坏的标准也常常莫衷一是，因人而异。

面对纷乱世态，批判、对峙、抗争必须有，但需要在客观冷静的尺度之内，内心保持距离和判断。若说康乾盛世已叫人不疯魔不成活，那康乾之后直至清末呢？现在乃至以后呢？

我跟清代那些和仲则同时代的文人态度类似——赏其才，惜其志，可以理解，却不能全然认同仲则的愤世嫉俗。他在诗中极言古时之好，赞古人之真璞，须知古人也是这样想和看的，一代代人朝前看，往后想，总觉得"世风日下，人心不古"，但日子还是不动声色地过去了。

厚古薄今，"过去的总是好的"和"得不到的总是好的"，是一体同源的消极，于事无补。

[贰]

我不知仲则在朱筠幕府中，目睹了怎样的黑暗和龌龊，令他激愤于心,如鲠在喉,不吐不快——不过这也不重要了。

因为这年的春天,朱筠得到了乾隆皇帝谕旨:"朱筠学问尚优,着仍以编修用,在四库全书处行走。"他奉召赶赴京师,仲则因母亲年事已高不能同去。但想来朱公是深知仲则性格的,所以也不作强求。

仲则太单纯,单纯到只适合做诗人。倘若在地方上,如此用心回护,他尚且不能适应,那么,身在京城那样的大官场,更容易招惹是非,因言获罪。

朱筠不能再给予仲则庇护。这两年的相处,彼此眷恋也罢,解脱也罢,宾主一场,到此时,缘分尽了,各奔前程。

告别了朱筠之后,仲则在杭州和徽州浪游了半年。虽然在诗中写尽空闲,但他其实不是闲人。多年来四处奔忙,杭州是他来往各地的必经之路。武林如故里,西湖如旧友,他前后写下不少诗。这些诗都很美,害我念念不忘,每到西湖边,就会想起。

  昔慕林和靖,平生亦爱梅。
  绕庐三百树,一一手亲栽。
  霜冷月孤落,山空我独来。
  耳边犹鹤唳,残梦已飘回。

——《梦孤山》

渔舠歌舫寂无踪,梦醒湖云第几重。

卷幔水风能破醉,钩帘斜月正窥侬。

暗中草气兼秋气,烟外山容似病容。

若为幽人伴遥夜,一僧楼上自鸣钟。

——《湖楼夜起》

远山如梦雾如痴,湖面风来酒面吹。

不见故人闻旧曲,水西楼下立多时。

——《湖上杂感》(其一)

水寒成阵怯衣单,落拓愁怀遣倍难。

薄负才情合憔悴,可怜闲煞好栏杆。

——《湖上杂感》(其二)

寂寞楼台锁冻云,闲踪惟我最殷勤。

西湖与尔坚相约,一过钱塘一访君。

——《冬日过西湖》(其一)

湖上群山对酒尊,无人无我旧吟魂。

不须剪纸招魂去,留伴梅花夜月痕。

——《冬日过西湖》(其二)

彼时仲则写于杭州的诗,几乎可以单列一个章节出来,远远不止我上面所引的这几首。这些诗,和他十九岁初至杭州时所写的《吴山写望》《雨后湖泛》相比,已是两种境界。此时少了许多泛泛之思,多了许多不能言说的沉静。也许这就是岁月沧桑加诸他心上的,磨砺的力量。

在仲则笔下,到来和离开从来都不是轻率的事情。不会像我这样,早上还在北京,中午就已经到了杭州。来去过于自如,反而不容易写出情深义重的文字了。

在古老的时代,文人笔下的城市,是寄托了梦想、情怀,值得托付和信任的所在。长安、洛阳、广陵、武林,每一个流光溢彩的城市有着根系不同、属性各异的基因密码。人们世世代代在其间繁衍生息,留下的,就是历史,演绎的,就是传奇,不会像如今这样标榜日新月异。日新月异,多么乏味、无韵的词。

有时坐在湖边看书喝茶,日暮湖山,极目望去,西湖颇有烟水迷蒙之美。水声拍岸清幽,落叶簌簌而下,随波而去,咫尺之遥,便染繁华。时见画舫溢波而来,虽耳无管弦之声,亦叫人心有曲意。

蓦然想起仲则的"不见故人闻旧曲,水西楼下立多时",没有因由地,它像一簇烟花在记忆中猝然绽放,还没回过神来,已留下伤感的余烬。

有些诗句的好处,是可以用语言去形容的,而更多的好诗,无法用语言去品评,只能凭心境去体味,要人同此心才可意会。就像我此刻无法准确地告诉你,他在思念什么,为谁而惆怅。

这种情绪慢慢游走,它似一条河流,变化多端,又似一颗种子蛰伏在心底,等到时机成熟才肯宛转相见。

仲则写诗,遣词造境有其极为独到之处。"立"字是他用得极为传神的一个字。无论是"为谁风露立中宵",还是"水西楼下立多时",似写尽了不可言说的孤独之感、隐忍之情。寥寥数语,即能勾起无尽惆怅之思,叫人心意低回。

"立"字又很陡峭,仿佛是立于悬崖之上,背后是万丈深渊,全无退路——是他孤寒心意的写照。

他曾写过一首《寄蒋耘庄》:"踪迹吟场半载同,水西楼下别匆匆。清狂好占溪头月,寥落应怜泽畔鸿。屐齿青余三径草,泪珠红入半江枫。酒痕检点春衫在,聚散浑疑一醉中。"中有"水西楼下"之语——"不见故人闻旧曲,水西楼下立多时"应与此呼应。

"酒痕检点春衫在,聚散浑疑一醉中。"想起他的诗,我总是忍不住悲,触目生泪。

他总是默默地难过着,像很多说不出为什么难过的人。有些痛无法与人诉,连自己都无法准确捕捉。

如梦在侧,形影不离,他的万种愁心,也许并不为谁,不为具体的事,只是不能遏制地,久远的悲伤再度袭来。

别人在赏丽景繁华,他眼中湖山犹带病容。我多希望他能快乐一点,可惜不能。

他总是借酒浇愁,身内,焚心如火,身外,万仞寒绝。护持着先天破碎的希望,举步维艰。将来,终是不敢预设的。

遥望孤山,我忍不住会想,如果他像林和靖那样梅妻鹤子、孤独丰腴地过完一生,其实都算得偿所愿,不枉此生。他,却是浮生不堪醒,残梦已飘回。

百年后,吟魂犹啼血,只剩,这心血词章,像烟花一样掠过红尘。

【来鸿去燕】

翻过《悲来行》,读过《湖上杂感》,再来读《新安滩》——

一滩复一滩,一滩高十丈。
三百六十滩,新安在天上。

相比于《悲来行》的悲怆,《湖上杂感》的凄冷,这首二十字的小诗,似谣似谚,有着涉世未深的干净,令人爱不释手。这是乾隆三十八年八月,仲则于离杭赴徽途中所作。

在历代诗人、词人笔下,徽州都是一个让人念念不忘的所在。人说"一生痴绝处,无梦到徽州",这一句话就让人心旌摇曳,亦令不少人对出生安徽的我心生羡慕。

但我一直汗颜,自认未算住过真正的徽州。在我成长的时代,我所在的宣城,唐诗宋词里风姿绰约的江南名郡,被谢安、李白、杜牧、白居易、梅尧臣、黄仲则轮番赞颂过的幽静古城,已经异化成一个面目平庸的小城市了;而相隔不远,渐渐游客满地的西递、宏村,也不再是一句句古诗,只是一具具供人浏览点评的千年古尸。

我曾在毕业之后,独自到黄山脚下的歙县住过一段时间,那可能是地理上离"古徽州"最近,心理上离梦最近的地方。我穿街走巷,夜宿民居,也曾见了桃花红、梨花白、菜花黄,也曾见碧潭照影、坊映残阳。那又如何?过去的,毕竟过去了。没有了桐城派和徽商的年代,徽文化也如无根之水。

最终,我不得不承认,我所追念的,是"看不见的城市",是我一厢情愿的陈年旧梦。

最终,只有背起行囊,跟随脑海中的古诗去旅行,走向那尚未完全消散的远方。

有时,踏足现实中的某地会惊异,劈面相见,几乎有不忍相认的尴尬和伤情。恨不得能装作从不相识,从无期待。

有时,会心灰意冷地躲回书里去。然后,再过一阵,又很没骨气地被勾引得蠢蠢欲动,再次启程,哪怕是去自取其辱。

当我在《两当轩集》里读到那么多关于徽州的诗,我会想,这样也好。有人替我走过这些古老的地方,还能看见"绿树连村暗,黄花入麦稀。远陂春草绿,犹有水禽飞"如此恬淡的风光。在它们未曾消散和变味的时候,替我感受过那些曾经的美好。

他在寒凉的旅途中奔波过,邂逅这些让人心醉神驰的风景,留下这许多鲜明生动的文字,却到底没有卸下心底的忧伤。

浪迹天涯呀!以梦为马呀!江湖游侠呀!浮世散人呀!都是些看起来很美、实践起来很伤的词,往好了说是冷暖自知,往差了说是朝不保夕。除非是天赋异禀、意志过人,才能不负初心。

仲则不是这样的。他像一个流离失所的孩子,带着不解和委屈在红尘中辗转,故作坚强地流浪,只有在写给洪亮吉的一首首诗里,才流露出疲惫和失落。在他的诗集中,具名或不具名的写给洪亮吉的诗很多,这些诗都不惮表露孤单,尽泄忧愁。

> 绿酒红灯款语深,等闲身世任浮沉。
> 花前幸是相逢好,竹下还寻旧地吟。
> 小草经时成远志,青枫异日损春心。
> 应知此去淮南客,旧雨抛离怨不禁。
> ——《饮洪稚存斋次韵》

> 前年送我吴陵道,三山潮落吴枫老。
> 今年送我黄山游,春江花月征人愁。

【来鸿去燕】

啼鹃声声唤春去,离心催挂天边树。
垂杨密密拂行装,芳草萋萋碍行路。
嗟予作客无已时,波声拍枕长相思。
鸡鸣喔喔风雨晦,此恨别久君自知。

——《短歌别华峰》

那时他是要去徽州。这次又是离开杭州去徽州,而洪亮吉刚好是从徽州赶赴杭州,仲则得信后方知两人失之交臂。

来鸿去燕江干路,露宿风飞各朝暮。
多时相失万重云,忽又相逢不相顾。
吁嗟吾辈有底忙!怅好年华此愁度。
君饮新安水,我客钱塘城。
风岩水穴每独往,此间但恨无君行。
君下严陵滩,我上富春郭。
日日看山不见君,咫尺烟波已成错。
卸装孤馆开君书,知君去才三日余。
君行尽是我行处,一路见我题诗无。
吴山越水两迎送,今夜追君惟有梦。

——《稚存从新安归,而余方自武陵来新安。相失于道,作此寄之》

在漫漫人生中,他们无数次演绎着相同的戏码,重逢又别离。身如来鸿去燕,心似万里秋云。人生中的寻常聚散,在他看来,都值得郑重书之。这首诗若结合《偕稚存望洪泽湖有感》来读,便知由来有因:

涛声入耳心所向,与君同家楚江上。
比年渴走尘埃间,见此洪流亦神王。
湖宽一面青嶂开,立久万仞高寒来。
水面吹衣日落去,石气荡魄云飘回。
远天黯惨湖变色,雁飞不度鸣何哀。
沉沦九鼎自太古,苍茫那见蜃珠吐。
浪静似响鲛人机,风便欲递冯夷鼓。
此时倒影动楼阁,咫尺已畏风雷作。
前驱青兕淮神过,长波砯岩大鱼跃。
得观如此将毋归,回头半湖森雨脚。
大陆浮沉且未休,吾侪身世将安托?
歌声如哭何处歌,沿山半州纯浸波。
庚辰癸仲不在世,呜呼奈汝歌者何?
——《偕稚存望洪泽湖有感》

这首诗比《稚存从新安归而余方自武陵来新安相失于道作此寄之》要艰深晦涩许多,我曾考虑要不要录进来。

这样的取舍，于我也是为难。一方面，我知道这是好诗；另一方面，碍于黄仲则诗太小众，阳春白雪，知者寥寥。若换了李白、杜甫、韩愈、李贺，无论写得如何高古，如何佶屈聱牙，我都不会担心没人读。

登高山，临巨流，海鸟长啼，天风振袖，奔涛怒吼，更相逐搏，砰磅訇磕，谷震山鸣，懦夫丧魄而不前，壮士奋袂以兴起。此诗前半章写观湖望景，气韵生动，气势磅礴。自"大陆浮沉且未休"而下，笔势陡转，感赋身世。

写景变化多端，写情婉转忧生。他落笔一贯摇曳恣纵，自成风格，大合司空图《二十四诗品》里的"雄浑"之赞："大用外腓，真体内充。反虚入浑，积健为雄。具备万物，横绝太空。荒荒油云，寥寥长风。超以象外，得其环中。持之非强，来之无穷。"

清人吴嵩梁读罢黄仲则诗书后赞叹不已，故有诗云："其才挺脱实天授，独以元气为往来。有时造意入微妙，游丝袅空影迟徊。有时挥毫极雄宕，神龙出海随风雷。叙事矫变不可测，抒情宛转难为怀。"

将两首长诗联系起来，便知来龙去脉。曾与君把酒对酌，登山临水，一起流落异乡，弹铗高歌。虽然我说，等闲身世任浮沉；虽然我知，世间种种，终必成空；可这蹉跎之憾，升沉之悲，有生之年，却不是轻易能够释然。

是彼此相知太深，不能等闲视之；是彼此的际遇太似，有许多肺腑之言要一次次倾诉。即使只是分离数月，亦珍惜每一次的相见，觉得不能重逢有憾。

此心此意,正应了那句"相见亦无事,别来常思君"。

仲则的诗才,在这几首诗中显露无遗。无论是清丽洗练的《新安滩》,还是雄浑激荡的《偕稚存望洪泽湖有感》,抑或是情深可感的《稚存从新安归而余方自武陵来新安相失于道作此寄之》,都有过人之处。"来鸿去燕"是《声律启蒙》里司空见惯的对偶,被他信手拈来用在此处,犹如别有韵致,下笔如流水行云,清峻婉丽,不拘于章法,一任性情。

"吴山越水两迎送,今夜追君惟有梦",仲则与洪亮吉之间的诗歌往还,直叫人想起白居易与元稹。白居易与元稹深交厚谊,他的诗集里亦有很多写给元稹的诗,譬如广为人知的《同李十一醉忆元九》:"花时同醉破春愁,醉折花枝当酒筹。忽忆故人天际去,计程今日到梁州。"

妙在此诗与元稹到达梁州同日所作的诗丝丝入扣:"梦君同绕曲江头,也向慈恩院院游。亭吏呼人排去马,忽惊身在古梁州。"

诗下元稹自注云:"是夜宿汉川驿,梦与杓直、乐天同游曲江,兼入慈恩寺诸院,倏然而寤,则递乘及阶,邮吏已传呼报晓矣。"他梦到与白居易同游曲江,而白居易与李杓直游曲江,醉后有梦,也梦到了他。

所谓"但求魂梦与君同",想来也不过如此吧!至于其他情深义重、情意款款的往来诗文,不一而足,我就不一一列举了,总之颇值得玩味,有兴趣的朋友可以找来一观。

【流光欲转】

[壹]

乾隆三十八年十一月冬,仲则离徽,自新安江东下,返故里,途中作《练江舟中》。这是一首颇有气势的七古:

青山万叠江一线,一叶扁舟下如箭。
船头高坐披裘人,终日看山如不见。
问君胡为不见山,山过倏忽迷茫间。

崖连但若障迎面,峡转忽如天霁颜。
岭上行云半晴湿,晴云俄追湿云及。
雨来只送山气腥,雨过顿助滩声急。
星光渐大日已曛,摇舟泊入千鸥群。
矶头石作琳碧灿,水底沙皆蝌蚪文。
十年尘梦快冰释,中夜临风展瑶席。
大鱼听曲来昂昂,独鹤掠舟飞拍拍。
梦醒远柝闻五更,茫茫露下空江平。
舟人醉眠时呓语,百呼不应天将明。

——《练江舟中》

此诗写山景江景,性灵飞扬,又写操舟人酣睡之态,生动堪画。他写景时的流丽洒然真是神肖太白,又深得宋人刻画之细。这首诗如一幅高手所绘的《行舟图》,若和早些年间他写于宁波的《甬江舟中看山甚佳》合看,则气韵更佳。

甬江江头发清晓,四顾无如我舟早。
红树千行雁一声,两岸秋山入绵渺。
看山镇日开孤篷,转帆面面随樵风。
帆欹风急作鸱叫,顷刻已过山千重。
一峰对面一峰隔,每见一峰浮一白。
酒酣倒喝行云来,似有山灵谢颜色。

明朝还到海东头,青天一发见琉球。

此时回忆看山处,又似蹄涔薛棹游。

——《甬江舟中看山甚佳》

人言王维诗中有画,在我看来,好的诗人笔下都如画,只不过有人喜以工笔描摹,有人惯以写意皴染。

乾隆三十四年,他在写《甬江舟中看山甚佳》时,还是豪情飞扬,颇有好山好水看不足之迫切,此去经年,得到的只是空憾。

扁舟从此过,晚潮风势急。

我知道,渡过这条江,翻过这座山,就可以到家。

在旅途中,我曾写下无数思乡的诗,可是,为什么,离得越近,我的心思越沉重,我的脚步越迟疑?

到底,我所留恋忆爱的,是"故乡"这个词带来的似是而非的告慰,还是真实的故乡?

故乡的冬夜是否依然寒冷?窗前的明月是否已凋残如霜?

母亲啊,你已为我愁白了双鬓,等碎了心肠。

妻子啊,三年浪迹,两手空空,一无所成。

你们是否会嫌弃我无用?

流年纷纷,不经意间的一皱眉,雪就落了下来。

冬日刚回到故里时,有友人龚协(字克一)来访,赋诗三首相赠,仲则以诗和之。

每经契阔想平生,四海论交有少卿。

似我渐成心木石,如君犹是气幽并。

那愁白璧投无地,多恐黄金铸未精。

别后酒狂浑不减,月斜舞影共参横。

——《冬日克一过访和赠》(其一)

不愧狂名十载闻,天涯作达尽输君。

移栽洛下花千种,醉倒扬州月二分。

翻笑古人都寂寂,任他余子自纷纷。

樽前各有飞扬意,促节高歌半入云。

——《冬日克一过访和赠》(其二)

知君兴尽欲回舟,日暮天寒不可留。

百岁去时何鼎鼎,半生行道苦悠悠。

青山未买玄晖宅,江水能言洗马愁。

前路酒徒相问讯,故人久已敝貂裘。

——《冬日克一过访和赠》(其三)

这三首诗写天涯浪迹,纵论平生,自甘贫贱,萧瑟却不掩豪情。虽赞友人旷达,却何尝不是自释自诩,自我激励?"不愧狂名十载闻,天涯作达尽输君","翻笑古人都寂寂,任他余子自纷纷",都是豪情飒然,让人眼前一亮、精神一振的磊落之语。

"狂"之一字,在当世人眼中,或许是罪,是一生不顺的祸根,在仲则诗中却是褒义词。他的佳作,是将凄苦忧伤和飘洒俊逸结合得比较好的篇什,上承唐宋,下启民国,伤而不颓,潇洒俊逸。

总有人借着仲则的事自抒胸臆,扼腕叹息说是时代辜负了他,我却觉得,是他潜意识里执意选择了这样的存在方式。如果要他从俗合群、庸庸而生,他宁愿选择落落离群,高傲至死!真正理解他的人不会仅仅是同情他,他不需要同情。

有道是,花开不并百花丛,独立疏篱趣无穷。宁可枝头抱香死,何曾吹落北风中。

[贰]

漫游以后的他,并不是每年都能如期返家过年。

光阴流转,转眼已是乾隆三十八年。离家三年,此番得与家人同聚,欢欣之余,更多心酸。家庭的重担一直压在他肩上,但他委实不是一个会经营家业的人。也是他秉性太过孤傲,不然,以常情而论,以他的多才多艺,工书法,擅丹青、篆刻,怎么样也不会沦落到潦倒不堪的境地。

这么多年,想着科举荣亲,结果却功名无着,连累得家人生计亦未改善,实是无颜——此等惭愧心意,如我等未曾真正受过饥寒的人,其实是不能理解的,但我相信,一定会让很多人心有戚戚,感怀不言。

如果说，在友人面前他还能表现得洒脱，他独自一人时写下的诗，则孤寒嶙峋，倍感凄清。这是他的矛盾，亦是他的真实。

我们总是习惯赞颂亲情，过分强调、迷信亲情，欠缺冷静对待的能力。这是国人的好处，却也是暗伤——多少咄咄逼人、自以为是的管教和关怀，是假亲情之名。

亲情的温暖其实无法彻底抵消内在的痛苦。有时，家是我们护身的盾牌，是供我们喘息容身的一隅，有时却是逼促我们出征的号角，不容退却的将令。

读仲则的诗，不能仅仅以诗见人，还须以人见诗。参照他的生平经历，才能得到更真实的理解。如他不喜欢歌颂盛世，同样，不愿粉饰佳节。

他写于除夕的诗，其实没有一首是愉悦的——

倏忽流光吹剑过，年年此夕费吟哦。
历穷讵有绳堪续，面改难如镜可磨。
廿载偏忧来日促，一身但觉负恩多。
遥知慈母尊前意，念子今宵定若何？

——《辛卯除夕》

无多骨肉话依依，珍重相看灯烛辉。
饮为病游千里减，瘦因吟过万山归。
老亲白发欣簪胜，稚子红炉笑作围。

屏却百忧成一笑,去年孤泪此时挥。

——《壬辰除夕》

千家笑语漏迟迟,忧患潜从物外知。
悄立市桥人不识,一星如月看多时。

——《癸巳除夕偶成》(其一)

年年此夕费吟呻,儿女灯前窃笑频。
汝辈何知吾自悔,枉抛心力作诗人。

——《癸巳除夕偶成》(其二)

  悄立市桥,愈是阖家团圆之时日,他愈觉悲辛。他把奔波之苦、暂聚之欢,以及拂而不去的苦闷心态,写得生动入微。生活于他而言,始终是艰辛的,忧患频生,首尾不能相顾。

  也曾想着,不问尘俗,一壶酒外终无事,万卷书中死便埋。奈何现实似债逼人,十丈软红,黄粱一梦;他未曾能有一刻真正抽身,穷困和伤病对他处以凌迟之刑罚。想不问前程向前走,却又心灰意冷,进退失据。

  撕开过往,看见日渐僵硬的内心,悲伤敲击骨头。他向来欠缺乐观的能力,学不会听天由命、对命运安之若素。他亦不肯削足适履,随波逐流。是诗歌给了他超越既有生活轨道的可能,提供了自怜、自恋、想象、发泄的渠道。在书写的过程中,他反叛不羁,抵制着命中的局促,努力实现着那些势必落空的愿望。

可是此时,他连向来执信、赖以为生的信念也开始怀疑、动摇,"汝辈何知吾自悔,枉抛心力作诗人",其意比前一年间所叹的"为何辛苦为诗后,转盼前人总不如"(《写怀》),要沉痛颓丧得多。

"感于哀乐,缘事而发",从某个层面说,诗歌是他的心魔,也庆幸有这心魔,人才不会忘记和自己对话。

想起奇僧苏曼殊写的"诸天花雨隔红尘,绝岛飘流一病身。多少不平怀里事,未应辛苦作词人",不免又是一叹。

似流水浮舟,光阴里的旧事,在月光中缓缓滑过。那月光有一种漠视人世悲喜的味道,看千万年更迭,如同朝夕。

我无法为你解说一个久久望月之人的哀伤,就像哲人无法穷尽人生的苦痛。那本是源于生命最根本的不安和孤独。

那是《诗经》里叹的"我姑酌彼金罍,维以不永伤";那是曹孟德忧的"月明星稀,乌鹊南飞。绕树三匝,何枝可依";那是《古诗十九首》里说的"浩浩阴阳移,年命如朝露。人生忽如寄,寿无金石固";那是唐人问的"江畔何人初见月,江月何年初照人";那是宋人忧的"最是人间留不住,朱颜辞镜花辞树"……

这是正在冻结、濒临灭绝的话语,再也无法被深刻地、华美地、随意地、肆无忌惮地说出口的情感。是被我们折叠在书页中,只有在夜静阑珊四下无人时才会偶然拾起的梦。

他在二十五岁时为自己的人生定了调,《癸巳除夕偶成》(二首)与其他的寒士悲歌不同在于,他此时的对月浩叹,不单是嗟穷叹苦、啼寒号饥,不单照见了自己生命的寂寞,亦照见了古往今来对生活和生存的思考。

曾经我以为,世上的人都会经历着各自不同的生活,后来,我才知道人世间的经历,悲欢喜怒、聚散离合,不过是相似的循环。

近年来林徽因颇受追捧。若我说,金岳霖晚年常念"悄立市桥人不识,一星如月看多时",据说是为了怀念林徽因,大家会不会对黄仲则忽然亲切几分?

【心事钩沉】

说起来,仲则一生漂泊不定,半是被迫,半是自愿。他这一生,始终于动荡中求平衡,于不安中求安稳。

乾隆三十八年,他在家度过除夕后不久,即动身游扬州。说他在家待不住,可是半点都没冤枉他。

他需要逃离,他已经习惯了游子的身份,习惯用远游来疗伤。即使远方依然荆棘遍地。

仲则写扬州的诗,不写扬州繁华,反写扬州暮气沉沉,中有"但闻花叹息,似有鬼清歌。城郭黄流近,楼台暮气多"之语,此乃典型的黄仲则式的幽苦语。那花啊,开时似欲语,谢时如有思。那流水近城郭,静得好像被贴了一层金箔。

这座城,他来了又去,留下许多不为人知的旧事遗憾。他不是第一个,也不会是最后一个到扬州的人。扬州这城市,繁华胜景时有人赞叹,兵连祸结时亦有人嗟叹,它明明是真实的,可偏偏像一个流传已久的传说。

累生累世,累世累劫,城市和人一样,红尘辗转的记忆太长,已叫人无从说起。

当时洪亮吉人在扬州,仲则去与他相见,之后又分开,遂有了这首《别稚存》:

> 莫因失路气如灰,醉尔飘零浊酒杯。
> 此去风尘宜拭目,如今湖海合生才。
> 一身未遇庸非福,半世能狂亦可哀。
> 我剩壮心图五岳,早完婚嫁待君来。

赠别诗是古典诗歌的一大门类,传世之作太多,到了清代,大抵很难出新,但仲则的诗,因其剑胆诗魂,苍凉沉郁直逼前人,仍有可读之处。他与离愁似有宿命般的关系,而离愁在生命中意味着什么呢?意味着无常和辗转。

与写给别人的留别诗不同,他二人是"话到雾重月斜,亦不厌倦"的生死至交,有许多衷肠可以坦然相对,有许多心事可以直言不讳,省却了虚言恭维,反而更见情真。他诗中最后说"早完婚嫁待君来",似在托孤,仲则殁后,他儿子乙生和女儿的婚配问题,都由稚存一手操办。

仲则看稚存亦如是在看自己,写给他的诗,一如写给自己。他这个人,要彻底没有伤感几乎不可能。幸好哀而不伤的质地,神接古人的气韵,时时跌宕地着眼古今的豪情,减弱了主题的重复和贫薄。

"莫因失路气如灰,醉尔飘零浊酒杯",入眼即叫我想起杜甫的《登高》:"艰难苦恨繁霜鬓,潦倒新停浊酒杯"——将过往烧成烈酒,酒壮肝胆,杀烦恼敌,一贯喜于言愁的他,翻了前人悲意,不再拘于愁苦,转为对世相的思辨,倒是十分难得。

但此诗苍凉的基调、沉郁的颜色,并未减退。如寒冬之水,缓缓地渗入人心。

一想起他的《少年行》——"男儿作健向沙场,自爱登台不望乡。太白高高天五尺,宝刀明月共辉光",仍旧唏嘘。

不知怎地,我读他的诗有一种感觉,感觉岁月的锐箭插在他体内,不能拔除,这不能愈合的伤口始终干扰着他的前行。

一树花开,一地苍凉,少年时那种视功名如探囊取物的豪气已悄然隐遁,当年意气风发的少年,渐被催逼成心意阑珊的"中年"。

唯一值得庆幸的收获是,他对人生和现世有着异于常人的体悟和识见。他有了主动避世的态度,也有入世求全的愿望。这种可进可退的人生态度,在以前是模糊的。所以他才会对稚存说:"此去风尘宜拭目,如今湖海合生才。一身未遇庸非福,半生能狂亦可哀。"

这话是对稚存的鼓励,亦是自省,却不再是一味地怨天尤人。此时他如老眼阅世之人:这盛世不是人人可依,这些年来,他和他为人幕僚、为人塾师,磋磨至今,仍无出路。

差不多每年都要遭受一次落第的打击,而其余的日子,则在失望的沮丧和奋斗的茫然中度过,不断地东奔西走。这惨淡已极的生活,或许只有靠李太白的诗来自我安慰了:"宾友日疏散,玉樽亦已空。才力犹可倚,不惭世上雄。"

写到这里,我想起晚仲则一些的著名诗人龚自珍(字定庵)。毫无例外的,我也学过他的《病梅馆记》,也曾被他的《己亥杂诗》激荡心怀。隔了这些年,再谈他时,却是冷静了,能看得到他才识过人之处,却也见得到他性格之狂诞不经。

龚的诗文,词章瑰丽,声势夺人,开阔、峻烈处不减唐人气象。有一个算一个,自仲则而下,他的诗,算得清诗中的翘楚,亦是"才子诗"的典型代表。比仲则更胜一筹的是,他对国事颇有识见。

同为狂生,与仲则的出身寒苦、家徒四壁不同,龚定庵是一个出生"诗礼簪缨之族,钟鸣鼎食之家"的世家公子。

龚自珍的祖父及叔祖、父亲和叔父都是两榜进士出身,龚氏一门在北京政坛留下三个佳话:其一,龚自珍的祖父兄弟二人同朝为官,时号"二龚";其二,龚自珍的祖父、父亲都曾做过军机处章京,即军机大臣的助手,有"小军机"之称,有清一代,父子二人先后同为军机处章京的,此为第二例(第一例是乾隆朝的富察氏傅恒父子);其三,龚自珍的父亲龚丽正兄弟二人也是同朝为官,又同时做过主考官,风光一时。

父族已是如此显赫,母族又岂会失色太多？龚自珍母亲段驯是著名小学(古汉语指文字学)家段玉裁之女。段玉裁是清代文字训诂学家、经学家,当时主流学派乾嘉学派的大师、学术界的泰斗,其积三十年功力所著的《说文解字》,标志着中国语言的研究已进入近代语言的革命阶段,是一个划时代的里程碑。

一方面,龚自珍要承续父亲一族仕宦的传统；另一方面,他需要维护母族的清流名誉、家学渊源。幼年,父亲龚丽正承担了启蒙教师的职责,给龚自珍讲授《文选》。到了十二岁,段玉裁亲自给龚自珍讲授《说文解字》,让龚自珍受用终生。

出生在如此优渥的家庭环境中,受到良好的教育,被众人寄予厚望,自幼才华过人的龚自珍,理所当然,自信满满地觉得前途一片光明美好。

他是有理由自信的,因为他的外祖父段玉裁评断他的文笔,用了一句:"风发云逝,有不可一世之概！"

段玉裁如此夸赞自己的外孙,自然不乏提携的意思。不过,老眼阅世的段老,还是对龚自珍的前途表示了一定的担忧,他对龚自珍说,希望你能成为一名大儒,不要做一位大名士。

当时的另一位大儒王芑孙,看到龚自珍的诗文后,不留情面地批评这位名门之后。王老先生说,你诗中有太多的伤时之语、骂座之言,一个真正的大家是不应该如此的！你嘲笑一般人蝇营狗苟、胸无大志,但不应该认为别人一无是处。凡高谈阔论之人,都颠沛而终,没什么好结果;乡愿小民虽终生无大成就,但是能保全自己,一个愤世嫉俗的人恐怕连这点都做不到!我宁愿你做一个碌碌无为的"乡愿",也不希望看到你成为一个与世格格不入的"怪杰"……

应该承认,这两位老人家都是睿智而有预见力的,他们的论断,成了龚自珍一生挥之不去的谶言。龚自珍既没有沿着外祖父弘扬光大的朴学路子走下去,做一个学者,也没有官运,在日复一日的失落中,成为一个桀骜不驯、狂歌当哭的名士。

龚定庵曾自嘲"著书都为稻粱谋"——他和仲则同样不善经营生计之事,虽然是官宦子弟,名满天下的诗人,却生活拮据,屡屡面临断炊之忧。在科举之途上,他和仲则大概也可以引为难兄难弟。

两人都是少负才名,却又都是从十九岁踏入考场,一路灰头土脸,饱受屡战屡败打击的失意之人。

龚定庵足足考了八年,直到二十七岁时,才考中举人,又熬油似的考了六次,终于在十一年后,三十八岁时,才考上进士,被赐"同进士"出身。不是正榜进士出身就无缘得进翰林院,不能入主权力中枢,也就无法再延续家族的辉煌,此乃他毕生大憾!

一生南来北往,到头来始终受困于科考和官场,虽然诗名扬天下,挫败感却一直在他心头萦绕。1823年,龚自珍在三十二岁的时候,已感到命途多舛,时运不济。他在《漫感》一诗中写道:"绝域从军计惘然,东南幽恨满词笺。一箫一剑平生意,尽负狂名十五年。"

这叹息,是否似曾相识?这萧瑟心意,和仲则何其相似?和仲则一样,长期积郁的才气和怨气,让龚定庵开口就语惊四座,下笔就生出风云气象。其实说穿了,世上的失意才人,感慨大多大同小异。

要说有区别,那就是名士龚定庵在任性使气的狂傲之外,更多了一层睥睨天下、目中无人的自负,这是寒士黄仲则所没有的。

【冰火相煎】

写黄仲则的诗评,如抚一支旧曲,固然也是谙熟于心,未成曲调先有情,却总不免停停顿顿。是世事沧桑太甚,一首首诗读来,心意萧瑟,一言难尽。

评这样早逝才子的诗,更易惊起寥落。

一路书写,相伴同行,看他少年时饱受亲人亡故之苦、家境贫寒之艰窘;青年开始屡考屡败,从意气风发的才子,熬成了科场常客,科举不第的沮丧如阴云压顶,看他偶尔放纵、走马章台时的放浪……

这桩桩件件,历历在目,前尘旧梦如细烛微光,耐人寻味。我如宝玉进太虚幻境阅人命书,早知结局已定,一页一页读下来,眼见得斯人大限将至,却还惘然不知,更是悲从心起。

他所有看似强悍执着的对抗,最终都宛转汇往命定的虚无。

时光还停留在1774年,乾隆三十九年,那个仍显萧瑟、略带寒意的春天。还是在扬州,仲则有一位好友钱世锡,号百泉,仲则去探访他,遂有《和钱百泉杂感》(三首)——

先生执拂谈经处,坐觉凉秋六月生。
多少聚嚣门外客,一声钟后更无声。
——《和钱百泉杂感》(其一)

沸天歌吹古芜城,淮海波涛自不平。
手指秋云向君说,可怜薄不似人情。
——《和钱百泉杂感》(其二)

臣本高阳旧酒徒,未曾酣醉起呜呜。
祢生谩骂奚生傲,此辈于今未可无。
——《和钱百泉杂感》(其三)

其实古代士人的应酬方式说来也不多,探友访僧、清酒好茗、焚香赏花、鉴赏字画、侍琴弄箫,诸般雅集。间或有个排场稍大的宴会,寻几个歌姬来歌舞弹唱凑趣,文人们吟诗作对,留些唱和诗文和墨宝，谈笑一番也就是了。

仲则去寻钱百泉，两人坐而论道，不觉至深夜，夜半凉初透，不免又百感交集。最美人间四月天，最美的扬州，风清月和的夜晚。轻语慢言中，省略了多少未尽的周折。能拿出来说的，不过是一些世态人情。

还记得早些年间仲则写给仇丽亭的《和仇丽亭》吗？中有"手指孤云向君说，卷舒久已任秋风"之语。那是直白的自嘲，亦是婉转的清高。

此时写给钱百泉的诗赫然直道："手指秋云向君说，可怜薄不似人情。"这些年来，他对世态人情又有了新的体悟。

若数年前是疏狂，放言"毋论那世道如何，我都安然自若"，数年后的他已转为喟叹，酸涩心意不言而喻。这些年来，他浪迹江湖，辗转四方，托寄权贵门下，是入世甚深，潜怀亦日渐深。

他心中似火，这世道如冰。世情薄似云水，人心变幻无常，寒士颠沛流离，内心冰火相煎，想从容自适都不是件容易事。

想当年，尚不能算是寒士的王勃，尚有别友人薛华的诗云："送送多穷路，遑遑独问津。悲凉千里道，凄断百年身。心事同漂泊，生涯共苦辛。无论去与住，俱是梦中人。"

读此诗，再想王勃短暂的一生，确有梦中人寻梦之憾。少年人作幽苦语，真会损了福寿。

此时的王勃，仍是尘世中鲜活多梦的少年，生命对他而言，还有许多个来来往往，去去还来。文人雅士，骚赋唱和，谈笑戏谑，怡情自娱。

漂泊再苦,生涯再难,他至少还有个可以依靠思念的父亲,而仲则呢？自幼失怙,长兄早夭,家中老母弱妻幼子需要赡养照料,实无可以依仗之人。除了三五知己,偶尔谈诗论文,抒一抒凄怨,大抵不会有太多实质性的帮助。

以仲则的傲性,除非穷到无法可想,是不会开口向朋友求告的。何况,靠朋友资助度日,也是杯水车薪而已,难以长久。更何况,虽然日日被生计所逼,他的物质观却是很虚无的,这也是天赋异禀,奇事一桩。

可以断言的是,仲则这样的人,即使过上衣食无忧的生活,精神上的追求也不会就此止步——与他秉性相同的纳兰,即为确证。

稚存的《北江诗话》里评仲则的诗如"咽露秋虫,舞风病鹤"。此喻向来为后世诗评家所乐道,但大多是望文生义而已,以文字意象之美,附会其生涯之悲。有几人如稚存一般,亲眼得见他的艰辛,亲身随历他的悲苦,知他一身贫弱,一生抗争？

一朝亲历,一旦理解,再体味这八字评语的况味已截然不同,是欲说还休,欲休还说,稚存把他对仲则的感情和理解纳于这八个字中,将对至交的悲悯深藏。

仲则亦悲亦豪,亦贫亦狂,他有豪情,却始终不能成为豪杰。

"臣本高阳旧酒徒,未曾酣醉起呜呜。祢生谩骂奚生傲,此辈于今未可无。"——高阳酒徒指秦末狂生郦食其。郦食其少有壮志,嗜酒,喜读书,家贫落魄,无以为衣食业,只好去充当看管门户的监门吏。因其放荡不羁,县中官府和贤豪皆不敢任用,称其为狂生。

他去拜会刘邦,自称高阳酒徒,成为刘邦的谋士后,屡献良策,助刘邦破秦有大功。后来他为刘邦去游说割据一方的田广,郦食其对其晓以利害,田广听其言,以为然,已有归附之心,乃与郦生日日纵酒,等待时机。

不巧的是,笃信兵不厌诈的韩信突然发兵来攻,打破和睦融洽。田广认为受到郦食其欺哄,遂下令将郦食其烹杀。临刑前,田广对郦食其说:"汝能止汉军,我活汝。"郦说:"举大事,不细谨;盛德不辞,而公不为若更言。"郦食其拒绝再去游说韩信,选择从容赴死。

可活,却不畏死,重诺而轻生。三杯吐然诺,五岳倒为轻。我不能兑现对你的承诺,又不能更改自己的立场,情愿以死报之。汉时人之浩荡襟怀由自称"高阳酒徒"的郦食其身上磊磊可见。他虽未活到大汉立国之日,得享分封,但他怀着"苍生安,天下定"的美好愿望死去,和恩主之间也没有撕破脸,落到恩断义绝的一步。

再想想汉初那些立下汗马功劳的臣工后来的下场,虽然少了荣华,亦不算遗憾。如此这般,看似是中途退场,实则恰是全身而退。

仲则自诩高阳酒徒,是因志向追求与郦食其有太多合衬的地方。理想国与现实永远不可能一样。仲则不惮以诗歌来拆穿盛世的假象,今世无刘邦,不能容用狂生,今世亦不是秦末汉末,各出奇谋,求一个逐鹿定鼎。今世乃是乾隆盛世,帝国最鼎盛之时。盛世偶有狂生,狂生亦如伶人,除了再作冯妇,粉墨遮面,博人一叹一乐之外,还能有什么大企图?

——仲则写给钱百泉的诗,与其说是在发狂生之慨,不如说是伤于孤独,狂乃是因内心深处无可纾解的孤独感,盘桓难去。

这又叫我想起晚唐罗隐的一首诗:"江头日暖花又开,江东行客心悠哉。高阳酒徒半凋落,终南山色空崔嵬。圣代也知无弃物,侯门未必用非才。一船明月一竿竹,家住五湖归去来。"

由生至死,生命是一场漫长的告别,充斥着剧烈的细碎的不为人知的痛楚——无论是把酒于欢场虚掷光阴,还是在幽暗的孤灯下独自描绘着心中的日月,都不是尽如人意的。

他有倨傲的心性、出众的诗才、不俗的抱负,却时时自赏自哀自怜自伤;他不认可命运的摆布,却习惯被动地接受命运的安排;他努力地学习努力地适应,却始终学不会游刃有余地去处理俗世之事。

罗隐这个刻薄书生,看人准,看世情也准。嘲笑别人,亦不放过自己。"圣代也知无弃物,侯门未必用非才",这样欲抑先扬的笔法,真真犀利到叫人失语。

十四个字,堪堪道尽古今寒士之运命!得意者云"一船明月一竿竹,家住五湖归去来",是勘破红尘放舟五湖的潇洒,失意者作如是说,只是自遣而已。一个本性孤僻敏感的人,一个明明背负着蚀骨之痛的人,却要强作洒脱,想来是难的!

仲则在二十四岁生日时写的《沁园春》,承罗隐诗意,而悲怆激烈过之。细读之,或许更能明辨个中凄楚——

苍苍者天,生我何为?令人慨慷。叹其年难及,丁时已过;

一寒至此,辛味都尝。似水才名,如烟好梦,断尽黄齑苦笋肠。临风叹,只六旬老母,苦节难偿。

　　男儿堕地堪伤,怪二十,何来镜里霜。况笑人寂寂,邓曾拜衮;所居赫赫,周已称郎。寿岂人争,才非尔福,天意兼之忌酒狂。当杯想,想五湖三亩,是我行藏。

他的《竹眠词》不似《饮水词》那种凄婉的伤心,矜持华美的伤感。这阕词,字字悲辛,句句凄凉。似远望、长歌的绝境之人,不管不顾,诉尽半生悲辛。

　　若以生日时写给自己的自寿词来论,自是大大的不祥。读书人自诩,不耕砚田无乐事,然专注于诗文,以笔墨扬名,纵博得些许才名,也是如烟似水,对他来说,终是不能解决根本的忧患。

　　细思来,数年心迹,终是强求。与其说,令他不能安稳的是世道,不如说,是他从未在这世道中找到心灵安放的处所。

　　这盛世繁华与他何干?与我们何干?有时候,不得不承认,个人的存在,渺小如尘埃,个人的心愿,微薄如星光。

　　盛世的根基并不坚实辽阔,他的立身之本是诗歌,这却是个真正的诗歌逐渐消亡的时代,他是个真诚的诗人——真正的诗人却越来越被视为异端。

　　他的立足之地像一座岌岌可危的孤岛,随时会被汹涌波涛吞噬,他是向死而生、静候时辰的未亡人。

【前事旧影】

［壹］

乾隆三十九年十月，常熟。虞山。邵齐焘墓。

天凉好个秋。

来到恩师墓前的他，神思惘惘，似乎已将深藏于心的悲戚化掉。一袭青衫衬得他愈见清瘦，形容枯槁，憔悴尤胜往昔。

他跪在他的坟前，这里葬下的，并不是一个人，而是他生命的一部分。他是他的上师，是教诲他、给予他指引的人，他是他的知己，是他感念已久的自己。

隐隐回忆,秋声细细,魂魄一去,将同秋草。这个他生命中至关重要的人,遽然辞世已七年。是弹指亦是长眠。

他一直不愿相信他离去,只愿解为长眠。可长眠就是,泪穿九泉亦不再见,轻描淡写又一剑封喉。

是他,在他最茫然,最需要支持的时候,鼓励他写诗;是他,苦口婆心劝慰他珍养身体,为他的将来谋划顾虑;是他,让他最初领略了名士风度,不是故作姿态,而是淡泊名利,以身作筏,传道授业解惑,有教无类,渡可教之才到智慧的彼岸;是他,令他明白,功名是最末等的,不求也罢;是他,教会了他,红尘非浊,要出污泥而不染,才算是真正的洁净。

甚至,在他故后,他的余荫依然庇护着他——仲则最初的浪游,远游湘楚,就是托庇于恩师的挚友王太岳门下。

夕光褪尽,微暮苍茫,冷风吹坟草,残烟袅袅。他突然有种难以言喻的荒芜之感——世寿何谓短长,己身虽存犹殁。

这么多年了,他依然不能将青衫换了紫袍。这不是最重要的,重要的是,他曾教会他的一切,他都未能妥善地去运用,曾经激扬的抱负,而今都在漫漫光阴中化为空谈。

十有九人堪白眼,百无一用是书生。他既不能成为一个无俗念的人,亦不能成为一个在尘世中如鱼得水左右逢源的人。尘网羁绊,他在其中狼奔豕突,诸般不适。所有的坚持和对抗看起来是那么的突兀、可笑、孱弱和不合时宜。

后来的王国维曾说,社会上之习惯,杀许多之善人;文学上之习惯,杀许多之天才。这句话,用在仲则身上也是合宜的。自九岁时句惊四座,再到十六岁时的一鸣惊人,才华是有目共睹、毋庸置疑的。

自幼苦学的功底,由名师教导的学问也都不弱于人。为何从十九岁开始就在科场上屡屡铩羽而归?除却那经常被人抱怨的冤大头,无形无相、不可揣度的命运,最根本的,是他心不在此。

其实不只是他,很多人都是这个原因。明人刘宗舟的《人谱》里这样评点:"唐初,王、杨、卢、骆皆以文章有盛名,人皆期许其贵显。裴行俭见之,曰:士之致远者,当先器识而后文艺。勃等虽有文章,而浮躁浅露,岂享爵禄之器耶?"道破了这些诗人偶尔得意而终不得志、不能仕途顺达的原因。我举出来说,并不是因为觉得这是遗憾。我是觉得,不能享爵禄,也不是坏事,人的一生,岂能为区区"爵禄"二字所拘?

书页往还,圣贤言教,仁义礼智信,当中不乏治国谋略。他也曾兴致勃勃,雄心万丈,然,究其本心,那些修齐治平的经世之学对他而言还是太粗陋俗气。他所真爱的,是那些灵气四溢的诗歌。

在诗歌里,神接先贤,指点古今,挥斥方遒,宇宙洪荒任我遨游,三皇五帝皆我臣属,招之即来挥之即去,何等潇洒快意?一旦落到现实中来,不免手足无措,举动失仪。这是他的可悲之处。

马克斯·韦伯在《以学术为业》里有一段让人印象深刻的对话:"你能够承受年复一年看着那些平庸之辈爬到你头上去,既不怨恨也无挫折感吗?"

"自然,我只为我的天职而活。"

写仲则的时候,我常常想起这段话,它像梦一样脆弱、尖锐、明亮。

有时候我想,如果仲则真的能做到为诗人的天职而活,放下那些怨怼、不甘、隐忍,或许他也就能彻底释然,轻松,自在。

得意高歌,夜静声偏朗。无人赏,自家拍掌,唱彻千山响。这是一位禅僧的自嘲自赏,我觉得境界甚好。

我曾为仲则设想过这样的生活,是诗意的、近于禅悟的生活:"春听莺啼鸟语,妙乐天机。夏闻蝉噪高林,岂知炎热。秋睹清风明月,星灿光耀。冬观雪岭山川,蒲团暖坐。"

可惜他做不到,亦正因为他做不到,他的诗才有那么引人入胜的痛感。他痴狂的文字,拥有着瓦解理性的美学力量,令人难以忘怀。此事说起来真是玄奥。

仲则是否意识到自己的天职和能量呢? 我不能断言。或许他隐约有所悟,无形中,他也被这股真正属于他的能量,推着向前,并沉湎其中,难以自拔。但一旦接触到现实,他又会迟疑,莫名地不甘和难过。

就像此时他于恩师墓前写下的悼亡诗——

龙蛇往岁讶崩奔,宿草伤心满墓门。
弟子下车惟有恸,先生高卧竟何言!

只鸡久负平生约,一剑空怀国士恩。

令子成名公不见,此时悲喜总难论。

——《展叔心先生墓》(其一)

传经旧地黯凝尘,七载飘零寄此身。

入世日还深一日,爱才人总逊前人。

山丘涕泪关存殁,衣钵文章共苦辛。

后死亦知终未免,愿分抔土作比邻。

——《展叔心先生墓》(其二)

他这样自悔,言语中流露的痛苦,直言自己的失败,乃是觉得自己辜负了恩师,就好像孝顺上进的孩子没有达到父母的期望,以为自己不够努力,其实在我这没心肝的旁观者看来,大可不必。

这么多年,在如此艰难的境地里,他依然坚持了他自己,没有成为一个追名逐利、为博功名而迷失本心、丧失原则的人,这就够了。还有什么比这更值得称赞的士人风骨?

我若是邵先生,是决然不会怪责他的(以邵先生之宽和睿智,断然不会)。一事无成又如何?功成名就,名垂青史又如何?三千年读史,无非功名利禄,九万里悟道,终归诗酒田园。

熙熙攘攘,争争斗斗,以为是自家天下,到头来,皆付与断碣残碑、流水斜阳。红尘过幻,早看透,早解脱。

——只是怜他辛苦,怜他心痴。

这两首悼念恩师的诗作，写得有多情真意切，怀念之情有多刻骨铭心，相信明眼人都可以看得出，无须赘言。至于诗作的文学水准，艺术价值多高，如何卓然不凡，亦不在打动我的考量之内。

我在意的，是他们如何建立这不可取代的情义、时间无法摧折磨灭的感情。他们是师生，却犹胜父子。血缘关系乃由天定，没有血缘关系却血浓于水的感情才更值得探究、感怀。因其是由灵魂的相知而生，不可割舍，才更震颤人心。

有多少仕人名宦，饱读诗书，平素以道学自居，宣扬忠孝节义、礼义廉耻。一旦因父丧、母丧而丁忧，就愁眉不展，暗中顿足捶胸，生怕一刻不在其位，朝中变幻，疏了联络，就时移世易，被人趁机取而代之。历史上这样的名人，为数不少，绝非我虚构。

而仲则，自恩师谢世以来，潜痛于心，无一刻真正忘怀，当真是表里如一、至情至性之人。

[贰]

古往今来的诗赋中，悼念亡妻、亲人、生死兄弟的佳作比比皆是，似这样一腔血泪、披肝沥胆悼念师长的倒不多见。

仲则也写过悼念其他人的诗文，但都无法和他写给邵先生的相比。

《两当轩集》中，另有《夜读邵先生诗》二首，写于乾隆三十三年游历途中，当时邵先生尚在。紧接着邵先生亡故，仲则闻丧作《哭叔

⺁先生兼怀仲游》四首。乾隆三十五年,师丧三年之际,又作《寒夜检邵叔⺁师遗笔,因忆别时,距今真三载为千秋矣,不觉悲感俱集》(详见第十四篇"恩师亡故")。

另有词《木兰花慢·月下登虞山,哭邵叔⺁先生》二首、《风流子·月下登虞山,哭邵叔⺁先生》二首,都是"镂心钬肝"之作,并录如下——

君来因底事,今依旧,主芙蓉。空廿载经窗,半生阆苑,名落寰中。只何故、夺君恁早,诓天心、真个忌才工。万里月明惨惨,五更海雾濛濛。　九原休恨别匆匆,天上更相逢。待鹤唳归来,钟鸣萧寺,影落青枫。今宵故人来此,问吟情、可与旧时同?千点泪珠零雨,数丝霜鬓临风。

——《木兰花慢·月下登虞山,哭邵叔⺁先生》(其一)

人间呼殆遍,君似醉,也应醒。但枯树粘天,浮云挂地,有影无形。痛一点、墓门紫火,空呕将、心血误浮名。一自子期去后,曲终江上峰青。　南沙城枕尚湖滨,曾约共登临。怎芒屩来时,青山有恨,流水无声。此间玉霄不远,扣天关、风雨泣山灵。千载仲雍言偃,一般蔓草荒城。

——《木兰花慢·月下登虞山,哭邵叔⺁先生》(其二)

余年刚弱冠,曾饮博,惯纵狭斜场。幸北海尊前,容吾趺宕；东山座上，恕我疏狂。相将久、庭前逢玉树，帐后识诸郎。绿酒黄花，时陪欢宴；风晨月夕，每话行藏。　　其间频离别，空江明月，野渡清霜。几度诗缄远道，瓣祝名香。讵半生落拓，天憎遇合；数行风雨，碑断文章。一梦蚁窝醒也，万古斜阳。

——《风流子·月下登虞山，哭邵叔宀先生》（其一）

哲人今萎矣，算百岁、齿发未雕残。怪庚子日斜，妖禽有验；龙蛇岁在，恶梦无端。伫望处、征车来地下，丹诏别人间。讲院归来，半床书掩，夜台吟罢，数杵钟阑。　　枫林红于血，荒冈泪洒，万树齐殷。下有累累古冢，不辨何年。想先生当日，也曾凭吊；此时弟子，空哭青山。月落屋梁时候，想见苍颜。

——《风流子·月下登虞山，哭邵叔宀先生》（其二）

诗凝练紧凑。词比诗舒缓，似这样的长调更能传达更多细节。对于某些事，他的记性显然过于好。这四首词，哀意直泻如江河，愁转千叠，几乎囊括了龙城书院三年师生相处的全部回忆，以及仲则半生颠沛，所有可以言明、不能明言的心事。

浪游途中，他曾转道到高淳先父墓前拜祭，所写下的诗，所流露的情感，也不是如此凄恻，骨血相依。那只是一种深感遗憾的交代，端敬的致歉——我没有成为你想我成为的那种人，不能光耀门楣等等。

父亲只给了他生命，而邵先生照亮了他的灵魂。

只有在邵先生这里,他才会涌起刻骨的思念和惭愧,像个失落的无助的孩子一样,强烈地需索着回应。他要将自己的委屈,全部倾诉出来。即使明知自己最眷恋最依赖最需要的人,业已不在人世。

在你的墓前,流下空寂的眼泪。如果可以以身相替,我愿替你去死。

生者流离,逝者不作,坠欢莫拾,酒痕在衣。曾经芝兰玉树的少年,蹉跎近中年,鬓染尘霜,心事沉茫。

月高高,心寥寥,当我想你的时候,你已远在我不能企及的地方,你已步入新的轮回,而我尚在残破的此生中辗转不定。

我会无声地哭泣,一次次心碎,当我想你的时候。

无常,人皆言无常。我恨这无常。我偏要有交代,就在当下。

幸此时有稚存在旁,可以托付。

稚存后来在《黄君行状》里写道:"仲则自知其年不永,共赴吊邵齐焘之墓。夕登虞山,游仲雍祠,仲则北望邵齐焘墓,慨然久之,曰:'知我者死矣!脱不幸我先若死,若为我梓遗集,如《玉芝堂》乎?'"《玉芝堂》是王太岳为邵齐焘所刊诗文集。亮吉以仲则所语不祥,不应。仲则便拉亮吉燃香神祠,必要其许诺。

不知仲则预感到什么,这明明白白是在托付身后事了!稚存后来回忆说:"却忆虞山山头论诗夕,夜半神祠火云赤,兹游何期死生隔。呜呼!兹游真成死生隔。"

"知我者死矣!"我读到都心头一梗,不知稚存回忆起来又有多心酸难受。清人王诒寿读《两当轩集》后感慨赋诗云："生前恸哭谁知己,身后文章剧可哀。落日仲雍祠里话,断猿啼鸟一时回。"

仲则是决然的、残忍的,这年春天,他在《别稚存》的诗中说:"我剩壮心图五岳,早完婚嫁待君来。"这是已有了远游京师的打算,隐隐在托付家人子女。秋天,他又如此坚决地,一意交托后事,卸了毕生最重的心事,却把这痛,留给了稚存——也只有对最亲的人,才敢这么任性。

那一晚,他们聊了诸多事。前尘旧事如尘沙消散,汇入枯寂的时光之海,来日又茫然不可期。他们还聊到生死,生者长戚戚,逝者不可追,生死亦在未来的光阴中悬而未决。

【飞花尘泥】

写仲则写到袁枚,是必然的。仲则到随园去住了一段时间,在那里过年,却是偶然的。

乾隆三十九年秋,仲则在南京参加乡试,袁枚招其赴宴,仲则因病未至。同年冬,仲则在常熟拜祭过恩师之后,至江宁拜谒袁枚,在随园度岁,直至乾隆四十年春。

世间珍奇,随园应有尽有。仲则身无长物,拿得出手的也只有诗文了。既是寄寓随园,总须有点表示,遂有了这四首《呈袁简斋太史》:

【飞花尘泥】

一代才豪仰大贤,天公位置却天然。
文章草草皆千古,仕宦匆匆只十年。
暂借玉堂留姓氏,便依勾漏作神仙。
由来名士如名将,谁似汾阳福命全?
　　　　　　——《呈袁简斋太史》(其一)

雄谈壮翰振乾坤,唤起文人六代魂。
浙水词源钟巨手,秣陵秋色酿名园。
几人国士曾邀盼,此地苍生尚感恩。
我喜童时识司马,不须拥彗扫公门。
　　　　　　——《呈袁简斋太史》(其二)

燠室风亭翠霭间,药栏花径互周环。
半篙后主迎凉水,一桁前朝戏马山。
似海繁华归彩笔,极天花月养苍颜。
谁知泉石皆经济,此意先生讵等闲。
　　　　　　——《呈袁简斋太史》(其三)

偶逢佳日径开三,丝竹声搀笑语酣。
帐内金钗分左右,筵前竹剑尽东南。
张灯高会星千树,荡桨清歌镜一潭。

不与西园冠盖末,可知才具本难堪。

——《呈袁简斋太史》(其四)

仲则写给袁枚的这四首诗常被论者提及,几种诗歌选本都选了第一首。本来这种交游之作,意在称赞对方,表达自己的仰慕之情,历来是将自己放得很低,无可厚非。可我读这诗还是莫名地不适。不管怎么表达对袁枚的敬意,是客气也好,恭维也罢,但"文章草草皆千古"这样的话,也还是过了。

以诗而论,即使是这样随手写就的奉承之作,水准亦比袁枚的诗作高出许多。他却说,袁公的文章,即使是草草写就的,也必将不朽。真是让我一读三叹,叹气的叹,叹息的叹。

在仲则一生交游中,大名鼎鼎的袁枚是个避不开的人。要说相识,是由来已久。早在乾隆三十三年,袁枚过常州龙城书院去拜会邵齐焘,二十岁的仲则由此得见袁枚。然则二人虽号称忘年交,要说有多深入的交往也谈不上。仲则只是恰好入了袁先生的眼罢了,兴之所至招来,谈诗论文,小住一段,所费不多,还博了个奖掖后进的贤名。

如果非要以清四家的诗论来归类评断,仲则的诗歌,稍近于袁枚的"性灵说",仲则的存在,正好证明袁先生的诗歌理论之高明正确。

我不知,仲则步入随园时,有什么真实的感受。这是他在诗中不会提及的。随园生活之奢靡精致,堪比晋之石崇,而风流雅趣过之。这种生活是仲则不曾体验,亦无法想象的。出于礼貌,他除了称颂袁枚之外,当然也会铺陈文字,随喜赞叹一番随园。

后面这三首诗,写得着实乏善可陈,读着很有些元妃省亲时那几位文采一般的姑娘题颂大观园的别扭感觉。

自然,随园作为体现康乾盛世南方士大夫生活品质的园林典范,委实有太多值得赞叹的地方。这不光得有万人不可及的资产,还得有万人不可及的品位。我觉得仲则初到此地,肯定有误入仙境的感觉。但这里再完美,毕竟不是他久待的地方。

那些歌楼舞榭,撩人声色,笙歌醉后的裙带生香,于他又有什么联系呢?

我不知他提笔写下"几人国士曾邀盼,此地苍生尚感恩"时可会手抖心颤——反正我此刻是手抖心颤的。

虽然知道他此时是寄人篱下,此等谄媚乃情非得已之举,干谒于人,说几句好听话,实乃交际时的必要手段,虽然我一直提醒自己,这是不能免俗之举,虽然我一直在感慨仲则太狷介,不会为人处世,然而,看一个清高孤耿之人写下这样逢迎的文字,作此妾婢之态,我还是本能地觉得不舒服。

诚然袁枚是当时文坛宗主;诚然他作《随园诗话》,论诗文见地独到。随着《随园诗话》的盛行,当世之人莫不以能上诗话被袁先生点评为荣,既然广受追捧,袁先生就再接再厉,再来一本。他是个性格随和的人,不坚持什么原则,不介意续写的《续随园诗话》变成一本出钱就可以发表文章的杂志,自己由主创变成了主编,变身杂志出版人，还不用担心销量，顿时轻松多了。

有一句话叫"今日朱门者，曾恨朱门深"，传统知识分子的内在人格缺乏超越政治功名和人世情怀的文化独立，相互之间为争夺世俗资源，很容易出现文人相轻、宗派林立的局面，无法形成互相包容的知识分子共同体。

好吧，我知道我强求了！

说起来，袁先生是个活得很有激情、很有态度的人，我们不妨称他为"生活家"。作为乾隆盛世第一文化偶像，在当时，他就已经足够有精英意识，会引领风潮，吸引眼球了——秀文化、秀态度、秀生活，样样不落。

评诗文，彰显文化品位；写散文，谈谈哲思感悟。再来点杂项，写本《随园食单》，分享一下名士的私享发明。平时不算太招摇，也就收一些他看得上的女弟子和美男子（男女通吃），再比照红楼十二钗的规模和水准，选十二个绝色侍妾，随身伺候而已。三不五时在随园开一开类似"海天盛筵"的私密派对，邀请当朝及当地的权贵，亲切而热烈地交流一下人生的各种体悟。总的来说，很克制、很低调，不强横、不霸道。

他还广开善门，上下兼顾，左右逢源，喜欢在随园举办一些主题活动，提供酒水点心，派美貌的姬妾做导游兼模特，与民同乐。除了他自己的核心居住区，其他地方可以随便参观。随园不设防，不排斥盗匪，开门揖盗，当然也没有哪个不开眼的盗匪敢来砸场子。且不说袁先生有那么多过硬的关系，万一随园被盗，袁先生伤了心，闭门谢客，少了这么个免费豪华游乐场，文化娱乐得不到保障，广大人民群众也不同意啊！

总有人习惯把仲则的不如意归咎于世道，好像是这世道辜负了才子。袁枚也是才子，也是同时代的人，他和仲则的际遇和生活却是天壤之别。

袁枚也是落魄书生之子，开蒙比仲则还晚。九岁时黄仲则已经吟出好句，九岁的时候袁枚还不知道诗长什么样子。他十五岁才开始学诗，而后就自倡"性灵说"，写出《随园诗话》，居然也海内共许，风头无两，颇有北宋欧阳文忠公臧否天下士人的风范。

袁先生的文坛和仕途之路都顺畅得令人发指，望尘莫及。"文章憎命达"这种倒霉寒士用以自我安慰的话，对他来说，半点参考性都没有。二十三岁乡试中举，隔年就参加会试，试题是《赋得因风想玉珂》，中有"声疑来禁院，人似隔天河"之语，主考官认为"语涉不庄，将置之孙山"，意思是语涉宫禁，惹人遐想不好，实际上我也觉得有那么一点点惹人遐想。眼见得要落榜，关键时刻却有贵人相助，尹继善认为无碍，力保之，袁先生免予落榜，有惊无险得中进士，授翰林院庶吉士。

乾隆七年（1742），袁先生外调做官，曾任沭阳、江宁、上元等地知县，得当时总督尹继善的赏识。三十三岁时，以父亡辞官养母，在江宁小仓山下以三百金购得隋氏废园（先为江宁织造园，曹雪芹家产业），改名"随园"。一番大刀阔斧的精心改造之后，在此悠悠然过了五十年俗世神仙的日子，八十二岁才满怀不舍地离开这个让他无限欢喜的人世。

多说一句,袁先生讲究了一辈子,临死之前,安排丧事,也要求各种细节完美,务必体面地谢幕,优雅地离世。

看看袁枚,再想想仲则,早负才名,屡考屡败,仕途困顿,好不容易谋到个微不足道的官位,还没捱到上任,就被债主所逼,抱病出京,殁于解州,英年早逝,叫人说什么好?我只有选择相信"同人不同命"这句话。

相比他低眉顺眼献给袁枚的诗,我其实更相信罗隐这首《秋夜寄进士顾荣》,更接近他的真实心意:"秋河耿耿夜沉沉,往事三更尽到心。多病谩劳窥圣代,薄才终是费知音。家山梦后帆千尺,尘土搔来发一簪。空羡良朋尽高价,可怜东箭与南金。"

这首诗,掩去名字,真可以冒充是仲则写的。经历、心事、感受一般无二,看别人富贵,如鱼得水,想自己寒苦,四处碰壁。"多病谩劳窥圣代,薄才终是费知音",连牢骚的意旨都如同出自一人之口。

仲则和袁枚作为乾隆盛世的两种极端代表,袁枚之所以能活到自然死亡,没有被半途干掉的原因,我分析是,袁枚炫富满足了统治者的虚荣心,一定程度上代表了国家的富强,能够给士大夫和民众信心:我们生活在多么富足、和谐的时代啊,有这么丰富的物质和精神食粮,尔等还有什么不满意的?

对于这个道理,聪明如袁先生是早早就看穿,心领神会的。他在写给友人的信中说:"我辈身逢盛世,非有大怪癖、大妄诞,当不受文人之厄。"——看看,多么识情知趣的人;听听,多么顺耳的话。

仲则哭穷。虽然嗟穷叹苦，牢骚不断，到底也只是个年轻文弱的书生，出身寒微，没什么势力，就算在诗里发破天的牢骚，也不会在社会上造成煽动性的影响。何况，他还坚持不懈地参加科举，托身官门为人幕僚，积极主动，努力向主流靠拢，半点谋逆之心也没有。留着他，正好证明我们是很宽容的，文字狱只针对极个别不听话的人，一点也不恐怖哦！

不得不说，袁先生虽然喜欢声色犬马，私生活糜烂得一塌糊涂，但还是有识人之才的。他在得知黄仲则死讯时，写下一首悼诗《哭黄仲则》："叹息清才一代空，信来江夏丧黄童。多情真个损年少，好色有谁如《国风》。半树佛花香易散，九年仙曲韵难终。伤心珠玉三千首，留与人间唱《恼公》。"

许多人爱引"叹息清才一代空"这句话来证明仲则的可贵、可惜。我不否认这是一种认可，可是我想，袁先生这样的感伤又能维持多久呢！仲则像随园的飞花一样落入他眼中，还来不及留下颜色，就化作尘泥。在他看到美貌的姬妾、娈童之后，在他开始另一场盛宴之后，这清浅忧伤就被抛诸脑后，迅速地消散了。

对某些人而言，惨淡无常的人生，是别人的；活色生香的生活，是他自己的。这种自私，是真实的人性。

【不系之舟】

[壹]

乾隆四十年春,仲则离开随园,由江宁至太平。
他从江宁赴太平时,重登太白楼,有感而作《太白楼留别史邛庵》——

五年三度客南州,强半登临在此楼。
若使人生无别恨,只除江水不东流。
歌残白纻辞官阁,吟断青山上客舟。

却羡姑溪溪柳色,解将青眼为君留。

他说,我即将远游,此地的美景,令人留恋,我却不能再看到了,多羡慕你能在此欣赏这妩媚的春色。此时他已存了北上京师之意,三月上旬作此诗,与友人别,中旬即舟发当涂,渡采石、横江,经和州、庐州府,至凤阳府寿州。

这一年夏天,寿州知州张佩芳邀仲则主讲正阳书院。因这些年游历四方,独缺幽燕之地,他决定把寿州当作前往幽燕之地的中转站,便允了。

在寿州,他作了两首《言怀》诗——

听雨看云暮复朝,谁于笼鹤采丰标?
不禁多病聪明减,讵惯长闲意气消。
静里风怀元度月,愁边心血子胥潮。
可知战胜浑难事,一任浮生付浊醪。

——《言怀》(其一)

岂意蕡腾便到今,一声钟动思愔愔。
蠹鱼枉食神仙字,海鸟空知山水音。
千载后谁传好句,十年来总淡名心。
何时世网真抛得,只要人间有邓林。

——《言怀》(其二)

当年朱筠的弟弟朱珪见过仲则后,爱惜他的诗才,对他说:"老天爷给了一个人智慧后,一定也会给他福祉,你要收聪敛慧来凝聚福气。这虽是老生常谈,你不要轻视。"

当时仲则或许不以为然。现在想起来,却不得不承认这些老眼阅世的人有先见之明。

他曾以为有如此天赋才华,生命必然壮美华丽、堪描堪画,可转眼三十年过去,两手空空,一事无成。

理想若隐若现,渐行渐远;世界迷离恍惚,一如醉痕。他一心难安,无论别人如何盛情,寿州非他意中的久居之地。据说,仲则早年爱过的女子,后来嫁给了某任寿州官员的儿子,所以寿州成为他不愿轻易回忆,又无法彻底抹去的一道心痕。

于情于理,扪心自问,他都不会在寿州耽搁太久。

半年后仲则辞去讲席,赴凤阳县,馆分巡庐凤道栋文幕。在栋文幕中做塾师,待了约两个月,筹措入京之资,岁暮时孤身抵京。这是他一生中最重大的转折,遥遥指向那注定孤凉的结局。

门外晴洲香草香,浣纱生小爱春阳。柳丝几尺花千片,荡得春江尔许长。徽州的叠嶂山水,在眼中渐行渐远,远别了西子湖、孤山月、吴苑花,再回首,江南已是旧游如梦,此生不复还。

他虽然口口声声说要著书立说,以传后世,却不甘于只在书院传道授业。十年来总说淡名心,他其实从未做到,不能忘名,徒惹心困。

洪亮吉在《黄君行状》里为他辩白说:"仲则故平生于功名不甚

【不系之舟】

置念,独恨其诗无幽并豪士气,尝蓄意欲游京师,至岁乙未乃行。"——"自嫌诗少幽燕气,故作冰天跃马行",这是他别友人时所说的话,他说自己因对燕赵山水、幽并之气向往已久,决意北游。

实际上,仲则之所以北上京师,是出于更现实的考虑。一是考虑到京中有故旧,旧时的恩主朱筠在京师参与《四库全书》的编纂工作,多少可以照拂一二;其二也是出于更实际的考虑,利用当时的政策特点避开竞争激烈的江浙之地,去参加竞争相对小的顺天乡试。

二十六岁时,乡试落第后,他写给友人钱迈的诗,是这样说的——

痛饮狂歌负半生,读书击剑两无成。
风尘久已轻词客,意气犹堪张酒兵。
霜满街头狂拓戟,月寒花底醉调筝。
谁能了得吾侪事,莫羡悠悠世上名。
——《重九后十日醉中次钱企卢韵赠别》(其二)

字字句句间,点点滴滴,尽是他的落寞,清高中有不甘和惆怅。他们是科场上的难兄难弟,年年岁岁循环不止地失落。一次次从谷底爬起,重振旗鼓,又再摔到深渊。旧恨未了,又添新愁。

阴影始终笼罩。除却以诗寄意,笔墨往来,无以消解沮丧。这些年来,每一次落第后,他都会写下一首或几首悲凉长歌,化为生命中真实凄婉的印记,挥散不去的悲伤气息。

"痛饮狂歌负半生,读书击剑两无成。风尘久已轻词客,意气犹堪张酒兵。"他总是一边沉痛地自我反省,一边暗责这世道没有识人之明,害他只能借酒浇愁,无可奈何地让壮志在酒中消磨,虚度了光阴。

世事漫随流水,算来一梦浮生。醉乡路稳宜频到,此外不堪行。

他一边委屈着,一边努力着。蛰伏在他心底出人头地的愿望从未消失,他却习惯以诗歌来掩饰内心的欲望。某种程度上,我认为他毕生真正的失败和悲剧是,他作为诗人的灵魂从未得到真正的自由。他的逼仄,是从未得到精神上的彻底愉悦。

与同时代的诗人相比,他不是一味歌颂"太平盛世"的人,更多是在抒发不平之鸣。如郁达夫所言,"想要在乾嘉两代的诗人中,求一些语语沉痛、字字辛酸,真正具有诗人气质的诗,自非黄仲则莫属……"

其实想想龚自珍,就知道仲则并不冤,他的抱怨有时显得过于琐碎矫情。

龚先生出身官宦世家,父亲是退休的苏松太兵备道,叔父是吏部尚书,都是手握实权的人;他自己是名满京华的大诗人、大名士,所交之人中不乏林则徐、梁章钜、托浑布这样的高官名臣。以这样的身世背景,居然也屡考屡败、灰头土脸,在京城苦苦度日,至少可以证明,自隋唐而兴的科举制度不是我们诋毁的那样一无是处,它自有一套量才取用的标准及法度,客观上保证寒士和名士拥有对等的竞争力,虽然不是绝对的——任何事都不可能绝对公平。

《将至京师杂别》(六首)是他决意北上时赠友人的诗。在这六首诗中,他沉痛地自我批判,不避讳这些年的失败,一再表达临行的惆怅、对家人友人的不舍。

他并不是踌躇满志的。多年孤寒累积的不安,此时涌上心头,比平时更明显。需要明白的是,这一类的诗,写在离别之际,不同于诗集里其他的言怀感遇诗,是即刻会被阅读的。他不掩饰自己的失意和纠结,这是他的诗特别真挚动人的原因。

翩与归鸿共北征,登山临水黯愁生。
江南草长莺飞日,游子离邦去里情。
五夜壮心悲伏枥,百年左计负躬耕。
自嫌诗少幽燕气,故作冰天跃马行。
————《将之京师杂别》(其一)

看人争著祖生鞭,彩笔江湖焰黯然。
亲在名心留百一,我行客路惯三千。
谁从贫女求新锦,肯向朱门理旧弦?
吴市箫声燕市筑,一般凄断有谁怜?
————《将至京师杂别》(其二)

穷交数子共酸辛,脉脉临歧语未申。
割席管宁休罢读,分财鲍叔尚知贫。
初心小负栖岩约,后会依然戴笠人。

除是白云知此意,几曾情艳软红尘。

——《将至京师杂别》(其三)

说著因人意转慵,沙痕到处印泥踪。
原尝好客侬都遍,邹季论交别更浓。
浪许词场夸姓氏,要将人海荡心胸。
不妨面似先生黑,上帝何曾杀黑龙。

——《将至京师杂别》(其四)

身世浑拌醉似泥,酒醒无奈听晨鸡。
词人畏说中年近,壮士愁看落日低。
才可升沉何用卜,路通南北且休迷。
只愁寒食清明候,鬼馁坟头羡马医。

——《将至京师杂别》(其五)

载酒扁舟障锦车,风情无际擅年华。
牵魂西子湖头月,照泪吴王苑里花。
已是旧游如梦境,况经远别更天涯。
马头细草茸茸碧,来岁相看可忆家?

——《将至京师杂别》(其六)

游子们口口声声说着想还归故里,但谁都不泊岸。由南京到北京,两京之间,山长水远,千里迢迢——更遥远的,则是理想到现实的距离。昔年顾况调侃白居易,说长安不易居,但初至京师的白居易,之前之后的际遇都好过仲则。

白居易顺利考中了进士,诗才出众,又有幸生在唐朝那样以诗为重的时代。他外儒内佛,性格圆融,善于打理自己的生活,诸般情况都不同于仲则。

京师,是仲则内心深处一直萦绕的地方,亦是命中注定的放逐之地。他一直有种龙游浅水、虎落平阳的错觉,以为换一个环境就会好起来,所以要去尝试新的开始。

人世无常,因果模糊。即使是再一次被惨烈地捉弄、摆布,亦不能阻止他前行的脚步。

身若不系之舟,人生荣枯难测,此时的他,哪能料断来日的处境呢?不过是热血未干,拼尽全力再一搏罢了!千山暮雪,只影向谁去,他就是那只形影寥落、义无反顾的孤雁。

《将至京师杂别》这组诗,可谓仲则感遇诗中的力作,奔波抗争着命运,落笔之时,悲喜难辨。

因心绪凄迷,他笔下时而轻盈激昂,时而沉重纠结。对此时的仲则而言,诗意之精工圆熟已是末技,他随手挥就,皆成妙语。难得的是,他肯于尺幅之间道尽衷肠,道尽彷徨,不畏人言人笑。其凄怆悱恻之情,低回掩抑之感,跃然纸上,真挚可感,在历代诗人中并不多见。

我将之视作他北上的誓别词,可我明明知道,迎接他的,是并不光明和乐观的未来。我看着他走向深渊,无能为力,只欲一哭。

[贰]

二十七岁这年,仲则做了一件最重要的事:整理自己的诗作,撰写《两当轩集》之《自叙》,回顾半生播迁,自叙诗歌之癖:

景仁四岁而孤,鲜伯仲,家壁立,太夫人督之读。稍长,从塾师授制艺,心块然不知其可好。先是,应试无韵语,老生宿儒,鲜谈及五字学者。旧藏一二古今诗集,束置高阁,尘寸许积,窃取翻视,不甚解。偶以为可解,则栩栩自得曰:"可好者在是矣。"间一为之,人且笑姗,且以其好作幽苦语,益唾弃之,而好益甚也。岁丙戌,常熟邵先生齐焘主讲龙城书院,矜其苦吟无师,且未学,循循诱之。景仁亦感所知遇,遂守弗去。三年,公卒,益无有知之者,乃为浪游。由武林而四明,观海;溯钱塘,登黄山;复经豫章,泛湘水,登衡岳,观日出;浮洞庭,由大江以归。是游凡三年,积诗若干首。中渐于嘉兴郑先生虎文、定兴王先生太岳之教。家益贫,出为负米游;客太平知府沈既堂先生业富。时大兴朱先生筠督学安庆,招入幕,从游三年,尽观江上诸山水,得诗若干首。体羸疲役,年甫二十七耳,气喘喘然有若不能举其躯者。自念乡所游处,举凡可喜可愕之境,悉于是乎寄。恐贫病漂泊,脱有遗失,因检所积,十存其二三,聊命故人编次之。夫幼之所作，稍长辄悔，后之视今，何独不然？辄为数语，以自策励，且述辛苦。时乾隆乙未季春月之十一日。

我试着意译一下，大致是这么个情况：

我黄景仁，四岁丧父，兄长亦殁，家境贫寒，自幼得母亲开蒙督促我学习。稍大一些，入私塾学习，蒙塾师授我六艺。心中疑惑，不知这些知识的妙处在何处。(这些都不是我真心感兴趣的。)如今(当时)的科举考试中，已经不再重视韵语(特指诗词)，所以身边的老师和社会上有声望的学者，甚少有钻研探讨、重视诗歌的人。

我家中藏有几本古人的诗集，束之高阁，灰尘厚积。我发现后，偷偷地翻阅它，精深之处不是全部能够明白，但看到一些深得我心的话语，偶有所感，已经足够惊喜。我知道自己的兴趣是在这里，纵然诗学并不是现在的学术所重视的，我依然喜欢它。

慢慢地，我也效仿着写些诗歌，免不了被人取笑不务正业。等到我正式深入学习(从稚存处得到汉乐府的刻本)，能够写出一些诗句的时候，人们因我作诗喜作幽苦语，对我的态度已由讥笑转为唾弃，但我并未因此而放弃对诗歌的爱好，反而越发迷恋，致力于诗赋，难以自拔。

乾隆三十二年(岁丙戌)，常熟邵齐焘先生主讲常州龙城书院。我和稚存拜入其门下学习。先生怜悯，懂得我学诗之苦，不嫌弃我愚笨，对我多加指点，循循善诱地教导我，自先生处我得益甚深。我感念他对我的教诲和知遇之恩，守在他身边不愿离去。

自邵先生亡故,知己已殁,我没有太多值得牵挂的,于是离开家乡,四处浪游。我由常州渡杭州湾至宁波,游镇海、四明观海潮,又溯钱塘江而上,赴徽州,登黄山;经江西到达湖南,登衡岳,观日出;浮洞庭,取道湖北顺江东归。

如是在外游历三年,积累诗作若干。有幸得到嘉兴郑虎文先生、定兴王太岳先生的指导教诲,有所进益。

这几年中,我家中境况并未得到改善,越发贫困而已。我为生计故,去太平知府沈业富署中做了塾师,教授其子学业。这时大兴朱筠先生督学安庆,招我入幕,从游三年,尽观江上(新徽州)山水,得诗若干首。

我自幼身体羸弱,苦于这些年的奔波劳役,年方二十七岁,已时时气喘,身体如此之差,恐怕年寿不能长久。回想这些年来,我所游之处,举凡可喜可愕之境,有所感触之事,都以诗文记录。生恐贫病漂泊中,多有遗失,所以趁现在检点所积累的诗文,十中存其二三,托付给故人编撰诗集的事。

我年幼时所作之诗文,等到年纪稍长的时候去看,尚且感到后悔而惭愧,觉得很一般,试想以后的人看到我留下的诗文,哪能不产生这种感觉呢!我写下这段文字,是为鞭策自己,兼述一下这些年的辛苦,聊以自嘲罢了。时乾隆乙未季春月之十一日。

以上为《两当轩集》中的《自叙》。按一般而论,"两当轩"取《史通·隐晦》"以两当一"之意,以此为书斋之名、诗文集名,亦可感知仲则心气之傲。亦有学者亲探仲则故居,发现仲则家贫,无书房,故以厢房当卧室,又当书房,故名"两当"。此亦可备一说。

仲则作《自叙》颇有"自悔少作"之意,其实大可不必,他的诗,在当时就评价极高。包世臣评价其诗:"乾隆六十年间,论诗者推为第一。"翁方纲曾为其诗集作序言:"故其为诗,能诣前人所未造之地,凌厉奇矫,不主故常。"王昶为其写《墓志铭》,评其诗:"上自汉魏,下逮唐宋,无弗效者,疏瀹灵腑,出精入能,刻琢沉挚,不以蹈袭剽窃为能。"

他的诗词除了收入《吴会英才集》《湖海诗传》《词综》《三家词选》《清诗铎》《晚晴簃诗汇》之外,最早刊刻成诗集单独出版的是《悔存诗钞》八卷。仲则一生创作的诗词大约有两千多首,流传下来的有半数。翁方纲在一千首中再删去一半,做了一个相当"清洁"的选本。

仲则在世时就预感到后人整理他的诗作,自有取舍之道,恐不能呈现作者原意,所以自编其稿,在他身故后这个担忧就变成了现实。翁方纲对《悔存诗钞》的选取原则是:"凡涉绮语及饮酒诸诗皆不录入。"这种相当道学的择取标准,当时就遭到洪亮吉的强烈反对,认为不能见仲则的真性情。

这一看法得到后来大多数文人的认可,故而之后仲则的诗词刊刻本越来越丰富。嘉庆年间选刻的《两当轩诗钞》,共十四卷,收诗八百五十四首;《悔存词钞》二卷,收词七十九首。

道光年间曾有《两当轩诗集》十六卷,以及《两当轩诗钞》十四卷,《竹眠词》二卷,所刻与嘉庆本同,增加词一百三十多首。

咸丰八年由黄仲则之孙黄志述所刻《两当轩全集》，二十二卷，附录六卷，考异二卷，收诗一千零七十二首、词二百一十四首、文六篇。岂料造化弄人，此版本在太平天国之乱中毁去。后由黄志述之妻吴氏，节衣缩食，费了十余年的时间，历经艰辛，方于光绪二年重刻《两当轩全集》，计二十二卷，考异二卷，附录四卷，收诗一千一百七十首、词二百一十六首、文六篇，成为坊间流行本。

现行《两当轩集》以光绪本为底本，补收光绪本所漏刻的诗八首，增咸丰本《酬唱集》二卷，同时又把新发现的仲则佚作三篇，附在《补遗》之内，形成了今天流传的《两当轩集》。

借君生焰彩笔，摹红尘世相，诉古今寒士之悲。说起来，仲则诗集的刊行和他的一生一样充满波折，辛酸难以言尽。如今是有一个比较完备的版本了，可惜，了解他的人又那么少。

斯人寂寞千古，思来，不是不令人难过的。

【空念绮怀】

[壹]

　　有个女朋友知道我在写黄仲则,就问我,你觉得黄仲则会和纳兰容若一样受到女孩的迷恋和欢迎吗?我没忍住毒舌,直接说,显然不能。
　　她说,那你解释一下。
　　我说:首先,卢氏死在纳兰之前,而仲则死在赵氏之前,男亡女存,命运的设置就令人丧失了意淫和代入的激情;其次,一个出身家世地位优越无匹的浊世佳公子,容易让人心生幻想,而一个寒苦多病悲凉的短命诗人,只会使女孩们的玻璃心、爱情梦幻灭。

虽然他们一样心如赤子,才华横溢,英年早逝,一样是,人间惆怅客。

所以,隔世示爱的女孩子们哪!不要一往情深说你们爱纳兰,说得刻薄点,你们爱的只是他的显赫、才华、想象中的英俊,以及只能仰望、不能得手的深情。

换作仲则这样潦倒的际遇,你们还会义无反顾地去爱吗?恐怕,能给的,只有廉价的感动。

他是皎皎明月光,他是空谷之幽兰。他的千般温柔,万种蜜意——除了令人浮想联翩之外,和你有什么关系?

事实上,仲则在当时是有目共睹的美男子,他的俊逸,比容若更有据可查。毕沅称其"风仪俊爽,秀冠江东",王昶赞其"风神玉立,世比叔宝"。虽然一直身世普通,却不失一种玉树风流。

在生活中,最大的概率是,我们遇见仲则这样的男子,寻常而又不寻常,他的好不是有目共睹,世人皆知,而需要你去细心发掘,耐心呵护。他对你有回报,有责任,有担当,风雨兼程,相伴终老,已该感恩。你们需要共同担当,体验生活的琐碎悲辛,真实到不可逃脱,难以避免。

放弃不切实际的幻想,肯埋没在一个人的生命里,默默无闻,才是真爱。

这些都是我读仲则诗时的真实感受。

乾隆四十年夏天,他人在寿州,得到家书,说长女夭亡。他写下一首诗悼念女儿——

> 初月才生落已催,好花差喜未曾开。
> 珠从慈母擎中夺,书自山妻病里裁。
> 终傍人家何足恋,暂为乃父讵忘哀。
> 我从客邸开缄惯,略欠平安是此回。
>
> ——《得家书悼殇女》

那个曾牵着他的衣角依依不舍的小姑娘,再也看不到以后了。他亏欠她太多,幸福、美满,这些身为人父应该给予的一切,都来不及了,都成了空言。

应该是很难过的,可相比于他其他的诗,这首诗表现的哀痛是那么清浅和漫不经心,像水墨画中淡淡勾勒的一笔,可有可无。

他都没有去多提自己的妻子——正承受着丧女之痛的赵氏,她始终若隐若现地出没在他的生命中,像一个应该在那里,就一直在那里的人,无足轻重。

他偶尔也会想起她,写到她,但那必然是要跟母亲联系在一起的——就那么吝啬思念和笔墨。

也是在寿州的时候,他洋洋洒洒地写下了绮丽无比,堪比韩偓《香奁集》,堪称情诗绝作的《绮怀》(十六首),深切怀念昔日的恋情。这当中的许多字句,和《饮水词》中忆念旧情的情节不谋而合。

在这里,深情与薄情形成了讽刺的对比。半生疏离,半生痴迷,对妻子和恋人,他的态度不是不截然分明的。

虽然我能理解爱和不爱之间的距离,同床异梦的隔阂,但我还是不禁刻薄地想起一句俚语:"妻不如妾,妾不如偷,偷得着不如偷不着。"然后,深深地为赵氏叹一口气。倒也谈不上痴心错付,只是觉得替她委屈。

楚楚腰肢掌上轻,得人怜处最分明。
千围步障难藏艳,百合葳蕤不锁情。
朱鸟窗前眉欲语,紫姑乩畔目将成。
玉钩初放钗初堕,第一销魂是此声。

——《绮怀》(其一)

妙谙谐谑擅心灵,不用千呼出画屏。
敛袖挡成弦杂拉,隔窗掺碎鼓丁宁。
湔裙斗草春多事,六博弹棋夜未停。
记得酒阑人散后,共寒珠箔数春星。

——《绮怀》(其二)

旋旋长廊绣石苔,颤提鱼钥记潜来。
阑前閒藉乌龙卧,井畔丝牵玉虎回。
端正容成犹敛照,消沉意可渐凝灰。

【空念绮怀】

来从花底春寒峭,可借梨云半枕偎。

——《绮怀》(其三)

中表檀奴识面初,第三桥畔记新居。
流黄看织回肠锦,飞白教临弱腕书。
漫托私心缄豆蔻,惯传隐语笑芙蕖。
锦江直在青天上,盼断流头尺鲤鱼。

——《绮怀》(其四)

虫娘门户旧相望,生小相怜各自伤。
书为开频愁脱粉,衣禁多浣更生香。
绿珠往日酬无价,碧玉于今抱有郎。
绝忆水晶帘下立,手抛蝉翼助新妆。

——《绮怀》(其五)

小极居然百媚生,懒抛金叶罢调筝。
心疑棘刺针穿就,泪似桃花醋酿成。
会面生疏稀笑靥,别筵珍重赠歌声。
沈郎莫叹腰围减,忍见青娥绝塞行。

——《绮怀》(其六)

自送云軿别玉容,泥愁如梦未惺忪。

仙人北烛空凝盼,太岁东方已绝踪。
检点相思灰一寸,抛离密约锦千重。
何须更说蓬山远,一角屏山便不逢。

——《绮怀》(其七)

轻摇络索撼垂罳,珠阁银栊望不疑。
栀子帘前轻掷处,丁香盒底暗携时。
偷移鹦母情先觉,稳睡猧儿事未知。
赠到中衣双绢后,可能重读定情诗。

——《绮怀》(其八)

中人兰气似微醺,芗泽还疑枕上闻。
唾点着衣刚半指,齿痕切颈定三分。
辛勤青鸟空传语,佻巧鸣鸠浪策勋。
为问旧时裙衩上,鸳鸯应是未离群。

——《绮怀》(其九)

容易生儿似阿侯,莫愁真个不知愁。
夤缘汤饼筵前见,仿佛龙华会里游。
解意尚呈银约指,含羞频整玉搔头。
何曾十载湖州别,绿叶成阴万事休。

——《绮怀》(其十)

【空念绮怀】

慵梳常是发鬇鬡,背立双鬟唤不应。
买得我抨珠十斛,赚来谁费豆三升。
怕歌团扇难终曲,但脱青衣便上昇。
曾作容华宫内侍,人间狙狯恐难胜。

——《绮怀》(其十一)

小阁炉烟断水沉,竟床冰簟薄凉侵。
灵妃唤月将归海,少女吹风半入林。
焔尽兰釭愁的的,滴残虬水思愔愔。
文园渴甚兼贫甚,只典征裘不典琴。

——《绮怀》(其十二)

生年虚负骨玲珑,万恨俱归晓镜中。
君子由来能化鹤,美人何日便成虹。
王孙香草年年绿,阿母桃花度度红。
闻道碧城阑十二,夜深清倚有谁同!

——《绮怀》(其十三)

经秋谁念瘦维摩,酒渴风寒不奈何。
水调曲从邻院度,雷声车是梦中过。
司勋绮语焚难尽,仆射余情忏较多。

从此飘蓬十年后,可能重对旧梨涡。

——《绮怀》(其十四)

几回花下坐吹箫,银汉红墙入望遥。
似此星辰非昨夜,为谁风露立中宵?
缠绵思尽抽残茧,宛转心伤剥后蕉。
三五年时三五月,可怜杯酒不曾消。

——《绮怀》(其十五)

露槛星房各悄然,江湖秋枕当游仙。
有情皓月怜孤影,无赖闲花照独眠。
结束铅华归少作,屏除丝竹入中年。
茫茫来日愁如海,寄语羲和快着鞭!

——《绮怀》(其十六)

  时间轻轻滴落,落日的余晖开始枯萎,光阴被谁施了魔咒,他仿佛回到了十年前。那些无法忘怀的过往又来探访。

  他被回忆的碎片击中——思念如同一条千回百转的河流,在绵绵怀念中写下的诗,转化成让人心碎的现实。这是属于个人的、隐秘的气息。

  因《绮怀》想到韩偓,我特意又去翻了《香奁集》。香奁,即古时女子的梳妆匣。千首韩偓诗中,入《香奁集》的一百余首,多数擅写后宫裙钗、女子情事;步《宫词》之余韵,可视作《花间集》的先声。韩偓少时,姨父李商隐曾赞其"雏凤胜于老凤声",仲则亦是"二十文章惊海内";他们的诗同样措辞凄美,丝丝入扣,情感上亦有许多共通之处。

《绮怀》美到我不想逐字逐句去解释,亦不想去考证这是写给哪位姑娘的情诗。他一笔笔写来,一幕幕展开,写此女的识情解意,蕙质兰心,举世所罕,写自己的怀念和惆怅,笔笔精细,与他写到妻子时的一笔带过真成鲜明的对比。

这组诗里最为人称道的是第一、第十三至十六首。在他的笔下,这普通的恋情,又成为一个缱绻断肠的故事。他或许已经习惯了扮演深情,久了,就忘了自问,是不是真的深情。

触起闲情柔似草,搅动新愁乱如烟。单是沉湎在这意境中,已经足够凄美艳凉。一种即将凋谢、令人心碎的美,一种胜景不再的美,令人不能自拔的意象,无可言说的悲苦,冲击着我的心。

是谁说的?人的真正生命是在回忆中的生活。这么多年过去了,深藏在他记忆里的少女,依然是肌肤胜雪,眉目如画,秀骨如诗。她是他被窥窃的年华,苦心藏匿的,命中注定的秘密。

他的诗,艳而有骨,媚而不俗,即景见情,清空微妙,颇有李商隐"无题"诗的风致。李义山的"无题"诗,意致迷离,在可解和不可解之间,是诗歌领域无可超越的巅峰,仲则能得其韵意而不拘于名作,是极为难得的。

作为仲则命中的至交,洪亮吉对其早年情事,必定有所知,他读此诗,肯定另有一番感怀。他叹赏《绮怀》诗云:"孤猿独鹤伤歧路,废瓦颓垣梦昔时。多事更休提绮句,春人都已鬓如丝。"

亮吉还作有《读黄大绮怀诗漫和四首》,在后来的《江北诗话》中又评云:"有余友黄君仲则,方盛年,忽作一诗云:'茫茫来日愁如海,寄语羲和快着鞭。'余窃忧之,果及中岁而卒。"

清人郭麐《灵芬馆诗话》云:"黄仲则诗佳者多矣。随园最称其前后《观潮》之作,杨荔裳爱诵其'似此星辰非昨夜,为谁风露立中宵'之句,金仲莲爱诵其'全家都在秋风里,九月衣裳未剪裁'之句,余最爱其'茫茫来日愁如海,寄语羲和快着鞭',真古之伤心人语也。"

[贰]

谈《绮怀》就不得不提少年时惊动我的第一首诗。这是"黄仲则"这三个字第一次印入我脑海,可能也是大多数人最熟悉的黄仲则的一首诗。

想人世婆娑,全无着落。看千红万紫,一念成灰。这么美的诗却蕴含了这么大的悲苦。衰败总是理所当然,不可避免的。

开始总是好的,那些青春、那些被秘密包裹起来的秘密,看起来,总是那么动人。

曾经心意青青的少年,鬓染晨露,足染寒霜。欢喜携手,含笑相看。

[空念绮怀]

梦中十丈软红,醒来黄粱未熟。结局总是难以预料的。

当我想起你的时候,旧年的记忆明亮了。你的眉弯,如旧年的烟花。你是我最绝色的伤口,念兹在兹,只因无可替代。

至美是危险的,而我愿意将错就错,对你的热望从未消却,如烈焰焚心。此生注定要以梦为马,浪迹天涯。告别你之后,我所有的文字都是寻找的文字,我所有的旅行都是寻找的旅行。

脚步踏伤了思念的寂静,我恨只恨,爱情太短,遗忘太长。

往事何时不系肠?我小心翼翼不辞辛苦地收集珍藏一点一滴美好。这些年来,我寻找的是什么呢?我执意不忘的又是什么呢?

得不到一个准确的答案。思念从遥远的时光里吹来,如歌如颂,如泣如诉。

我将你的名字刻在心头。我将你的样子深藏梦田,我将你的言语牢牢铭记,且行且吟。

终于,你的呼吸,你的心跳,和我合二为一,在这红尘轮回中与我相伴而行,骨血相依。

思想起来,我从未度过无忧无虑的少年,遇见你之后,又一头栽进这百转千回的感情中。有时我想抱着你,夜长无眠,够我把一生心意都说给你听,有时又觉得衷肠太长,难以诉尽。

觉来正是平阶雨,独背寒灯枕手眠。每一次想起你,都伴随着无所不在的痛苦和甜蜜。

你不会知晓,很多个夜晚,我都是在说不出的难过中度过的。是痛到无处可躲的痛,是辗转反侧,把身体蜷缩起来依然尖锐如刀的疼。

心在刀尖上滚过千回,苦得无法让人相信是一场轮回大梦。

记忆穿心而过。许多烦恼只因当时一时轻语,年少轻狂。

曾许下的誓言都成了痴人妄语。曾经千般柔情,最终都如涓涓流水,汇入枯寂的时光里。

多年后,我们将如何相见?以沉默,以眼泪……

终于,我们分开的日子,比在一起的日子长。我在你生命中借过的温暖,都用思念偿还。

来者必去,去者必空。纵使一时携手,最终也会各分东西。

白雪落满了心田,有种叫缘分的东西,断,难再续。

茫茫来日愁如海,寄语羲和快着鞭。此时,我相信,命运让我爱上你,一定自有深意。

【雪泥鸿爪】

无端新恨锁眉头,暗省韶光似水流。
自过百花生日日,一分春是一分愁。

——《十六日》

这首小诗,清丽可感,意无具指,旨在写下一种忧闷的状态,似这说不清道不明的春愁。与这首诗相应的,是另一首——

破窗蕉雨夜还惊,纸帐风来自作声。

> 墨到乡书偏黯淡,灯于客思最分明。
> 薄醪似水愁无敌,短梦生云絮有情。
> 怪煞邻娃恋长夜,坐调弦柱到三更。
>
> ——《二十夜》

墨到乡书偏黯淡,灯于客思最分明。在冷雨夜,听隔壁传来的弦歌之声,那厢兴致勃勃,笙歌未歇,这边愁思翻涌,乡书难成。人世间的悲欢总是这么截然分明。

主持正阳书院这段日子,他潜回内心,写下许多诗,如一个捕梦者,涉水而行,然后,在语言的倒影中看见破碎疲惫的自己。

言语的反复论述,无助于改变现状,人困居于现实中,重复着悲哀的状态。

日复一日,能想起的愉悦越来越少,悲伤越来越深。

他登楼远眺时是悲的:

> 关河容易入斜曛,独立苍茫数雁群。
> 树里沙滩流渐合,门前梁楚地初分。
> 天黏野草疑无路,风旋惊鸦忽入云。
> 我意先秋感摇落,泽蒲汀柳漫纷纷。
>
> ——《晚眺》

他在赏花时是悲的:

【雪泥鸿爪】

丛丛紫翠作秋英,雨过闲阶洗倍明。
若比春花争得似,不输秾艳只输情。

——《秋色》

他在中秋时是悲的:

我生万事多屯蹶,眄到将圆便成阙。
今宵满意饤蟾盘,西北浮云早蓬勃。
薄暮雨愁棼散丝,黄昏坐守犹未歇。
请从乐府歌霜娥,肯向愁人鉴华发。
伊谁天柱追嬉遨,有客钟陵去飘忽。
平生浪说神仙中,至此能无愧凡骨。
三年三见雨中秋,蒙被掩关愁兀兀。
反思作客无好怀,便有良宵转埋没。
羁心却与晦冥称,夜气不随丝管发。
况今万里同阴晴,天意何曾间吴越。
寄声云将谢云师,我心自有明明月。

——《中秋夜雨》

他在别人迎接他的宴会上是悲的:

白雪吴儿发曼声,华堂九月啭雏莺。

众中几点听歌泪,不到歌阑未敢倾。

——《秋夜燕张荪圃座》(其一)

屏围屈膝夜沉沉,缓缓歌还浅浅斟。

唤到尊前非侑酒,爱他吴语是乡音。

——《秋夜燕张荪圃座》(其二)

东山丝竹感平生,不到中年已暗惊。

猛省此身为异客,一宵欢燕主人情。

——《秋夜燕张荪圃座》(其三)

他在回复友人书信时是悲的:

强半书来有泪痕,不将一语到寒温。

久迟作答非忘报,只恐开缄亦断魂。

寄意愧无青玉案,封函懒置绿珠盆。

故人若问秋消息,落叶萧萧自掩门。

——《架头颇多故人柱书未报作此寄意》

他在重阳节友人来探访时是悲的:

【雪泥鸿爪】

万里秋云惨不开,淮南木落雁声哀。

地无一片登临处,天送满城风雨来。

幸有故人能置酒,可堪今日不衔杯。

已拚醉断还乡梦,任尔邻鸡喔喔催。

——《重九日雨张守先携酒见过》

他在幽居独坐时是悲的:

只余僮仆劝加餐,那望园官进食单。

门馆昼闲摊饭起,架头随意检书看。

——《午窗偶成》(其一)

绕篱红遍雁来红,翘立鸡冠也自雄。

只有断肠花一种,墙根愁雨复愁风。

——《午窗偶成》(其二)

乌帽欹斜已恋头,楚天凉思正悠悠。

中秋无月重阳雨,孤负人生一度秋。

——《午窗偶成》(其三)

他收了新仆人时,推己及人,勾起身世之伤,是悲的:

新买孤雏瘠不肥,未来先为制寒衣。
桀骜野性驯犹苦,嚅嗫方音听总非。
尔辈何求惟一饱,主人无奈亦长饥。
怜渠骨肉犹人子,讵忍轻施夏楚威。

——《新仆》

一篇篇细细读来,如有细针刺心。这一首首诗,意旨相近,都是言愁。愁之一字,言之过重,不言又轻。说出来徒劳,不说出来又徒生惆怅。

若是逐一解析,难免又是老生常谈,所以不妨将其看作仲则这段生活真实的记录,如实地呈现了生命的困境。

触绪生悲,寄情无奈。我不想用华美的文字去渲染他的愁思,构建愉悦的、令人向往的假象。风花雪月也可以是黯淡的。

他的生活是大多数人的生活,平淡而苦涩。他的苦恼也是大多数人的苦恼,平凡而琐碎。有时候还身不由己,随波逐流。

时光飘逝,冉冉物华休,他的世界里弥漫着浓浓的哀愁。人生有太多痛楚是无法剖白的,语言只能使其偶尔轻盈,或愈加沉重。

此时的他,漠漠然,如倦鸟之投林,只是暂栖而已。看似平静的生活之下,内心奔涌着不息的暗流。

那暗流必将裹挟他到达命定的地方。

对仲则而言,乾隆四十年是格外奔波的一年。他离开寿阳,从凤阳县入,抵淮河,经怀远涡水,经蒙城至亳州,渡黄河,经金乡、济

【雪泥鸿爪】

宁、东平、东阿、高唐、德州、景州、献县、河间、赵北口而至京师。

朝闻游子唱离歌,昨夜微霜初渡河。鸿雁不堪愁里听,云山况是客中过。在交通不便的时代,行经两千多里,他又生来体弱多病,囊中羞涩,其艰险可想而知。

北去的路上,他写下许多诗,记录旅途行迹,嗟运命之多舛,叹乡关之渺邈,日晚途遥,人困马乏。

风尘词客,一路播迁,身似雪泥鸿爪,诗歌是他最重的行囊。《两当轩集》中的诗作并非首首皆佳,然其佳作声调气骨颇类唐人,在清代实为不可多得。

我方北去三千里,尔是南来第几群?
来岁北归如有意,深闺书札恐烦君。

——《马上逢雁》

又趁西风事薄游,冷装依旧拨吴钩。
凄凉道路看人面,浩荡川原信马头。
终古远山埋瘦日,半生华发战高秋。
眼看如此淮南地,独倚凉天写四愁。

——《发镇阳》

为怜涡水照人清,素舸轻装岁暮行。
但见流民满淮北,更无余笑落阳城。

月临霜草寒同色,风旋冰花冻作声。
如此天寒途更远,扁舟一舣若为情。

——《涡水舟夜》

万态深秋去不穷,客程常背伯劳东。
残星水冷鱼龙夜,独雁天高阊阖风。
瘦马羸童行得得,高原古木听空空。
欲知道路看人意,五度清霜压断蓬。

——《道中秋分》

星光暗到客行处,霞色起从天尽头。
小店欲随平野去,残灯都被晓风吹。
绝怜钟破将归梦,可奈霜欺欲敝裘。
喔喔荒鸡最无赖,雁声又送一鞍愁。

——《晓行》

　　生之茫茫,变数处处。南来北往,浮生过处,如飞鸿在雪地留下的爪迹,模糊难辨,难以据此推断鸿飞何处。仲则这一路长行,不同于昔日漫游,一念及这是他的失梦之路,就更让我心生怆惶。

　　翻阅诗集,在在处处,他都有题咏,甚是周详。这纸张脆薄,却如刀刃,生生隔断了光阴。我如亲眼见他乘舟策马,踽踽独行,有心挽留,却无力阻止。

世事总要前往最终的结局,即使再竭尽心力,该受伤害的人亦无由幸免。

我如站在渡口折柳相送,沉默着,压抑着,无以言别。抚一曲《阳关》,长亭朱弦未绝,斯人形影已阑。

他这一系列"行旅诗",叙途中所见所感,各有侧重,怨而不怒,有风人之致。山川、河流、原野、岁月,这些司空见惯的事物,在他诗中森严清寂,美如隔世传奇。

《马上逢雁》出语流丽,浑似随口道来,而怀乡思亲之情,深切可感;《发镇阳》如一幅秋日羁旅图,淡墨勾勒出苍苍古意,诗人勒马眺望,见天涯更在天之外,夕阳山外山,将对前途的担忧,收束在渐浓的暮色中,言淡而意深;《涡水舟夜》在叙旅程孤清之外,更超脱一己之愁情,怜生民流离,见寒士之忧国忧民之心,其境寒而悲心广;《道中秋分》写行旅之萧条寒苦,气骨琅然,撷取途中常见之景,得马致远"古道西风瘦马"之韵;《晓行》体物精细,淡而有味,通温庭筠之名句"鸡声茅店月,人迹板桥霜"之境,而结语"雁声又送一鞍愁"语意新尖,令人印象深刻。

世间山河,入眼黯淡,残损倦怠,略有余温,如一帧帧人世的缩影。

这些诗在《两当轩集》中亦不算有名,但细赏其诗味,殊为不俗。仲则在穷愁之外更有朗硬疏狂的风骨在,这是他的诗不落下乘的原因。

我有一个不太专业的看法,七律在老杜手中圆熟,后人多有研习，至仲则手中再至高峰，也是最后的高峰。

有时我会觉得，今时今日的我们是站在诗歌的废墟上，仰望前人，无能为力，所谓诗歌，只不过是我们自己跟自己开的一个玩笑。

就像命运牵着盲目的他，兜兜转转，走过千山万水，一睁眼发现，还在原地，所有的波折都是徒劳——这也是让我心意阑珊、黯然神伤的原因。

【千山暮雪】

当我走进北京的琉璃厂，不由得想起，两百多年前，同样繁华的街景。仲则或许就出没在这些店铺间，和无数功名未就的士人一样，一边艰难地维持着内心的风雅，一边虔诚地等待着世俗的救赎。

我知道，我找不到他，他的面容消散在光阴中，他的身影和往来的无数人模糊重叠。

关城曙色催寒近，御苑砧声向晚多。莫见长安行乐处，空令岁月易蹉跎。他是太平盛世里没有重量的幽灵。一出无足轻重的悲剧，在我心中，却并非转瞬即逝的悲哀。

静静地，我的思绪又回到他的诗上面，不去臆测，不去虚构，以诗来还原他的生活是最真实的。

他这一路北上，如千山暮雪，只向着心中的功名幻境奔去。从乾隆四十一年开始，直至逝世前，差不多七年时间，仲则都蛰居京师。

开始是值得期待的，因为不久之后，他就迎来了盼望已久的转机。长久阴霾的命运终于透出一丝曙光。

乾隆四十一年四月，大小金川平定。这一战虽然是内战，且劳民伤财，耗时长久，但对清廷的意义并不亚于开疆扩土。两度出兵，历时五年，平定川西，表面是因大小金川土司不奉清廷四川总督和巡抚的约束，实质上是因为清廷意在剿灭南明遗民反清复明的最后策源地。

此战告捷，方算真的江山大定。乾隆皇帝深明此义，所以非常高兴，亲诣东陵、西陵，礼泰岱，告阙里，受俘庙社，上皇太后徽号，勒碑太学和大小金川，文武官员依次封赏。郊劳备至，比之开疆辟土有过之而无不及。

乾隆到山东谒孔，回京举行郊劳盛典前，在山东、天津进行了两场召试，分为两等赏赐，以示对天下读书人的恩典。

各省的学子争相献赋，歌颂乾隆时代的大清帝国征战四方，武威远扬。春四月，仲则亦步行至天津献赋。

面对铺天盖地的颂扬，"十全老人"当然龙颜大悦，当时就钦点了一批学子任职。根据《学政全书》的记载，仲则当时取二等，赐缎

【千山暮雪】

二匹——不高的排名,微薄的奖品。虽然与仲则的内心期待有很大的落差,但召试还是给了他些实际的好处。五月,乾隆谕准,此次召试所取二等的举人、贡监生员"有愿在四库全书处效力,俱准其誊录上行走"。

二等者可充为四库誊录生,誊录生如果五年期满可获得选官资格。仲则始佣书四库,开始了自己的抄书生涯。

虽是小吏,至少也算是在京中站稳,生计暂时可以不愁。十年来的屡试不第,终于小有所成。仲则备受激励,在京城时他与朱筠、王昶、翁方纲等名士诗歌往还,参与到"都门诗社"中去,一时诗名很盛。

他是那样自负的人,纵然看到天外天、山外山、人外人,亦不过觉得,我来日会比之更好。生活安定下来后,他与诗友唱和的《即席分赋得卖花声》,虽是命题作文,文辞清畅圆润,更见心态的松弛。

何处来行有脚春?一声声唤最圆匀。
也经古巷何妨陋,亦上荆钗不厌贫。
过早惯惊眠雨客,听多偏是惜花人。
绝怜儿女深闺事,轻放犀梳侧耳频。
——《即席分赋得卖花声》(其一)

摘向筠篮露未收,唤来深巷去还留。
一堤春雨寒初减,万枕梨云梦忽流。

临镜不妨来更早，惜花无奈听成愁。

怜他齿颊生香处，不在枝头在担头。

——《即席分赋得卖花声》（其二）

这两首诗清丽动人，初初读到，即令我眼前一亮，细品其意境，是出自陆游的《临安春雨初霁》一诗："世味年来薄似纱，谁令骑马客京华？小楼一夜听春雨，深巷明朝卖杏花。矮纸斜行闲作草，晴窗细乳戏分茶。素衣莫起风尘叹，犹及清明可到家。"

陆游诗以"小楼一夜听春雨，深巷明朝卖杏花"一联最得人叹赏。小楼一夜春雨，诗人彻夜未眠。以春雨之淅沥映衬愁绪之绵密，以深巷杏花的叫卖声写春光之摇曳，闻其声，已觉雨润红姿娇之态。

雨是听出来的，这种笔法，都是文字最讲求的通感。传说这两句诗后来传入宫中，深为宋孝宗所称赏，可见一时传诵之广。

仲则诗得这两句情味，将春比之行脚之人，深深春色声声唤，如少女之声调圆匀，将春拟人化，非常生动活泼。"也经古巷何妨陋，亦上荆钗不厌贫"写春光之一视同仁，行经之处，给世人一样的明媚欢喜。

陆游诗以春雨春光写自身萧索寥落之态。他客居京华，闲居无聊，书行草以作消遣。因是雨后初霁，所以说"晴窗"；"细乳"则是指沏茶时水面呈现的白色细沫；"分茶"指鉴别茶的等级，是品茗之意。

无事作草书，晴窗细品茗，看似极闲适恬静的境界，却潜伏着诗人极大的忧患和不甘。他本是壮怀激烈、矢志报国的人，却在这多事之秋，闲居客舍。窗外的明媚春光，除了让他惊觉时不我待，兴起忧闷之外,实在没有多少赏心悦目的用途。

而仲则此时正处于人生迎来转机之时,心情愉悦,落笔自然也轻盈流丽,赏春惜春之意溢于言表,文字之间,镜头转换,由窗外远景,转为室内近景,"绝怜儿女深闺事,轻放犀梳侧耳频"写得情致婉转,叫人怦然心动,勾画旖旎春光,兼具唐诗温柔敦厚、宋词风流雅致之美。

此二首《即席分赋得卖花声》,化前人名句,才气如此高拔,无怪乎那些京城名士,好诗之人都对他另眼相看。比之他初至京师时所作的略显凄冷惆怅的《春感》,更让人回味。

二月不青草,萧然蓟门春。
千金无马骨,十丈是车尘。
气尽初为客,心空渐畏人。
道旁知几辈,家有白头亲。

——《春感》(其一)

亦有春消息,其如雨更风。
替愁双泪烛,对语独归鸿。
宫阙自天上,家山只梦中。
东君最无赖,只放小桃红。

——《春感》(其二)

写《春感》时他初至京师，前途未卜，怀才欲报，难免忐忑，兼有思乡之情，种种心绪都是可以理解的。

饱经风霜、情怀超脱如杜甫，入川之后，在成都营建草堂，得以安居之后，也难免老怀安慰，作诗自抒心怀。可见相对安定的状态、稳定的心态，对一个流离已久的诗人而言，未尝不是更好和值得安慰的事情。

回想这半生播迁，到今日始得安身之所。如果暂时不去打开那悲伤的结局，忽略之后几年之中的寒苦，我都替仲则高兴。

那时的他也是高兴的，心高气傲，视富贵荣华如探囊取物，眼前充满了成功的幻影。在京师安定下来之后，他即兴致勃勃去信稚存，嘱他将家人接来京城，信中言："人言长安居不易者，误也。若急为我营画老母及家累来，俾就近奉养，不至累若矣。"意思是，大家都说长安居大不易，其实未必。如我把家小迁来，既可就近奉养，又可降低生活成本，会减轻很多压力。

他有此念也不全是唐突自负，乃是有另外一件事影响了他。乾隆四十一年，洪亮吉的母亲蒋氏亡故。第二年仲则闻丧后伤心如亲子，作《闻稚存丁母忧》，以寄哀思。幼时两家隔溪而居，蒋氏对仲则视如己出。仲则因稚存母亲亡故，决意将母亲迎至京师奉养。

端稳持重的稚存虽觉得这样做风险太大，但怜其孝心，还是依照他的吩咐，帮他卖去家中的半顷地、三椽屋，得金三镒，并将仲则的家人护送至京城。当时常州府治距离京城二千五百多里，一个多月的行程，七八个人的旅费，所费也不少，到京后，所剩无多。

幸而有朱筠将自己的几间西屋给他们安置，每月按时供给柴米，年底则置办了冬衣，还动员了一帮人凑了不少钱馈赠，暂时解决了一家人的生活。仲则对此由衷地感激，赞道："当代朱公叔，怜才第一人。"

一家团聚得偿所愿，本是值得高兴的事情，但很快地，生计之难便横亘在他面前。一家人都靠他供养，与人诗歌唱和，交游往还的消费，远非他微薄的薪资可以承担，升任正式官员又还要等好几年，虽有朱筠等肯照拂，但乞食于人，杯水车薪，终非长久之计。

他又不擅营谋，不懂人情世故，除却自己看得上的几个文人官员，对其他人一概不屑一顾。十足十地本领不高，脾气不小。一贫如洗，乞食于公卿门下，却持有不合时宜的傲慢和清高，这是他性格悲剧的根源。

《移家来京师》（六首），足见其时他的拮据困顿——

岂是逢时料，偏从陆海居。
田园更主后，儿女累人初。
四海谋生拙，千秋作计疏。
暂时联骨肉，邸舍结亲庐。

——《移家来京师》（其一）

全家如一叶，飘堕朔风前。
事竟同孤注，心还恋旧毡。

妻孥赁春庑,鸡犬运租船。
差喜征帆好,相逢泽潞边。

——《移家来京师》(其二)

长安居不易,莫遣北堂知。
亲讶头成雪,儿惊颔有髭。
乌金愁晚爨,白粲困朝糜。
莫恼啼鸦切,怜伊反哺时。

——《移家来京师》(其三)

江乡愁米贵,何必异长安。
排遣中年易,支持八口难。
毋须怨漂泊,且复话团圞。
预恐衣裘薄,难胜蓟北寒。

——《移家来京师》(其四)

当代朱公叔,怜才第一人。
传经分讲席,傍舍结比邻。
桂玉资浮产,盘餐捐俸缗。
移家如可绘,差免作流民。

——《移家来京师》(其五)

贫是吾家物,其如客里何?
单门余我在,万事让人多。
心迹嗟霜梗,生涯办雨蓑。
五湖三亩志,经得几蹉跎!

——《移家来京师》(其六)

他一面憧憬着理想的高蹈,一面深陷世俗的泥沼。在我这俗人看来,要么从众,要么离俗,纠结是很可悲、很无谓的事情。他不曾真的张眼看去,他始终活在自己的世界里。

如果他真的知道,他就会明白,即使面子上很得意的人,私下里也难免有心酸和不为人知的辛苦。纵然位尊九五,亦不能事事称心如意。

最潇洒的做法当然是看破红尘,超越名利之束缚。次之是,行为从众,内心离俗。仲则既然做不到,那就难免进退两难,举止失据,一生痛苦——这是许多人号称自己怀才不遇,却未敢深究,也无力改变的根本原因。

【浮萍落花】

香甜饭饱粟千房,病眼看花也自黄。

五度客经秋九月,一灯人坐古重阳。

霜虫频诉夜寒壁,邻树忽飘风过墙。

还向衰亲添笑语,恐惊时节在他乡。

——《重九夜坐偶成》

这是三十岁这年的重阳节仲则所作的诗。于极愁苦中还要强作欢颜安慰母亲,一片孝心可感,一地凄凉无处收拾。

【浮萍落花】

光阴触手生凉，不知不觉，他滞留在京师已经三年。他的际遇总让我想起，那些身怀抱负勇闯大城市的人，他们在陌生的城市中忍受着辛苦，备感无助和凄凉。日复一日的疲累，看不到指望，那种从内心深处生出的疲惫感，像一根绳索，勒紧了喉咙。

心如花朵般枯萎，理想遥不可及，未来薄如蝉翼，生命中有太多无可奈何，艰难辛酸，如履薄冰。悲伤地觉得，这城市不属于我。事实上，城市不冷酷也不无情，它只是，从来不属于任何人。城市所有的气质，冷淡也好，热情也罢，都是由着人心去造作显现的。

这时，他已经没有当初放言"人言长安居不易者，误也"的自信了，借用一下张祜的《书愤》"三十未封侯，颠狂遍九州。平生镆铘剑，不报小人雠"来阐述一下仲则的状态和心境，或许更加直白、易晓。

唐代诗人的共性，是有强烈的建功立业的愿望，狂放不羁，剑胆琴心。仲则在精神层面一直趋向唐人，他向往的是仗剑九州，拜将封侯。这个梦，从少年时代开始，像山一样压着他，他一直负山而行，直至精疲力竭。

偶尔他也会惊醒，试图摆脱。但更多的时候，即使深感幻灭，失落之情不掩，他亦不愿摆脱，像一个饮鸩止渴的人。

岁月留给他最多的礼物是失意。他最为人称道的《都门秋思》（四首），便是此时困居京师景况的真实反映。

楼观云开倚碧空，上阳日落半城红。

新声北里回车远，爽气西山挂笏通。

闷倚宫墙拈短笛,闲经坊曲避豪骢。

帝京欲赋惭才思,自掩萧斋著恼公。

——《都门秋思》(其一)

四年书剑滞燕京,更值秋来百感并。

台上何人延郭隗?市中无处访荆卿。

云浮万里伤心色,风送千秋变徵声。

我自欲歌歌不得,好寻驺卒话生平。

——《都门秋思》(其二)

五剧车声隐若雷,北邙惟见冢千堆。

夕阳劝客登楼去,山色将秋绕郭来。

寒甚更无修竹倚,愁多思买白杨栽。

全家都在风声里,九月衣裳未剪裁。

——《都门秋思》(其三)

侧身人海叹栖迟,浪说文章擅色丝。

倦客马卿谁买赋,诸生何武漫称诗。

一梳霜冷慈亲发,半甑尘凝病妇炊。

为语绕枝乌鹊道:天寒休傍最高枝!

——《都门秋思》(其四)

[浮萍落花]

历来的诗评家,评点仲则的诗集,都断断不会错过这组诗,如果没有《都门秋思》,仲则的七律还称不上超一流,有了《都门秋思》,他的七律足以比肩前人佳作而不逊色。

第一首开笔写帝京之恢宏,反衬斯人之形影寥落。飘零至此,早已无心冶游。他不是浊世翩翩佳公子,"骑马倚斜桥,满楼红袖招",他只是个身世普通的落第书生,闷倚宫墙吹短笛,哀声入云。

闲经街坊,看见豪门的车马,望尘而避,漂泊憔悴已不言而喻。此时已不能作《帝京篇》之类的传世篇章,只能自掩书斋,作些风月冶游之辞。

第二首从自身景况落笔。四年来滞阻京师,一事无成。古有千金买马骨,有燕太子丹礼聘侠士荆轲,而今之世,才人有志难伸,唯叹一句:早无能事谐流辈,只有伤心胜古人。

"云浮万里伤心色,风送千秋变徵声"是极雄浑的交股对,悲惋慷慨,气势夺人,而情景之交融,用典之精妙,实属上乘。秋来百感交集,心中郁结,欲歌而不得歌,只能混迹于江湖,与市井小民闲话平生,如江州司马对琵琶女的默悯。

第三首起笔仍写帝京之繁华,若仅止于此,诗才也就乏善可陈了,所以紧接着有翻转——"北邙惟见冢千堆",巨大而无形的悲凉迫人而来,来者必去,去者必空。死并非生的对立面,而是作为生的一部分永存。盛衰流转本不可逆转,但世人也只愿相信富贵长存,繁华永固。

"夕阳劝客登楼去,山色将秋绕郭来。"承千古登临之意,将愁情打碎,将时间与空间揽入胸怀,"寒甚更无修竹倚,愁多思买白杨栽"翻用杜甫诗意,而寒意愁思更甚。"全家都在风声里,九月衣裳未剪裁"语似朴俚,浑似脱口而出,一语道尽天下寒士之悲窘,历来最得人感怀称赏,与"百无一用是书生"一样几成口耳相传的俗语,其诗魅力如此深广。

第四首可视为第三首的延续。仲则诗屡见"乌鹊"、"饥乌"之咏。乌鹊,有绕树三匝,何枝可栖之憾,而饥乌则有天高地阔、怀才不遇的恓惶。亦因此,很多人着意强调"啼乌"的寒苦之意,殊不知,咏乌鸦,也有咏得很好,因此得益的人,此人就是唐时的李义府。

贞观八年,李义府举进士,但一直得不到升迁,好几年都还是从九品下的门下典仪。后来他交好安抚使李大亮、侍中刘洎,李、刘二人向太宗举荐他。太宗很重视他们的意见,就召见了李义府,要他吟咏一首描写乌鸦的诗。

李义府略加思索,吟道:"日里飏朝彩,琴中半夜啼。上林多许树,不借一枝栖。"这首诗深得风人之致、比兴之旨,借咏乌而抒怀,委婉地表达了渴望得到皇帝恩赐提拔的心意。太宗听了,十分赞赏,说:"我将要把整棵树都给你,何止是一根树枝呢!"欣然下旨将李义府越级提拔为监察御史。李义府从此仕途顺畅。

我不免想,这也是同人不同命,"上林多许树,不借一枝栖"和"不才明主弃,多病故人疏"其实是一种谦虚的意思,但同样的话,听在不同的耳朵里就有了不同的意思。都是当面面试,李义府的诗作就得到了唐太宗的赞赏,而孟浩然的表现就被视作是当面发牢骚,只能灰溜溜地离开长安。

仲则的诗中,有许多咏乌鸦的诗作,咏物见志,寓兴深微。如《寒鸦》以寒鸦自譬人生征逐之苦,反复咏叹无衣无褐的凄凉;《啼乌行》咏叹世态炎凉,感慨"人不如乌能钟情";《乌栖曲》写老乌盼雏乌归巢,借以表达母子之情,寓身世之悲;《饥乌》刻画出寒士奔波谋生的尴尬和艰难。

人生的漂泊和寒士的沉沦,是他诗中一再重复的主题,是他无法摆脱的困境,也因此,他的诗,虽偶有大庇天下寒士俱欢颜的悲悯,终不及老杜超脱了自身困境,始终以天下苍生为念的仁者胸怀。

鬓毛如雪心如死,犹作长安下第人。三年间,两应乡试,俱落第,时日一长,一家老小的生计都成了问题,无奈之下,他只好再托洪亮吉将家人送回常州。

稚存后来在《黄君行状》中回忆说:"君果以家室累,大困,亮吉复为营归资,俾君妇及子奉母先回,而君已积劳成疾矣。"稚存是个忠厚人,仲则几番劳烦,如此南北迁徙,大动干戈,他都毫无怨言,不说仲则思虑不周,做事欠考虑,反而体谅仲则为家事所累,积劳成疾。得友如此,夫复何求!

黄怀孝在记述仲则母亲的《节孝屠孺人传》中记下这么一件事:仲则名扬天下时,大家都去向他母亲道贺,但老人家却显得很担忧的样子,告诫仲则说:"水能载舟,亦能覆舟。有才能而不加收敛,还恃才狂傲,那是在加重疾病啊!"仲则当时唯唯,但胸中的郁塞不平之气无法消除,最终不能改去。

他说"侧身人海叹栖迟,浪说文章擅色丝",是在叹这些年空博了诗名,于现实一无补益。

我又想起他乾隆三十八年和乾隆四十年所作的两首《失题》:

> 我家乃在东海东,蜃楼见惯心空空。
> 十年吊影深山里,每顾山魈亦心喜。
> 生耶灭耶何足嗔,一颦一笑谁为真?
> 伟哉造我焉用我,不幻烟云幻此身。

> 神清骨冷何由俗,凤泊鸾漂信可哀!
> 何处好山时梦到,一声清磬每惊回。
> 定知前路合长往,疑是此身真再来。
> 闻道玉皇香案下,有人怜我在尘埃。

第一首感慨不能为世所用,此身虽生亦空幻,虽云看淡世情,而终不能释然,是常见的仲则式语调。第二首用其远祖黄庭坚之事自比。《道山清话》载:黄庭坚年五岁,已诵五经。一日,问其师曰:"人言六经,何独读其五?"师曰:"春秋不足读。"庭坚曰:"于是何言也?既曰经矣,何得不读?"十日成诵,无一字或遗。其父庶喜其警悟,欲令习神童科举。庭坚窃闻之,乃笑曰:"是甚做处?"庶尤爱重之。八岁时,有乡人欲赴南宫试,庶率同舍饯饮,皆作诗送行。或令庭坚亦赋诗,顷刻而成,有云:"君到玉皇香案前,若问旧时黄庭坚,谪在人间今八年。"黄庭坚自比谪仙落尘埃,仲则亦存如此心气。

《两当轩集》中,自怜自伤之作甚多,然而公平地说,除了科举之路实在背运之外,仲则的运气不能说不好,际遇不能算不佳。他的朋友都对他倾心相待。其终生郁郁不得志,关键原因还在他自己。与其说他有才无运,不如说他有才无能。

他的为人和性情,都只适合在一起谈诗论文、喝酒吃饭,仅此而已。他除了当个诗人,其他什么也当不了。

终此一生,直至辞世,仲则都没当上官,即使让他当上了,他也当不好。他是诗歌的天才,却是俗世中的稚子。一路跌跌撞撞,古训所言的谦谦君子,温润如玉,循规蹈矩与他的本性更是相去甚远。

诗歌需要愤怒、需要谴责、需要不同,生活却向往安定、等同。这本是个难解的命题。天才生来会凌驾于共性,社会却旨在消融个性。在他的诗歌中,我看见的,是一个天才游走在幻境中,以生花妙笔写出红尘万象,最终却被幻象吞噬,万念俱灰的过程。

是扼杀吗?不是。天才本来就是可遇不可求的流星。璀璨地划过,是他的宿命,这种生命,一期一会,重要的是过程,陨落之后,他就成为一块坚硬平凡的石头,再无法重现辉煌。

还是十七岁的时候,仲则通过了考试,成为常州府学的附生。府学和州学、县学统称为儒学,是区别于私塾的官学。学生分为三等,廪生、增生、附生。廪生是官费生,每年供给"廪饩银";增生是普通生,附生是刚入学的新生。生员每年都要考试,目的是奖勤罚懒,不让其贻误学业,考得好则可以"补廪",也就是升级。

仲则对此不感兴趣,甚至可以说不屑一顾。如他在《自叙》中所说的那样,他并没有在时文的学习中找到乐趣,有所建树。他很少参加由学使(省官员)主持的岁试,从未升级补廪,一直处于新生等次。但因为他当时已经才名在外,深得常州知府潘恂和武进知县王祖肃的爱护和赏识,没有多少人敢苛责于他,亦没有多少人敢看轻他。他也就心安理得地着意钻研诗歌。

一时倔强,一生遗憾。这样的前因,直接造成了他日后科举上的接连失利。这也是为什么,笨小孩曾国藩可以蹒跚入仕,终成一代名臣;而生来早慧,早负才名,自视甚高如黄仲则、龚自珍等,却屡试不第,一生蹉跎。

当他们不自觉地,把当官视作实现人生价值的唯一出路时,天赋和理想背离的痛苦也就不能磨灭了。这痛像一把匕首,始终插在心窝上,既不能拔,也不能不拔。

万事销身外,生涯在镜中。惟将满鬓雪,明日对秋风。

——人到中年,他潦倒困居京师,回想前事,不知作何感想?

【如履薄冰】

纷飞红雨欲漫天,不信东风此地偏。
才报春来曾几日,忽惊花落又今年。
半生每恨寻芳晚,万事都伤得气先。
寄语渔郎莫相过,早逃蜂蝶去游仙。

——《正月见桃花盛开且落矣》

在京师的日子,过得缓慢而悠长,只有季节的变换提醒他,时间的流逝。看自己一点一点杀死时间,又一分一秒被时间杀死,同归于尽,没有任何快感。

他写桃花,并无灼灼之态,别有一番飘零之意。

京城的春风这样冷,冷得叫人遍体生寒。春风亦如秋风,将无数落花残叶,卷落在地,叫人无从怜惜。倒不如随了那流水去,犹可待桃源。可这俗世茫茫,到处是迷津,何处才是桃源呢?

他明写桃花零落,暗写自己的失意之心。感慨生不逢时,京师实非宜居的桃源。

一梦不须追往事,数杯犹可慰劳生。一颗心浮浮沉沉,难以安定。

偶尔也有值得高兴的事,比如受业于王昶(述庵)先生门下。王先生是京城名士,又是显宦,投入他门下,对仲则而言,多少亦有些安慰吧。再比如和友人去法源寺赏花,也是他难得的片刻欢愉。

京南法源寺,乃京城名刹,初名"悯忠寺"。贞观十九年(645),唐太宗李世民为哀悼北征辽东的阵亡将士,诏令在此立寺纪念,惜未能如愿。直至武则天万岁通天元年(696)才完工,赐名为"悯忠寺"。其后的千余年里,这座唐时古刹几经盛衰,犹如一颗若隐若现的星辰,闪现在历史中。

北宋靖康之难,宋钦宗赵桓被金兵俘虏北上,就曾囚居在这里。后来,南宋遗臣谢枋得抗元失败,遁隐建宁(今福建省建瓯县)唐石山中,后被元军所俘,押至大都(北京),谢在寺中绝食身亡。

法源寺在明正统年间重修,易名"崇福寺"。明末崇祯皇帝杀了袁崇焕。据说袁崇焕的部下冒死偷出其头颅,秘送至法源寺,恳请法师超度忠魂。

至清代，雍正帝将此寺更名为"法源寺"，乾隆帝书"法海真源"之匾额，道出法源寺寺名之含义。

法源寺广植丁香、海棠、菊花等，花开之时如梦似幻。其中尤以丁香著胜，寺中丁香雅称香雪海，与崇效寺牡丹、恭王府海棠并称"京畿三大花事"。每至春末夏初，繁花盛开之际，必有文人雅士云集，茹素礼佛访僧赏花品茗，蔚然成一时之风。

赏花之习尤以清代为盛，无论是纪晓岚、黄仲则，还是之后的龚自珍，都有不少诗文咏法源寺的花事，而龚自珍毕生钟爱丁香，最后暴卒成悬案，也还带着一丝丁香的迷离和惆怅。

青鸟不传云外信，丁香空结雨中愁。我未曾在《两当轩集》里找到仲则咏丁香的诗文，不知他是否目睹过香雪海的繁盛，只看见他写去法源寺访菊的诗，读来也是哀婉动人。

懊恼心情薄醉宜，讨秋刚趁晚凉时。
今年何事堪相慰，不遣黄花笑后期。
　　　　——《偕王秋塍、张鹤柴访菊法源寺》（其一）

佛地逢人意较亲，灌畦老叟面全皱。
于今花价如奴价，可惜种花人苦辛。
　　　　——《偕王秋塍、张鹤柴访菊法源寺》（其二）

身离古寺暮烟中，归怯秋斋似水空。

> 暝色上衣挥不得,夕阳知在那山红?
> ——《偕王秋媵、张鹤柴访菊法源寺》(其三)

自来文人咏菊,便是得意之时亦脱不开萧瑟二字,即便豪壮亦免不了凄清。

万缘销尽本无心,何事看花恨却深。他眼中少年的神韵早已被时间的锈迹遮住,看到晚凉时节一枝独秀的霜菊,亦不能振拔起心意,想着身世凋残,此身如寄,他连刘禹锡看桃花的心意亦不能有了。京师对刘禹锡而言,还有重来之期许,于他而言,只有逃离的狼狈了。

他曾是风神俊逸的男子,目空一切,目无纤尘。如今却心灰意冷,满目萧瑟。别人看花,他却着意怜惜年老的花匠,仿佛看见的是,自己历年来的辛苦,仓皇而默默无闻的来日。如今这世道,是人比花贱啊!花尚有人来赏,而他呢?

离开佛寺的时候,残阳在天,暮烟清飏,暝色染衣,拂也拂不去。他心思滞重,胸口一层层寒意逼上来:多少人间烟火温暖,也抵不了心底的彻寒。

在某个凄冷雨夜,他写了一首诗给住在内城的友人映垣,说道:

> 冷雨疏花不共看,萧萧风思满长安。
> 虚堂昨夜秋衾薄,隔一重城各自寒。
>
> ——《怀映垣内城》

【如履薄冰】

这一生冗长琐碎,凄风苦雨。一重城,隔不断秋寒,隔断的只是惦念。身处这样的冷雨夜,那沉重似铁又空虚如雾的寂寞会突然降临。想起世情翻覆,不免心事如潮。人如雨中疏花,不胜唏嘘。

多少幽恨只可付与笔端,化作艳冷字迹,隔了长远的岁月看去,亦泛着森绵寒意。

京师是仲则在外居留时间最长的地方,八年,对他短暂的一生而言,是不短的时间——就这么一日日隐忍、熬煎着,看不到一点点出路,亦没有了新鲜的指望。

岁月留在他身体上的痕迹,已经显而易见。留在心上的摧残却更深刻,三十岁将将出头,心意苍苍已如暮年。此时的他,已然没有长笑当哭的心,只能逼仄地行走,委屈地活着。

说穿了,黄仲则只是千百年来,万千个怀才不遇的寒士之一,只是乾隆盛世一个无足轻重的书生。幸运的是,他有天纵的诗才;不幸的是,这种天赋才情加重了挫败感,让他困缚其中,不吐不快。有人说,仲则的不合时宜处有三:一是牢骚太盛,二乃骄傲自满,三曰格调低沉。我认为很是精当。

且看他明确显露出消沉的这几首:

  年年今夕兴飞腾,似此凄清得未曾。
  强作欢颜亲渐觉,偏多醉语仆堪憎。
  云知放夜开千叠,月为愁心晕一层。

窃笑微闻小儿女,阿爷何事不看灯?

——《元夜独坐偶成》

他说"年年今夕兴飞腾,似此凄清得未曾",其实,看他写于除夕的诗,年年都是不开心的,只是这几年尤为难过。"银箸怕翻商陆火,消残心字不胜灰"(《丙申除夕》),往日没有来到京城,总觉得是地方小,限制了自己的发展,岂料,到了京师之后还是败象频生,颓势难挽。

往事是一杯苦涩的酒,一饮难尽。

他有挣扎,但从未放弃过努力,是困兽犹斗。乾隆四十五年八月,仲则再应顺天乡试。九月初七日,得知落榜,作《移家南旋,是日报罢》:

朝来送母上河梁,榜底惊传一字康。
咫尺身家分去住,霎时心迹判行藏。
岂宜便绝风云路,但悔不为田舍郎。
最是难酬亲苦节,欲笺幽恨叩苍苍。

"惊传"二字活画出他落第后的失意,如焦雷从头顶落下。鬓毛如雪心如死,犹作长安下第人。又是一年科考不成。屡试不中,回想数年来京华一梦,他心生悔意,托正在京师应试的稚存护送家人南返。

恰好此时学使程世淳奉命督山东学政,邀请他去做幕客,仲则急于离开京城改变一下心情,亦可借此机会一游山东,遂欣然应允。途中路过天津直沽,写下《直沽舟次寄怀都下诸友人》(二首)寄友人。此时他名心已淡,诗大有清狂之气。一方面仍有寒士的嗟穷叹苦,一方面不失名士的高迈健举。将哀情和豪气融为一体,放旷的姿态和凄凉的心境交织呈现,显现他独特的诗歌气质。

几年橐笔走神京,胜有扁舟载月明。
掉首已拚游万里,怀人犹是坐三更。
座中许郭劳声价,市上荆高识姓名。
消得向来尘土梦,被他柔橹一声声。
——《直沽舟次寄怀都下诸友人》(其一)

读书击剑两无成,辞赋中年误马卿。
欲入山愁无石髓,便归舟已后莼羹。
谙成野性文焉用?淡到名心气始平。
长谢一沽丁字水,送人犹有故人情。
——《直沽舟次寄怀都下诸友人》(其二)

仲则诗多借山水写奔波之苦,抒凄楚豪壮之情。这一次短暂的离京,又成全了他的云游。这是他余生的第二次长途旅行,从京城到济南,途中的感受他亦分别以诗记下,当中颇有佳作。

潇潇冷雨洒轻尘,僵卧空斋百感新。
旱久喜滋栽麦陇,泥深恐阻寄书人。
希声或变中宵雪,贵价先愁来日薪。
岁暮柴门寒较甚,可堪此夜倍思亲。

——《夜雨》

梦回小驿一灯红,四面腥吹草木风。
身似乱山穷塞长,月明挥泪角声中。

——《核桃园夜起》

古人论诗有"有我之境"和"无我之境",各臻其妙。仲则的诗妙在"有我之境",每一首诗都是真情实感,不加掩饰。这两首诗叙事真切,实为客中佳作。

他到达济南后生病,作《济南病中杂诗》(七首),则更见凄苦。多有牢骚之语,亦符合前面所说的"牢骚太盛"。

过了几个月,忽然有好消息传来,他的眼前又现一丝转机。由于佣书四库期满,依例可得主簿,入资可为县丞,铨选在望。主簿这一个官职,在隋唐以前是很不错的官位,到了清代,也不过是协助管理府上诸事机要的一个小官。

冬天,仲则辞别幕主程世淳,再次回到京师,参加了礼部的考试,落选。

他本有凌云壮志,却一再折翼如病鹤,就这样落寞地又捱过一年。乾隆四十六年，稚存去陕西巡抚毕沅幕中，不久亦邀仲则同去。

毕沅，字秋帆，江苏太仓人，乾隆二十五年状元，"公爱士尤笃。闻有一艺长，必驰币聘请，唯恐其不来，来则厚资给之。"（洪亮吉语）陆继辂《春芹录》中载："秋帆宫保初不识君，见《都门秋思》诗，谓值千金，姑先寄五百金，速其西游。好事惜才，亦佳话也。"说毕沅最初并不认识仲则，读到《都门秋思》时大起惜才之心，觉得其诗价值千金，尤被"全家都在风声里，九月衣裳未剪裁"之句感动，遂先赠五百金邀请他来陕。

仲则遂在初夏时离开京城，赶赴西安。这又是一次不短的奔波，他过卢沟桥出京师，经涿州、安肃县、保定府治、望都县、定州、正定府治、获鹿县、井陉县至山西平定州，经寿阳县、榆次县、太原县、徐沟县至平阳府府治临汾县，所经之处俱有赋诗。

他途经山西徐沟时，在友人蔡予嘉家中听到燕歌，蓦然如听故乡之曲，触动情肠，写下一首凄婉可感的《徐沟蔡明府予嘉斋头闻燕歌有感》：

并州作客意如何？石调重闻掩泪多。
回首燕山五年住，一声如听故乡歌。

这首诗回顾五年来流寓京师的辛苦，不似《移家来京师》和《都门秋思》那样情发于外，而是深潜于内，越发地难以尽述。

闻歌起思情，数年来的不如意俱化入曲中，万般愁苦沉积于心，已成块垒。酒入愁肠,唯有泪,还能从痛楚的罅隙中缓慢滞重地流出。

"一醉六十日,一裘三十年。年华经几日,日日掉征鞭。"——似这样的奔波,到底如漂萍般无力。但他除了接受接济、寄人篱下之外,已经没有更好的办法。

仲则到毕沅幕中时,除却稚存,孙星衍也在,昔日的"毗陵七子"已聚其三,他乡遇故知,自然令人高兴。再加上仲则到来之前,毕沅刚刚升官——不久前甘肃发生内乱,毕沅会同西安将军伍尔泰等率兵前往镇压,乱平论功,乾隆帝赏毕沅一品顶戴,所以一时之间府内宴饮唱和不断,幕客们诗文称颂,热闹非常。

众人之中,毕沅最欣赏仲则的才华,知道他的寒苦艰辛,所以格外优容。不单给了他一些银钱补贴生活,还为他出资捐了个八品小官"县丞"。以仲则誊录生的资格,只要愿意再出一笔钱,便可折算成功名。用钱买官,这样的事,在之前的仲则身上是很难想象的,他一直是如此自负的人!

而现在,他已经顾不得了。一个不入品流的小官都能带给他很大的安慰,"君言少贱耽自忧,欲为卑官已不羞。"洪亮吉这两句诗说的就是在毕沅处待得不久,仲则便匆匆返回京城,去应付年底誊录生资格的考核,保住"主簿"的饭碗。假如保不住这个资格,他连不入流的小官也当不了了。

世故相逢各未闲,百年多在别离间。昨夜秋风今夜雨,不知何处入空山。他与洪亮吉在华山分手,他们都料不到,那是彼此生前的最后一面。

【锦字成灰】

仲则回到京城之前，在西安，就得知一直以来对他关怀备至、亦师亦友的朱筠过世的消息，为此他与稚存还到佛寺拜祭，大哭了一场。

朱筠的死对他的打击是巨大而且现实的。一方面，他失去了在京城最大的依靠；另一方面，他再次感觉到死亡的无处不在，心意愈加消沉。回到京城的他，也没有能力再去租赁房屋，只能寓居在法源寺内。

落落寡欢、贫病交加，他的行为也越发乖张了。杨掌生的《京尘杂录》卷四中有一则关于黄仲则在京城求生计的记载："昔乾隆间黄仲则居京师，落落寡合，每有虞仲翔青蝇之感，权贵人莫能招致之，日惟从伶人乞食。时或竟于红氍毹上现种种身说法，粉墨淋漓，登场歌哭，谑浪笑傲，旁若无人。"

在他自己，这种种引人侧目的行径，实在是再正常不过，因着胸中一腔郁勃之气无处发泄，便要如此作为。他自诩"神仙中人"，既然凡俗有眼不识真珠，他就佯狂作态，谑浪笑傲。痛饮狂歌，死我便埋，宁为玉碎不为瓦全。

其实，早年在朱筠幕府中，他已经时有疏狂之态和正常人难以理解的一些举止。

吴蔚光《素修堂遗文》卷三《黄仲则诗序》记载："汪子剑潭曰：'仲则为人长身疏眉秀目，性情异绝俗，然其举止往往类童稚。曩从朱筠河先生安徽使院，与仲则语，一日中记其自相矛盾者什九……至酒酣谈辩间发，人士满座，而仲则忽僵立如槁木。乃或偃仰身世，欲相对泣下，而仲则持一竿跳掷下阶，效横刀舞鞘，呕咦颠倒自乐，人笑之。'余观仲则良然。"

我相信这些记载不是人家刻意抹黑他的，由记载可见他言语往往自相矛盾，举止稚气，性情无常，令同辈侧目，而丝毫不自觉。当时幸有朱筠呵护着他，对他的癫狂不以为意，又有稚存替他周全，也出不了什么大错，不会太丢人。等到了京师之后，他还癫狂如旧，就免不了被人议论纷纷了。

翻看清人的笔记会发现，时人无一例外地提及了仲则的"狂"，

"狂"是当时之人对他的普遍印象。我一直将"狂"视作一个中性词。若能收放有度,亦不是什么坏事。

因为要成为一个众人认可的狂生,并不是那么容易的。狂生必须要有"才",这种才,是诗文、书画、音律综合的才华,而且必须超拔于同辈良多,而仲则早负才名,稍长即"文才轻艳,倾动流辈",被当时诸多名士所推崇,其在字画、印鉴、音律方面的天赋才华,也让人望尘莫及。众人的追捧,助长了他的傲气狂性,功名不就却注定了他日后的辛苦磋磨。

他在京中曾作《圈虎行》一首,乃是他在市井中,看到被人豢养失去野性、供人娱乐牟利的老虎感慨而作:

都门岁首陈百技,鱼龙怪兽罕不备。
何物市上游手儿,役使山君作儿戏。
初舁虎圈来广场,倾城观者如堵墙。
四围立栅牵虎出,毛拳耳戢气不扬。
先撩虎须虎犹帖,以梧卓地虎人立。
人呼虎吼声如雷,牙爪丛中奋身入。
虎口呀开大如斗,人转从容探以手。
更脱头颅抵虎口,以头饲虎虎不受,
虎舌舐人如舐觳。忽按虎脊叱使行,
虎便逡巡绕阑走。翻身踞地蹴冻尘,
挥身抖开花锦茵。盘回舞势学胡旋,

似张虎威实媚人。少焉仰卧若佯死,
投之以肉霍然起。观者一笑争酬钱,
人既得钱虎摇尾。仍驱入圈负以趋,
此间乐亦忘山居。依人虎任人颐使,
伴虎人皆虎唾余。我观此状气消沮,
嗟尔斑奴亦何苦。不能决蹯尔不智,
不能破槛尔不武。此曹一生衣食汝,
彼岂有力如中黄,复似梁鸯能喜怒。
汝得残餐究奚补?伥鬼羞颜亦更主。
旧山同伴倘相逢,笑尔行藏不如鼠。

——《圈虎行》

此诗历来为诗评家所重,着意拔高,几乎是众口一词认为表现了诗人不愿迎合世俗、不屑媚人乞食的风骨。在我看来,不愿迎合却不得不迎合,不愿媚俗却不得不媚俗,才是真悲苦。

《圈虎行》颇有几分同类相怜,难以启齿之叹。若果真如人所说,他重在表达自己不愿媚俗、不屑从人乞食之意,这些年来,他的所作所为何尝不是依附于人?他历年来入仕为官之心不死,何尝不是自投罗网?他早些年所作的《捕虎行》,可看作此诗的前身,描述虎为人所捕获的情景。

疏星夜落号空山,青枫飒飒阴云寒。

千岩出没不可测,白昼足迹留荒滩。
商人结队不敢过,山中捕者夜还坐。
祖父留与搏虎方,搏得壮虎作奇货。
山人捕虎苦捕狗,虎踏机弓怒还走。
咆哮百步仆草间,笑出缚之只空手。
捕虎先祭当头伥,伥得酒食忘虎伤。
虎皮售人肉可食,当年亦是山中王。
入阱纷纷不可数,只呼山猫不呼虎。
嗟哉凭藉那可无,使君使君尔何苦!

——《捕虎行》

  结合两首诗来看,可以解作他的身不由己之叹。他由集市中被人豢养戏耍的猛虎想到自己,尔本为山君,幽居山林,自由自在,却不想误入尘网,为人捕获,终至被人左右摆布的境地。似他本性疏放,是心性闲逸之人,奈何为家事所累,为世俗之见所缚,不得自在。

  然而,究竟是命运驱策他走到这样尴尬不堪的境地,还是他自己的性格造成了今日之命运困窘的际遇?我只能选择缄口不言。

  论断一个人的命数、运数,是困难的,没有公式可以推演。错综复杂、模糊难断,亦只能是,仁者见仁,智者见智,心领神会的事情。

  冠盖满京华,斯人独憔悴。重重打击之下,他内心的抑郁和愤懑已达到了一触即溃的状态,沉重的压力之下,他一直羸弱的身体变得更加糟糕,不堪重负。性格中的缺陷也被他自己有意无意,放大到极致。

这时毕沅赠给他的钱粮早已花完了,随着朱筠的谢世,因着他的放诞,以前的一些朋友也都渐渐地疏远了他。仲则在困厄和放荡中欠下了很多债。到了乾隆四十八年,他实在不堪债务的逼压,拖着病体逃离了京城。

不是不狼狈的!

仲则本想去西安投奔毕沅,但此时毕沅因甘肃一些州县谎报灾情,冒领赈济,未据实参奏的缘故,被乾隆帝重责。毕沅自请罚款白银五万两,以充军饷,官职从一品降到了三品,自顾不暇,一时也顾及不到他。

他遂改投当时在运城担任河东盐运使的旧主沈业富。一路颠沛辛苦,等到一个月后到了山西运城时,他已病入膏肓,药石无灵。

四月二十五日,仲则病逝于解州沈业富署中。

临终之时,仲则留下遗书,将诗稿和家中的老母妻儿,悉数托付给他最信任的稚存。洪亮吉回忆说:"君性不广与人交,落落难合……独与亮吉交十八年,亮吉屡以事规君,君虽不之善,而亦不之绝,临终以老亲弱子拳拳见属,君之意殆以亮吉为可友乎!此或君之明,而亮吉亦有不敢辞者矣。"

"岁在癸卯,黄君景仁以疾卒于解州。"

稚存得信时,仲则已殁。稚存闻讯哀狂,借了一匹马,从西安出发,日夜兼程七百里,抵安邑为仲则处理后事,随后又千里扶柩回到常州。稚存的义举,天下人有目共睹,交口称赞。

【锦字成灰】

《国朝诗人征略》载:"(洪亮吉)至性过人,笃于友谊,暨黄客死,素车千里,奔赴其丧,世有巨卿之目。"

稚存扶柩南归,拜仲则之母于堂下,颜色惨凄,老人家说:"高生(仲则小字)他死了?"

洪亮吉哭,老人也哭。哭完后她对仲则的儿子说:"你的才智不如你父亲,但是为人老实,我只望你能够做个以品行被人称赞的人。"可见老人家对于仲则的才华和性格都了解得很透彻。如果可以,她宁愿他不是诗人,不要那么早慧、敏感。这样她也就不会过早地失去这个儿子。

关于他的遭遇,有人论得通透:"仲则奇逸绝世,然不知啬神以养其和,非于世屯塞无所遇。甚且天以死酷之,桂酿蠹、璧蕴瑕、珠贼胎。凡物之至者,尚以其美自戕,而以自累,仲则安能逃此!"

他的英年早逝,固然是因为天不假年、世道艰险,生活颠沛难安带来太多磋磨,却也是因为他不知珍养,太过纵情放逸的缘故。"凡物之至者,尚以其美自戕,而以自累,仲则安能逃此!"——此言精准,大凡好物易坏,良人易毁,良缘易散,莫不因自累而起。

当时,在西安,洪亮吉与沈业富一起为仲则操办了后事。闻丧,知仲则、赏其才者无不惋惜,远有袁枚作诗哀悼,近有毕沅、王昶赠送了很多钱财,托扶棺柩返乡的洪亮吉带回,供仲则的母亲颐养天年。又有沈业富、毕沅为他整理、辑录了遗作。以一个功名无成,潦倒以终的人而言,不可谓不哀荣。只是,这种安慰对他而言已经无济于事了。

稚存言:"盖数公者,于君皆始终礼爱之,为近今所难及。"这是对当时众人态度的充分肯定。仲则生前在诗中屡屡感伤世态炎凉,但观其生前死后,这些人对他的态度,实无愧士人之道。他虽是抱憾而终,亦可以瞑目于九泉了。

世事虽然凉薄,到底是有人真心相待的,仅凭这缕缕微光,就够人度过浮生漫漫。

我想起仲则离世不久前写的一首诗,虽不是写给稚存的,想必他读到还是会泪如雨下——

世事已如此,灯前霜鬓蓬。
交存生死里,人老别离中。
不信儒冠误,争看泪眼红。
相逢惟一哭,明日送孤篷。

——《赠徐二》

"虚负凌云万丈才,一生襟抱未曾开。鸟啼花落人何在,竹死桐枯凤不来。良马足因无主踬,旧交心为绝弦哀。九泉莫叹三光隔,又送文星入夜台。"——崔珏这首《哭李商隐》,用来哭仲则,也是合意的。

无奈何,斯人已逝,锦字成灰。"命不易哉!无曰高高在上。"命运探出尖利的爪牙,有人逃过了它的凌虐,有人在劫难逃。

黄仲则已被尘封在历史中太久。我借着他的诗,写他寒苦的一生，最后几篇是最难落笔的，因为知道那结局已近在眼前。写到他孤独离世，想着洪亮吉与他的生死不渝的友情，内心凄恻激荡，几乎不能自持。

结笔之时，别无所愿。只愿他这个人、他的情，能够被更多人领会、知晓；他的诗、他一生的际遇，能够给人启示也罢，感怀也罢，只要心有所悟，就是好的！

或许，只要我们还身染红尘，还心有所求，就无法不读黄仲则。

"似此星辰非昨夜，为谁风露立中宵。"——我在开笔的时候就知道，这是一本寂寞的、交付给知己的书。

此时写完，夜凉如水，霜月在天。心中五味杂陈，悲欣交集。

只希望他如弘一大师所言："去去还来。"

[跋]

【重来回首已三生】

仲则的故居在今常州市神仙观弄三十三号。

因为仲则,我对常州,有了一点说不清道不明的感触。这城市我不讨厌,但这里与他有关的痕迹,我都不愿去看。

重来回首已三生,是物、是人非太甚,已叫人无从凭吊。

"凄凉宝剑篇,羁泊欲穷年。黄叶仍风雨,青楼自管弦。新知遭薄俗,旧好隔良缘。心断新丰酒,销愁斗几千。"我念念不忘李商隐这首《风雨》,无意间道尽仲则一生播迁,简直无法更合契了。而最终我将书名定为"聊将锦瑟记流年",亦是因为黄仲则和李商隐之间

【跋】重来回首已三生

有着莫名的神似,和不得不说的诗歌因缘。

仲则的一生,如一帧一帧的影像从我脑海中拉过。一幕一幕,细节宛然。每每想起,就有一种哀婉的情意生起。

他的诗和词,我读来几乎首首皆好,所以不惜笔墨,几乎是以编年体的形式,写完关于他的诗词赏鉴。也因此,你读完的这本书,会较以往厚了很多。

我评《饮水词》时,二十二岁,而今却是年近三十。固然称不得老,心境却与七年前大不相同。当年更擅于描摹情事之美,而今却更多体会人情世事之悲,直如仲则的诗:"别后相思空一水,重来回首已三生。云阶月地依然在,细逐空香百遍行。"

可能出乎很多人意料,我在写这本书的过程中,并未频繁地想起容若。他们看似相同,实则是完全不同的两个人。一体一相,千变万化,就那么细微的差别,足以使我不会将他们两个人混淆、重叠。同样的生命,却用各自不同的气息、以不同的姿态绽放凋零。

偶尔我在微博上,分享一些书写仲则的体悟,经常会被人理解为是在写容若,我亦懒做解释,毕竟现在为众所知的是纳兰容若,而不是黄仲则。只是感慨,我们的见知有时未免过于狭窄。

黄仲则的诗和纳兰容若的词,堪称清代诗词双璧,都是哀感顽艳,各自天成一脉幽婉,不与世俗同流。容若卒于康熙年间,仲则卒于乾隆年间,一前一后,都是作盛世之哀音,好为幽苦语。且又都是英年早逝、天不假年。

所不同者,是一为权相之子、八旗贵胄,看似百事无忧;一为寒士文人，终生颠沛折转、沉沦下僚，苦为稻粱谋。

论起来，两者风格相近却也相异。容若词凄婉清贵，仲则诗凄怨悲壮，时人王昶评他的诗："如哀猿之叫月，独雁之啼霜。"

写仲则是不讨巧的。

因为他的诗词，有太浓太深的悲怨。似一杯苦茶，要品得久了，才有那似有若无的一丝回甘。许多人难有这耐心。

他的诗写世情太真——太过真切地描述人世奔波，而无所得之苦，叫人读了心生退惧。莫若高谈纳兰公子的清贵婉约，能够使人暂忘尘世之劳苦，回归情感的纯净和华美。

毕竟，在心底，谁都愿意当自己是个贵族，抵触自己只是个凡人。

有人擅写繁华背后的苍凉，有人擅写苍凉背后的繁华。不同于容若所营造的残缺、空幻之美，仲则的珍贵，是他的诗能够唤起在黑暗和庸常中沦落的心。

人既需要入世，也需要潜怀；既需要观照，也需要探索。作为一个直面困境的人，纵不能安置人生中接踵而至的痛苦，不能修到无欲无求的境界，亦能如实照见生命真相，做一个不屈不挠、至诚至真的人。

诗之于中国，是一个永恒的主题。诗歌像一个时间胶囊，把历史和感情盛放在里面，包裹着时间和记忆，为它们保鲜。

无尽的因缘，有涯的此生。与诗词相对，就像是收到久远的时光中投递来的陌生情书。它们存留到今，与我相会，几多不易，与之

【跋】

相对,要有对情人的婉转心思。我分外细致地揣摩每个字句的意思。

《两当轩集》里诗作虽经删改,为数依然不少,一千多首诗,挨个评注的话,没有个百万字下不来。何况任何一人的作品,若逐篇去评的话,总免不了意旨的重复。

仲则善写穷愁,感慨飘零,此意更在其中层出不穷。我以一人之力,便只能择其精要评之,务求不错过他的任一可堪传世之佳作。但个人之品味,难飨众口,况际遇心境不同,喜好亦异,总不免有遗珠之憾,若有遗漏不周之处,且待来日修订。

仲则死于乾隆四十八年(1783),距今二百三十多年。在他身后,曾先后三次出现研究他的热潮。

第一次是在乾、嘉年间,亦即他生前死后那一段时期。当时许多诗评家,名流如袁枚、毕秋帆、翁方纲、洪亮吉、朱筠、沈业富等,都甚为推赏他的诗作。

第二次是民国年间。瞿秋白、郁达夫、苏曼殊、柳亚子、郭沫若等称赏其诗,对其推崇备至。

第三次是20世纪80年代。由于1983年是黄仲则逝世二百周年,这一年中,学界出版了《两当轩集》,其后陆续出版了《黄仲则书法篆刻》、《纪念诗人黄仲则》等书,黄仲则的后人黄葆树主编的《黄仲则研究资料》于1986年5月正式出版。在此之后,就少人问津,乃至现在的人,对黄仲则越来越陌生。

有论者言:仲则的诗真率而不粗陋,清新而不纤巧,缠绵而不鄙裹,豪迈而不叫嚣。诚是高明之论。

此番我写黄仲则的诗评,除了上海古籍出版社的《两当轩集》之外,主要参考中华书局出版的《黄仲则诗选》和人民文学出版社出版的《黄景仁诗选》。两版比较而言,由蔡义江先生主导选注的诗选更合我的心意,而李圣华先生选注的版本,则胜在全面,是目前除《两当轩集》之外,比较全面的仲则诗选了。

谛观古文诗,相识佳句里。有时我会觉得,我们幸运地拥有着一库博大精深的宝藏,终此一生研习之,也不过是以管窥天而已;有时又觉得我们是站在诗歌的废墟上,仰望前人,无能为力——遂清醒认知到,是世事本身创造了诗歌,而不是文人手中的笔。

七情六欲自生自灭,语言早已消亡,我们身陷在自己编织的繁复谎言中。也许,所谓诗歌,亦不过是我们自己跟自己开的一个玩笑。

每一次,写诗词赏析最辛苦的,是如何突破以往那些已经述说过的主题。须知,中国古典诗歌的意象是延续的。这一次,如同当初写《当时只道是寻常》,我将两三年内积聚的对诗词的热情,果断付诸这个两百多年前的男人身上。

心无挂碍地走入他的生命,体验他命中的甘苦。看他如何从一个意气激扬的少年变成一个萧瑟落拓的中年;而后,萧然病殁,消散如旧年烟花。

"文字之相,本不可得。以分别心,云何测度。若风画空,无有能所。如是了知,斯为智者。"——我不愿像一个因痴心而盲目的情

【跋】

【重来回首已三生】

人一样，丧失了对他的判断。他的诗，既是主题，也可以是引子。假如，我在评赏的时候，想到比他的诗作更好的作品，彼此之间的深切联系，我会如实告知。

"无材可去补苍天，枉入红尘若许年。此系身前身后事，倩谁记去作奇传？"行文至此，不知为何想起了《红楼梦》开卷时的这首偈子。

他的一生如冬蝉夏艾，又静又苦。可就算一生寒苦，亦不能说他是缺少知己的。仲则身故之后，当世之人都为他惋惜。赵怀玉说他"算慧业，多应得道"；毕沅说"高才无贵士，悲乎"，是说有才的人难有富贵；且有刘大观说得痛心疾首："不知造物有何亲，独将此笔与此人。不知造物有何恨，独使斯人受其困！"话里话外，无论真心假意，大家无不为他叹息。

寂寞春风意未降，酒狂诗癖旧无双。他的生命中迂回起伏的忧伤，荡气回肠。

淡香无痕的少年，浓香渐溢的青年，清苦单薄的中年。他的一生恰如江南清茗，三泡之后已叫人略带惆怅。我像品茗一样，读完了他的诗句。开卷时，还是初春，掩卷时，已近残冬。

读懂了彼时的他，亦看清了此时的自己。通过书写，冷静而客观地看待生命，看待离散，获得内心的安然和茁壮。

四季又轮回了一次，岁月的年轮又多了一痕。许多事，写起来很长，想起来很短，一生如流光过眼、白驹过隙。总有些不甘尘封在岁月里的人和事，镌刻在记忆里。

他的一生像一部压抑着激情的电影,他的诗就是最好的脚本,将生命的过程隐匿其中,情感逐次显现,忧伤渗入生命。他的孤单,如影随形了一生。

寂寞和苦痛是孕育、成就诗歌的黑色土壤,亦是供其高翔的灵性天空。他对现实世界的失望是不掩的,他对生命的热情亦是不掩的,他弃绝的只是凡俗庸绩,并非自暴自弃。

因为太纯粹、太绝对,不懂择中道而行,所以自陷囹圄,困厄终生。

我想起王荆公的《凤凰山》:"欢乐欲与少年期,人生百年常苦迟。白头富贵何所用,气力但为忧勤衰。愿为五陵轻薄儿,生在贞观开元时。斗鸡走犬过一生,天地安危两不知。"

这是一位经历宦海浮沉之人,归隐之后检点心路的诚实语,不乏对曾经激越自负的自嘲。他曾位高权重,权倾天下,他也曾想过以一己之力扭转乾坤,可回头想来,激扬、平和是人生的两种心境。能凌烟阁上功名悬、垂范后世固然令人称道;可清静自适,安然度日,毕生不识干戈,天地安危两不知,却另有一番喜乐大好。

打破名缰利锁,识破世事机巧,荆公此诗甚妙。可惜仲则这一生,不能忘情,不能舍名,徒惹心困。

他的诗悲意太甚,开始和途中,我都屡屡被牵引得有心意消沉之感,如行在荒烟蔓草间,如身在边塞霜月下,抚一支曲,遥寄故人,是谙熟于心的曲调,却因不能释怀而频频停顿。到后来,我却觉得意犹未尽,觉得有很多事还没有说到。

【跋】

浮浮沉沉，往事显现，光阴深处，真相永存。已经过去的生命，是一幅落笔之后就无从更改的画卷。

而我慢慢释然，人生有那么多事、那么多遗憾，哪能一件件都细述、补偿。最后我平静地看他离开，离开这个纷繁的、让他无限眷恋又无限伤心的人世，亦不再纠结于他一生的未遂愿。

一生荣辱，几度悲欢，数场大戏过后，一生也就这么落幕了。介怀的事，无须介怀太久。

他已经走了，而我们还要继续在这万丈红尘跋涉修行。隔世相望，既然一生已成定局，那就顺其自然去看待。

如那龚定庵诗云："未济终焉心飘渺，万事都从缺陷好。吟到夕阳山外山，古今谁免余情绕。"

《两当轩集》是留给知己的诗，亦是一本托付知己的书。

不求有过人之论，只愿能叫世人更真实、全面地了解这个人，了解他的诗，不立而立。

我愿如绣娘倾心尽力，绣一幅称意之作，交付给懂的人。如仲则，倾一生心力作诗，即使终了，锦字成灰。生命是这般华丽慷慨，无所谓终，无所谓始。

在诗中，看他走过千山万水。我愿他，到红尘未染的地方，人迹不至，千莲盛开，有仙鹤白鹿接引，做一个自由自在的人。

亦愿你我，能真实地安住于当下，不悲过去，不贪现在，不惧未来。